Borys Loshkin

DIE VIERTE REPUBLIK

BORYS LOSHKIN

DIE VIERTE REPUBLIK

Warum Europa die Ukraine braucht, und die Ukraine – Europa

unter Beteiligung von
Wolodymyr Fedorin

Kyiv
NOVYJ DRUK
2016

УДК 821.112.2(477)'06-94:321(477+4)
ББК 84(4Укр=Нім)6-4
Л71

ISBN 978-617-635-090-3

Inhalt

VORWORT 9

Kapitel 1
GESCHMACK DER MACHT 17

Kapitel 2
OHNE KARTE 41

Kapitel 3
REVOLUTION DER WERTE 67

Kapitel 4
HERR PRÄSIDENT 87

Kapitel 5
AUFBAU EINES MODERNEN STAATES 113

Kapitel 6
„SPECIAL FORCES DER REFORMEN“ 133

Kapitel 7
OLIGARCHENDÄMMERUNG 153

Kapitel 8
UKRAINISCHE WIRTSCHAFT: WAS LIEF FALSCH 171

Kapitel 9
KAMPF UM REFORMEN 191

Kapitel 10
RÜCKKEHR NACH EUROPA 219

Kapitel 11
GEFAHR VOM OSTEN 243

WEG IN DIE ZUKUNFT,
ODER ANSTELLE EINES NACHWORTS 263

An meine Eltern

VORWORT

August 2015. Es ist das dritte Jahr einer sich vertiefenden Wirtschaftskrise. Es ist das zweite Jahr des Krieges um die Unabhängigkeit – unseres Vaterländischen Krieges. Es ist das zweite Jahr meiner Amtszeit im Präsidialamt der Ukraine.

Meine Ehefrau, Nadeschda Schalomowa, fragte mich immer wieder:

„Ich sehe dich wochenlang nicht mehr. Wo bleibt denn das Ergebnis deiner Arbeit?"

Wo bleiben denn die Reformen? Das ist die wichtigste Frage, die wir besprechen. Alles so, wie in jeder anderen ukrainischen Familie.

Mein Arbeitstag beginnt morgens um zehn Uhr. Er endet etwa um zwei oder drei Uhr nachts.

Der Präsident arbeitet noch mehr. Dazu auch noch in einem kräftezehrenden Regime – er muss viel reisen, sowohl innerhalb des Landes, als auch weltweit. Einmal im Monat, manchmal auch häufiger, ist er an der Frontlinie.

Wo bleibt das Ergebnis unserer Arbeit?

Was ist uns gelungen, und wo haben wir einen Fehler begangen?

Als mir Petro Poroschenko im Juni 2014 vorschlug, sein Präsidialamt zu leiten, bat ich um einige Tage Bedenkzeit. In der Vergangenheit waren wir Geschäftspartner gewesen. Unsere Meinungen über die Geschehnisse haben in den meisten Fragen übereingestimmt. Ich war sicher, dass ich die Pflichten des Leiters des Präsidialamtes nicht schlechter erfüllen würde, als andere mir bekannte Verwaltungsbeamte.

Ich verstand, dass die Situation schwierig war. Aber das ganze Ausmaß der Probleme, die vor der Ukraine standen, erschloss sich mir erst, als ich mich in die Problematik vertiefte.

Das Land, in dem bewundernswerte Menschen – selbstlos, begabt, mutig – leben, durchlebt die schwierigste Bewährungsprobe in seiner neuesten Geschichte. Der alte Staat funktioniert immer schlechter. Mit dem Aufbau eines neuen Staates wird erst begonnen. Innerhalb eines Jahres entstanden lediglich einzelne Elemente – seltene Inseln im Meer der Ineffizienz, Trägheit und Korruption.

Wenn Nadeschda fragt, weswegen ich bis in die tiefe Nacht hinein im Dienst bleibe, antworte ich: „Die Ukraine führt Krieg. Stell dir vor, ich würde zur Armee einberufen".

Die Aufgabe erwies sich als noch viel komplizierter als ich vermutet hatte, trotzdem bereue ich es nicht, dass ich in den öffentlichen Dienst gegangen bin.

Einmal fragte ich Jonathan Powell, der das gleiche Amt im Team des britischen Premierministers Tony Blair bekleidet hatte, über welche wichtigste Eigenschaft der Chief of Staff[1] eines politischen Führers verfügen müsse.

„Er muss „Nein" sagen können", antwortete Powell.

Ich verstehe es, meinen Willen durchzusetzen. Ich kann komplizierte Strukturen schaffen und ändern. In der Zeit, in der ich mich an der Spitze der Machtpyramide befand, lernte ich Probleme zu identi-

---

[1] Apparatsleiter

fizieren und zu lösen, von deren Bestehen ich keine Ahnung gehabt hatte. Diese Erfahrungen sind ohne Übertreibung einmalig. Es wäre unfair – sowohl gegenüber der Ukraine, als auch gegenüber ihren Verbündeten und Freunden, wenn diese Erkenntnisse die Grenzen des engen Kreises meiner Kollegen, Mitkämpfer und Opponenten nicht verlassen würden.

Die Entscheidung, dieses Buch zu schreiben, hatte auch noch einen anderen Grund. Die ganze Welt weiss, dass die Ukraine den Kampf um die Unabhängigkeit vom russischen Reich, für das Recht, ihr Schicksal selbständig zu bestimmen, für den Sieg des Völkerrechts über das Recht der Stärke führt. Die Ukraine existiert ja, daran hat niemand mehr Zweifel. Aber – wie ist sie? Und sollte man sich mit der Ukraine einlassen?

Ich würde diese Fragen so beantworten:

Die Ukraine ist eine europäische politische Nation. Sie ist alt und jung zugleich.

Die Ukraine ist genauso, oder fast genauso alt, wie jedes andere beliebige europäische Land. Die ältesten Kapitel ihrer Geschichte wurden – wie auch im Falle Frankreichs, zum Beispiel – durch die altgriechischen Kolonisten geschrieben, die diese Oikumene Mitte des ersten Jahrtausends v. u. Z. erschlossen haben. Die Schulbücher zur ukrainischen Geschichte zählen genauso viele Kapitel, wie die Lehrbücher eines beliebigen anderen europäischen Landes.

Die Ukraine ist eine der jüngsten europäischen Nationen.

Der Zerfall der UdSSR, bei dem das ukrainische Referendum über die Unabhängigkeit im Dezember 1991 eine Schlüsselrolle spielte, eröffnete der Welt Länder, Kulturen und Völker, von deren Existenz fast nur Fachleute wussten. Für viele war diese Entdeckung ein richtiger Schock. Denken sie an die Rede von George Bush am 1. August 1991 in Kiew zurück. Der US-Präsident beschwor die ukrainische politische Klasse, den Versuchungen „des selbstmörderischen Nationalismus, der durch Hass zwischen den Nationen hervorgerufen wird, zu widerstehen".

Der britische Historiker Andrew Wilson nannte die Ukraine „unerwartete Nation“. Und obwohl das Erscheinen eines neuen Landes auf der Karte Europas für viele überraschend war, war es ganz sicher kein Zufall.

Die Ukraine ist das größte Land in Europa, ein Land, in dem verschiedene Sprachen gesprochen werden und verschiedene Konfessionen bestehen. In den 1990er – 2000er Jahren durchlebte die Ukraine mehrere Transformationen gleichzeitig: eine politische (Demokratisierung), eine wirtschaftliche (Übergang vom administrativen Kommandomodell zur Marktwirtschaft), eine staatliche (Einrichtung der wichtigsten Institute eines unabhängigen Staates) und eine nationale. „Eine Nation ist eine Ethnie, die die Verantwortung für sich selbst übernimmt“, sagte einmal der Begründer der georgischen liberalen Reformen Kacha Bendukidse. Meiner Meinung nach stellte die „Revolution der Würde“ 2013 – 2014 den Schlussakkord der Herausbildung der modernen ukrainischen Nation dar.

Ich bin in der Ukrainischen SSR geboren und aufgewachsen. Die Sowjetrepublik war eng in die einheitlichen Beziehungen und Strukturen der Sowjetunion integriert. Trotzdem war die Unabhängigkeit der Ukraine ein Erfolg. Historiker und Publizisten bezeichnen die Ukraine von 1991 bis 2013 als Dritte Republik. Die Erste war die Ukrainische Volksrepublik, die 1917 ausgerufen und von der Roten Armee 1919 vernichtet wurde. Die Zweite war die Ukrainische SSR, eine der Mitbegründerinnen der Vereinten Nationen.

Die Revolution der Würde zeigte, dass die Aufgabe der Schaffung einer politischen Nation in der Ukraine erfüllt wurde. Die Aufgabe der Vierten Republik besteht darin, einen modernen Staat und eine leistungsstarke Wirtschaft aufzubauen, die Konsolidierung und das nachhaltige Funktionieren der ukrainischen Demokatie sicherzustellen.

Ich schreibe dieses Buch u.a. für die Weltgemeinschaft. Ich will beweisen, dass die Ukraine eine Zukunft hat, ich will zeigen, wie ich sie mir vorstelle, und erzählen, was getan wird und getan werden muss, damit diese Zukunft erreicht wird.

Die Ukraine braucht Verbündete und Freunde. Ehrlichkeit ist die beste Politik. Ich sehe keinen Sinn darin, Schwierigkeiten zu bagatellisieren oder Erfolge zu übertreiben. Die wichtigste Tatsache ist folgende: trotz des Zusammenbruchs der Dritten Republik und des heimtückischen Hiebes in den Rücken durch ihren „strategischen Partner" hat die Ukraine standgehalten. Tausende Ukrainer sind ums Leben gekommen, Zehntausende wurden verwundet, die Krim und ein Teil des Territoriums im Osten wurden okkupiert, das Lebensniveau wurde um ein Jahrzehnt zurückgeworfen – und trotzdem haben wir standgehalten.

Wird die politische Klasse den schwierigen Aufgaben des Wiederaufbaus des Landes gleichermaßen gerecht werden können? Das Schlüsselthema in unseren Diskussionen mit unseren Partnern in der Regierungskoalition betrifft das Tempo und die Tiefe der Reformen. Der gescheiterte Teil der Elite, die gemeinsam mit Janukowytsch vom Maidan zu Fall gebracht wurde, ist hoffnungslos diskreditiert, die jungen Politiker stellen bis auf Weiteres keine Gefahr für diejenigen dar, die nach der Revolution an die Macht kamen. Somit sind die derzeit führenden Persönlichkeiten im Staat nicht geneigt, die Situation zu dramatisieren. „Wozu die Eile?" fragen erfahrene politische Kämpfer. „In den 1990er Jahren hat die Ukraine noch schlimmere Sachen durchgemacht und es auch überstanden…".

Die beschwichtigenden Analogien zu den 1990er Jahren halte ich für äußerst gefährlich. Die Schwäche der Dritten Republik war unter anderem durch die zu langsamen und inkonsequenten Reformen des vorherigen Jahrzehnts vorprogrammiert. Statt eines modernen Marktkapitalismus errichteten unsere Vorgänger ein instabiles, ungerechtes und ineffizientes oligarchisches Modell. Wir dürfen ihre Fehler auf keinen Fall wiederholen.

Dieses Buch stellt keine Campaign Biography und keine politische Autobiographie dar. Ich sehe mich nicht in der öffentlichen Politik und halte es nicht für nötig, mein Bild für kommende politische Schlachten zu retuschieren. Meine Aufgabe besteht darin, über die tiefgreifende

Transformation zu berichten, die die Ukraine erlebt. Dieser Idee ist auch die Struktur des Buches untergeordnet.

In den ersten beiden Kapiteln erzähle ich über mich und über die Ereignisse, die die Ukraine zu dem machten, was sie heute ist. Das erste Kapitel („Geschmack der Macht") ist den Ereignissen von 2013 – 2014 gewidmet, als die ukrainische Gesellschaft in sich die Kraft fand, die verhasste Regierung zu stürzen, und der Autor – für sich selbst überraschend – sich der Arbeit zum Aufbau der neuen Staatsinstitute anschloss. Das zweite Kapitel („Ohne Karte") ist die kurze Geschichte der Dritten Republik, gesehen durch das Prisma meines persönlichen Schicksals.

Die Ukraine hätte in der Konfrontation mit einem viel stärkeren Gegner nicht standhalten können, wenn ihre Bürgerinnen und Bürger nicht bereit gewesen wären, alles zum Schutz ihrer Heimat zu opfern. Das dritte Kapitel („Revolution der Werte") ist den Kämpfern, Freiwilligen und zivilgesellschaftlichen Akteuren gewidmet. Ihr Opfer ist ein wahres Reifezeugnis, die Bestätigung dafür, dass in der Ukraine eine moderne politische Nation entstanden ist.

Präsident Petro Poroschenko wird in die Geschichte als Führungspersönlichkeit eingehen, die in den schwärzesten Tagen 2014 – 2015 die Souveränität der Ukraine verteidigt hat. Eine tiefgreifende Analyse dieser Periode ist Sache der Zukunft, ich hielt es aber für erforderlich, einen Abriss der ersten anderthalb Jahre seiner Präsidentschaft anzuführen (Kapitel 4 „Herr Präsident").

Der Zusammenbruch des Janukowytsch-Regimes und die militärische Aggression gegen mein Land enthüllten die Unzulänglichkeit vieler staatlicher Institutionen. Ihrem Neustart und ihrer Personalerneuerung sind Kapitel 5 und 6 („Aufbau eines modernen Staates" und „Special Forces der Reformen") gewidmet.

Die politische und Wirtschaftsstruktur, die in der Ukraine in den 1990er und 2000er Jahren entstand, wird oft als oligarchisch bezeichnet. Das ist keine publizistische Übertreibung, sondern eine ernstzunehmende Hürde, die die Modernisierung des Landes verhindert. Über die Ausmaße des Problems und über Lösungswege geht es im Kapitel 7 („Oligarchendämmerung").

In den ersten Jahrzehnten der Unabhängigkeit konnte die Ukraine kein erfolgreiches Modell der Wirtschaftsentwicklung aufbauen. Im Kapitel 8 („Ukrainische Wirtschaft: Was lief falsch") analysiere ich die Ursachen des verhältnismäßigen Zurückbleibens im Vergleich zu unseren Nachbarn, im Kapitel 9 („Kampf um Reformen") lege ich dar, wie man den Erfolg und die Unumkehrbarkeit der radikalen Reformen sicherstellen könnte, die die Voraussetzungen für ein stabiles und dynamisches Wirtschaftswachstum schaffen würden.

Die Ukraine traf ihre geopolitische Wahl zu einem äußerst komplizierten historischen Zeitpunkt. Die Europäische Union, mit der sie sich durch das Assoziierungsabkommen verbunden hat, befindet sich selbst gleich in mehreren wichtigen Lebensbereichen auf der Suche nach den optimalen Verhaltensmodellen. Darüber, dass die Ukraine, die für sich selbst verantwortlich ist, nicht zu einer Last, sondern zu einer Stütze beim Aufbau des gemeinsamen europäischen Hauses wird, schreibe ich im Kapitel 10 („Rückkehr nach Europa").

Hätte mir jemand vor drei Jahren gesagt, dass Ukrainer durch russische Kugeln und Geschosse umkommen würden, hätte ich nur mit meinem Finger an meine Stirn getippt – das ist ja verrückt. Aber diese Horrorfantasien aus der Marginalliteratur wurden zur Wirklichkeit. Eine der Schlüsselaufgaben des ukrainischen Staatsaufbaus besteht darin, auf Russlands Herausforderung eine überzeugende Erwiderung zu geben. Kapitel 11 („Gefahr vom Osten") beschreibt mein Herangehen zur Lösung dieser Aufgabe.

Im Januar 2016 habe ich die Arbeit an diesem Buch beendet. Ich wollte es mehrmals ergänzen, spätere Ereignisse berücksichtigen, aber die Situation im Land entwickelt sich so schnell, dass ich auf der Jagd nach Neuigkeiten nie einen Punkt würde setzen können.

Abschließend möchte ich mich bei allen bedanken, ohne die ich dieses Buch nicht hätte schreiben können.

Bei meiner Frau Nadeshda Schalomowa – für ihre Geduld. Es waren die 20 schwierigsten Monate unseres Lebens.

Beim Präsidenten – für das Vertrauen und diese außerordentliche Herausforderung.

Beim Team des Präsidialamtes – Oleksandr Danyljuk, Oleksij Dneprow, Kostjantyn Jelisejw, Witaly Kowaltschuk, Jurij Onyschtschenko, Rostyslaw Pawlenko, Andrij Taranow, Oleksij Filatow, Swjatoslaw Zegolko, Dmytro Schymkiw – für ihre Leistungsfähigkeit und Beharrlichkeit.

Bei Kateryna Kotenko, Olena Martynowa, Tetjana Teljatnykowa und Iryna Tschebotarjowa, die ebenso viel zum Erscheinen dieses Buches beigetragen haben.

Ich möchte mich bei all denjenigen bedanken, die nach dem Durchlesen des Manuskripts wertvolle kritische Anmerkungen machten, bei Borys Hrosowskyj, Serhij Hurijew, Denys Denyssenko, Gennadij Kurotschka, Oleksandr Paschawer, Natalka Popowytsch, Ihor Fedjukin und Hryhorij Schwerko.

Danke auch an Syrlybaj Aibusinow für die sorgfältige Überprüfung der Fakten.

Mögliche Fehler und Mängel hat der Autor zu verantworten.

Kapitel 1

GESCHMACK DER MACHT

Wenn sie zu Beginn des Sommers entscheiden, durch die Steinwüste Wadi Rum in Jordanien zu fahren, müssen sie in aller Frühe starten. Dann haben sie einige Stunden für eine Fahrt unter dem blendend blauen Himmel, zwischen den verwitterten rosa-roten Felsen und über den grau-gelben Sand, bevor die Hitze sie zudeckt.

Es war am 1. Juni 2014. In der Ukraine hatten gerade die Präsidentschaftswahlen stattgefunden. Während wir in der Wüste mit einem Geländewagen umherfuhren, besprachen wir mit Freunden begeistert die Perspektiven, die sich vor unserem Land eröffnen. Die Zentrale Wahlkommission hatte die Ergebnisse noch nicht offiziell ausgewertet, es war aber klar, dass im ersten Wahlgang Petro Poroschenko gesiegt hatte. Gegen Mittag kehrten wir zum Stützpunkt zurück.

Das Telefon klingelte. Durch den Hörer ertönte die fröhliche Stimme Poroschenkos. Nach den Begrüßungen fragte er, ob ich nicht Leiter seines Präsidialamtes werden möchte.

„Natürlich, auch Leiter des Präsidialamtes“, antwortete ich im Ton meines Gesprächspartners.

„Nein, du hast nicht verstanden", sagte er. „Ich meine es ernst. Du hast 5 Minuten zum Nachdenken".

Wir vereinbarten ein Treffen. Einen Tag später war ich in Kiew. Wir sprachen mehrere Stunden miteinander. Ich hatte Dutzende Fragen an den fünften Präsidenten der Ukraine. Wie sieht er das künftige Land? Inwiefern ist er entschlossen, die Reformen durchzuführen? Was geschieht im Donbass und wie beabsichtigt er, den Konflikt beizulegen? Politische Ambitionen hatte ich nie, deshalb konnte mich die Arbeit im Präsidialamt nur in dem Fall interessieren, wenn der Präsident radikale Umwandlungen begrüsste und bereit war, mir ausreichende Selbständigkeit zu gewähren. „So wird es auch sein", bestätigte er.

Im Osten begannen die Gefechte. Ich teilte sofort mit, dass ich in militärischen Angelegenheiten nichts verstehe. Mein Interesse sei es, Neues aufzubauen.

Am Sonntag, dem 8. Juni, dem Tag nach der Inauguration des Präsidenten, betrat ich mein Arbeitszimmer in der Bankowa-Straße.

***

Anfang November 2013 hatte ich den Verkauf der Ukrainischen Media Holding abgeschlossen – eines Unternehmens, das ich mein ganzes Leben lang aufgebaut hatte.

Die Situation im Lande schien hoffnungslos zu sein: Die Wirtschaftskrise braute sich zusammen und Präsident Janukowytsch war allen Anzeichen nach bereit, alles aufs Spiel zu setzen, nur um anderthalb Jahre später seine Wiederwahl zu erringen. Die Prognosen für die Wirtschaft standen für 2014 ungünstig, deshalb nahm ich mir vor, das Jahr der Erholung und der Weiterbildung zu widmen.

Am 21. November begannen meine schlimmsten Befürchtungen in Erfüllung zu gehen. Die Regierung von Mykola Asarow erklärte, dass sie die Vorbereitung auf die Unterzeichnung des Assoziierungsabkommens mit der Europäischen Union aussetzen würde. Dieses

Abkommen wurde von der ukrainischen Gesellschaft nicht nur als erster Schritt auf dem Wege zur EU-Mitgliedschaft wahrgenommen, sondern vor allem als die einzige Möglichkeit, ein Abdriften in Richtung einer wirtschaftlichen und politischen Diktatur zu stoppen. Aktive Stadtbewohner gingen noch am gleichen Abend mit Protesten auf den Platz der Unabhängigkeit. Nach der Orangen Revolution wurde dieser Platz in der ganzen Welt als Maidan bekannt. Am ersten Abend waren es mehrere Hunderte, einige Tage später – mehrere Tausende. An der Kundgebung für die europäische Integration, die am Sonntag, dem 24. November stattfand, beteiligten sich zigtausende Menschen.

An jenen Tagen war schwer abzuschätzen, wie ernsthaft die Folgen der Protestwelle sein würden. Die Vereitelung des Freihandelsabkommens schien kein ausreichender Grund für einen Regimewechsel zu sein – mir jedenfalls sind historische Präzedenzfälle solcher Art nicht bekannt. Und an den folgenden Tagen schien es, dass dem Protest der Atem ausgeht.

Am 29. November kehrte Janukowytsch vom Gipfeltreffen der „Östlichen Partnerschaft" aus Vilnius zurück, wo er die Regierungsposition bestätigte: Die Unterzeichnung des Abkommens wird für mindestens ein halbes Jahr aufgeschoben. „Sie haben mich alleingelassen gegen ein sehr starkes Russland", warf er den führenden Persönlichkeiten der Europäischen Union hinter den Kulissen vor. Ab dem Sommer unternahm Moskau große Anstrengungen, das Abkommen zwischen Kiew und Brüssel zum Scheitern zu bringen. Es wurde von Drohungen Gebrauch gemacht, von Handelsbeschränkungen und Überredungsversuchen. Vor Vilnius führte Janukowytsch einige Gespräche mit Wladimir Putin. Das letzte davon fand am 9. November statt. Aus den dürftigen, in die Presse durchgesickerten Informationen wurde bekannt, dass Putin seinem Kollegen vom Abkommen mit Europa ausdrücklich abgeraten hat.

Eines der Mitglieder der ukrainischen Delegation in Vilnius erzählte mir vor kurzem, was in der litauischen Hauptstadt vor sich gegangen war. Der Präsident der Europäischen Kommission Jose Manuel Barroso und seine Kollegen hatten Janukowytsch zweieinhalb Stunden lang geradezu angefleht, das Abkommen zu unterzeichnen. Ukrainische Diplomaten haben lange Jahre davon geträumt, dass Europäer anfangen würden, uns zu überreden. Und jetzt war dieser Augenblick gekommen. Die Europäer hatten alle möglichen und unmöglichen Argumente zugunsten der Unterzeichnung angeführt. Das Gespräch hatte sich in die Länge gezogen. Janukowytsch hatte, den protokollarischen Ablauf ignorierend, darum gebeten, noch mehr Zeit für Gespräche zu bekommen. Gleichzeitig warteten die Staatsoberhäupter und Regierungspräsidenten von 28 Ländern auf die ukrainische Delegation zum Abendempfang. Als man den Beginn des Empfangs nicht mehr verschieben konnte, fragten die Europäer noch einmal: „Vielleicht unterzeichnen wir doch?“, bekamen aber eine negative Antwort. Während des Abendessens versuchten die führenden Politikerinnen Deutschlands und Litauens Angela Merkel und Dalja Gribauskaite Janukowytsch umzustimmen. Er lehnte wieder ab.

In der Nacht nach der Rückkehr Janukowytschs aus Vilnius jagte die Sondereinheit der Miliz Berkut einige Hunderte Studenten brutal auseinander, die auf dem Maidan ausgehalten hatten.

Die Nachricht darüber erreichte mich in Istanbul, wo ich an der Sitzung des Exekutivkomitees der Internationalen Zeitungs- und Nachrichtenassoziation WAN-IFRA teilnahm. Die in YouTube veröffentlichten Prügelszenen der schutzlosen jungen Menschen in den leeren nächtlichen Straßen konnte man sich nicht ohne Zorn und Grauen ansehen.

Ich war niedergeschlagen. „Das war's“, dachte ich. „Das ist die Diktatur“.

Den ganzen Tag verfolgte ich sämtliche Nachrichten aus Kiew, wo sich Tausende zornige Stadtbewohner auf dem Mychajliwsjka-Platz versammelt hatten.

Am Sonntag, dem 1. Dezember, strömten die Menschenmengen auf den Chreschtschatyk und die anliegenden Straßen. Die Protestierenden überrannten die Sperren der Miliz und besetzten erneut den Maidan. Hunderttausende Kiewer riefen im Sprechchor: „Weg mit der Bande!“ und „Re–vo–lu–ti–on!“

Am späten Nachmittag rief mich Serhij Kurtschenko, der neue Eigentümer der Holding UMH an. Seine Stimme klang besorgt:

„Was sagen Sie zu den Geschehnissen? Was raten Sie mir…“

„Es sieht aus, als wäre das Regime am Ende“, antwortete ich.

„Ach, reden Sie nicht!“

„Sie werden es sehen.“

Die Untersuchung der Verbrechen, die durch das alte Regime auf dem Maidan begangen wurden, wurde leider nicht abgeschlossen. Zu viele Dokumente wurden vom 19. bis 23. Februar 2014 vernichtet, als die an diesen Verbrechen beteiligten Personen zu verstehen begannen, dass das Regime zusammenbrechen würde. Aus den uns bekannten Ereignissen kann man folgende Kette von Geschehnissen rekonstruieren, die dem Blutvergießen vorausgegangen sind.

Janukowytsch trifft mit dem Flugzeug aus Litauen ein. Noch vor wenigen Wochen erwartete man, dass das Gipfeltreffen in Vilnius zu seinem Triumph werden würde. Selbst die Opposition war bereit, sich schweren Herzens damit abzufinden, dass die EU-Assoziierung Janukowytsch zu einer Führungspersönlichkeit der Nation macht, der die Ukraine in ihr europäisches Zuhause zurückbringen würde.

Aber anstelle eines Triumphators kehrte ein Ausgestoßener nach Kiew zurück. In Vilnius schauderten die europäischen Staats- und Regierungschefs vor Janukowytsch wie vor einem Aussätzigen zurück.

Wie stelle ich mir diese Szene vor?

Der Präsident ist schlechter Laune. Er versammelt seine nächsten Vertrauten um sich und äußert wütend:

„Ich habe genug von den Leuten da, auf dem Platz. Man sollte ihnen eine Lektion erteilen“[1].

Nach Aussagen des Abteilungsleiters für Sonderermittlungen der Generalstaatsanwaltschaft Serhij Horbatjuk haben bei der Zerschlagung des Studentenstädtchens auf dem Maidan der 50-jährige Minister des Inneren Vitaly Sachartschenko und der 49-jährige Sekretär des Rates für nationale Sicherheit und Verteidigung Andrij Kljujew – einer der engsten Verbündeten Janukowytschs – die Schlüsselrolle gespielt [2]. In den Mitteilungen der amerikanischen Botschaft in Kiew, veröffentlicht von Wikileaks, wird Kljujew als Geschäftspartner von Janukowytsch bezeichnet, als letzterer Gouverneur des Gebiets Donezk war.

Die unmittelbaren Untergebenen Janukowytschs gaben das Kommando, und danach traten die Berkut-Leute in Aktion, die sich, wie man so schön sagt, so richtig ausgetobt haben.

Den größten Teil des Dezembers blieb ich in Kiew. Fast jeden Abend war ich auf dem Maidan. Ich besuchte die Sonntags-Volks-

---

[1] Laut Generalstaatsanwaltschaft kam der Befehl über die gewaltsame Auflösung des Studentenmaidan unmittelbar vom vierten Präsident der Ukraine. Vgl. „Указание о разгоне Майдана в ночь избиения студентов дал лично Янукович“, zn.ua, 17.11.2015, http://zn.ua/POLITICS/ukazanie–o–razgona–maydana–v–noch–izbieniya–studentov–dal–lichno–yanukovich—195714_.html.

[2] Vgl. „Разгон Майдана организовали Янукович, Захарченко и Клюев — ГПУ“, Украинская правда, 17. 11. 2015, http://www.pravda.com.ua/rus/news/2015/11/17/7089079/. Horbatjuk: „Wie die Ermittlungen zeigen, wurde die Entscheidung über die Auflösung des Maidan, und zwar über die gewaltsame Auflösung, unmittelbar vom früheren Präsidenten (Viktor Janukowytsch – Red.) getroffen. Mit der Umsetzung dieses Plans wurden der frühere Minister des Inneren (Vitaly Sachartschenko) und der Sekretär des RNSV Kljujew beauftragt“.

versammlungen. Ich sprach mit meinen Bekannten und beobachtete. Ich rief keine Losungen, nahm an keinen Zusammenstößen teil. Aber ich verspürte diese besondere Stimmung, die Gewissheit, dass diese Menschen – falls ihre Anführer nicht versagten – nicht aufzuhalten sind.

Nach dem 20. Dezember wollten meine Frau und ich Kiew verlassen. Vor der Abreise ging ich bei Poroschenko vorbei. Bei ihm wurde gerade diskutiert, wie man auf dem Maidan verfahren sollte. Die Protestaktivität war erneut gesunken, es blieben immer weniger Menschen auf dem Platz. Es überwog die Meinung, dass man auf keinen Fall auseinandergehen dürfe, dass man alles Mögliche tun müsse, um das Feuer zu schüren, um das Regime zur Aufgabe zu zwingen.

Kurz davor hatte Putin Janukowytsch einen Rettungsring zugeworfen – eine Kreditlinie über 15 Milliarden US-Dollar und die Preissenkung für Erdgas. Moskaus Plan war leicht zu durchschauen: Eine Finanzkatastrophe in der Ukraine durfte nicht zugelassen werden, denn das würde einen Regimewechsel und den Verlust aller Positionen der Verbündeten des Kremls und der Agenten in der ukrainischen Macht bedeuten. Es ging das Gerücht um, dass Putin auf der rauen „Säuberung“ des Maidan bestanden habe. Janukowytsch blieb vorsichtig.

Zum Wendepunkt wurde die Abstimmung in der Werchowna Rada für das Paket der sogenannten „Diktaturgesetze“ am 16. Januar. Die Meinungs- und Versammlungsfreiheit wurde eingeschränkt, die Befugnisse der Repressionsorgane wurden erweitert. Der Maidan wurde somit geächtet.

Janukowytsch war bereit, eine Verschärfung zuzulassen. Ich halte das für einen fatalen Fehler. Er vergass den Konsens der Eliten, der ihn zum Präsidenten gemacht hatte und auf den er sich bis zum Herbst 2012 gestützt hatte. Janukowytsch entschied, seine Widersacher, die zu einer zu harten Nuss für ihn wurden, letztendlich zu knacken.

Auf dem Maidan formierte sich eine Koalition der Mittelklasse, der Elite und eines Teils der Bürokratie gegen das Regime. Die ständigen Zugeständnisse Janukowytschs gegenüber Moskau, die Infiltration der ukrainischen Macht durch Günstlinge und Verbündete des Kremls verliehen diesem Protest die Färbung einer nationalen Befreiungsbewegung.

So ein Massenprotest überraschte sowohl die Regierung als auch die Opposition. Noch Ende November waren die meisten politischen Gegner Janukowytschs davon überzeugt, dass es unmöglich wäre, das Volk auf die Straßen zu bringen. Die Menschen wären von den Ergebnissen der Orangen Revolution, die den dritten Präsidenten der Ukraine Viktor Juschtschenko an die Macht gebracht hatten, zu sehr enttäuscht. Die ukrainischen Wähler waren mit seiner Regierung unzufrieden: Die Präsidentschaftswahlen 2010 hatte er mit einem niederschmetternden Ergebnis verloren und lediglich 5,5% der Stimmen erhalten.

Ein Sieg Janukowytschs wäre 2010 ohne Unterstützung der großen Wirtschaft und eines Teils der Mittelklasse, die sich von seiner wichtigsten Rivalin Julija Tymoschenko abgekehrt hatten, nicht möglich gewesen. Die Oligarchen befürchteten Tymoschenkos Unberechenbarkeit, die städtische Bevölkerung ärgerte ihr ungehemmter Populismus. Janukowytsch schien die Lehren aus der Niederlage in den Präsidentschaftswahlen 2004 gezogen zu haben, bei denen er auf Fälschungen gesetzt hatte. 2010 appellierte er nicht nur an seine traditionelle Wählerschaft im Süden und im Osten des Landes. Auf seinem Weg an die Macht positionierte er sich als Reformer.

In dieser Rolle hielt es Janukowytsch jedoch nicht lange aus. Bereits im Herbst 2010 kam das Verfassungsgericht dem neuen Präsidenten entgegen, indem es seine Vollmachten bedeutend erweiterte.

Die Illusion der Allmacht kam Janukowytsch nicht zugute. Die Zusammenarbeit mit dem Internationalen Währungsfonds als Garant für eine vernünftige Wirtschaftspolitik verlief schnell im Sande. Die

Koalition, die den Präsidenten unterstützte, wurde immer kleiner[1]. Von den alten Kampfgefährten blieb kaum noch jemand in einem Boot mit Janukowytsch – Ministerpräsident Asarow, der Präsident der Werchowna Rada Wolodymyr Rybak, der reichste Ukrainer Rinat Achmetow, Kljujew... Nach den Parlamentswahlen im Herbst 2012 rückten die Menschen aus Janukowytschs nächstem Kreis in den Vordergrund. Dazu gehörten der älteste Sohn des Präsidenten Oleksandr Janukowytsch, der erste Vize-Ministerpräsident Serhij Arbusow, der Minister für Steuern und Zölle Oleksandr Klymenko, der Innenminister Sachartschenko. Beobachter gaben dieser Gruppe den Spitznamen „Familie".

In den letzten Wahlen vor der Revolution schnitt die wichtigste Stütze Janukowytschs, die Partei der Regionen, schlechter ab, als bei den Wahlen davor. 2007 hatten für die „Regionalen" 34,4% der Wähler abgestimmt, 2012 waren es 30%. Zwar vergrößerte sich dank der Sieger in den Mehrheitswahlkreisen die PR-Fraktion von 175 auf 186 Abgeordnete (von insgesamt 450), aber für die „Familie" war es ein Alarmsignal. Doch anstatt nach neuen Verbündeten zu suchen, setzten die jungen Leute aus der Umgebung des Präsidenten darauf, die Schrauben anzuziehen.

Die Konzentration des Geldes und der Machtbefugnisse in den Händen der „Familie" rief in der ganzen ukrainischen Elite nicht einfach Unzufriedenheit, sondern praktisch Angst hervor. Die Mitglieder der „Familie" fingen an, sich ganze Wirtschaftsbereiche unterzuordnen – von der Kohlebranche bis hin zum Export von Energieträgern und illegalen Bankgeschäften[2]. Den Oligarchen wurde klar, dass die Schnelligkeit und

---

[1] Андерс Ослунд. Вся власть — семье, Forbes Украина, № 3, 2012, с. 20.

[2] Eine gute Übersicht der Korruption in Janukowytschs Zeiten gibt Andrew Wilson (Andrew Wilson, Ukraine Crisis, Yale University Press, 2014, pp. 53—60). Die wichtigste Bereicherungsquelle der „Familie" blieb der Staatshaushalt. Im Dezember 2013 schätzte der Senior Fellow des Peterson

Habgier, mit denen die „Familie“ agierte, sie unvermeidlich in Bereiche führen würde, die derzeit von anderen großen Akteuren besetzt waren. In einer direkten Konfrontation mit dem Machtapparat Janukowytschs konnten die Oligarchen nicht auf einen Sieg hoffen.

Die Ursachen der Unzufriedenheit der Mittelklasse waren eher idealistisch und allgemein begründet: die Menschen träumten von der Beibehaltung demokratischer Freiheiten und der Einführung europäischer Spielregeln. „Autoritarismus kommt nicht durch“ – lautete ihr Motto. In aktiven Teilen der Gesellschaft verstärkte sich die Unzufriedenheit mit dem Machtmodell selbst, das auf fehlender Kontrolle und mangelnden Restriktionen basierte.

Der bürokratische Apparat kam mit den „Familienmitglieder“ ebenfalls nicht zurecht – sie handelten zu brutal und rücksichtslos. Für junge Leute aus dem Umfeld des älteren Sohnes von Janukowytsch gab es weder Autoritäten noch Beschränkungen. Das erschreckte alle, selbst die älteren Vertreter des Donezker Clans – einer der wichtigsten politischen Stützen Janukowytschs.

Ende Sommer – Anfang Herbst 2013 erhielt die Regierung einige klare Signale, dass der Unmut im Land zu brodeln begann. Im Juni – August 2013 fanden in und um die Siedlung Wradijewka mehrere Aktionen des zivilen Ungehorsams als Antwort auf die Vergewaltigung und Prügelattacke auf eine Ortseinwohnerin durch Milizionäre statt, zu denen sich viele Menschen versammelten. Die Menschen verlangten den Rücktritt des Innenministers. Janukowytsch zog es vor, diese Forderung im Sommer zu ignorieren. Er ignorierte sie auch im Winter, ungeachtet der Willkürakte der Spezialeinheit Berkut in Kiew.

Institute for International Economics Anders Åslund das Ausmaß der Unterschlagungen von Haushaltsmitteln auf USD 8 – 10 Mrd. pro Jahr. Vgl. Anders Aslund, Payback Time for the «Yanukovych Family», 11.12.2013, http://blogs.piie.com/realtime/?p=4162.

Nach der Parlamentsintervention vom 16. Januar verloren die Proteste ihren friedlichen Charakter. Jedoch erwiesen sich alle Versuche, den Maidan niederzuwerfen, als vergeblich. Das Regime Janukowytschs konnte sich noch etwas mehr als einen Monat lang halten und wurde am 22. Februar gestürzt – nach drei Tagen blutiger Konfrontationen, die zum Tod der „Himmlischen Hundertschaft" (102 Protestierende, die zusätzlich zu den neun Stadtbewohnern umkamen, die in den vorhergehenden Wochen getötet wurden) und Dutzender Milizionäre führte.

Janukowytsch floh aus der Ukraine, und zur führenden Figur in soziologischen Umfragen wurde Poroschenko, der sich während des Maidans im Schatten der oppositionellen „Troika" Arsenij Jazenjuk, Vitaly Klytschko und Oleh Tjagnybok befand.

Der Frühling kam. Die Atmosphäre in Kiew war unvergesslich. Die Trauer um die Gefallenen vermischte sich mit einer merkwürdigen Aufbruchstimmung. Auf dem Maidan roch es verbrannt, man beweinte die Gefallenen. Und andererseits gab es das Gefühl eines neuen Landes, ein Gefühl grenzenloser Möglichkeiten. Ich mietete ein Büro, begann, mich nach interessanten Investititionsprojekten umzusehen. Ich schaute mir verschiedene Projekte an, führte Verhandlungen durch. Weder ich noch meine Gesprächspartner konnten sich auch nur im Geringsten vorstellen, dass die Spannung im Osten zu einem großen Blutvergießen führen würde.

Einmal alle drei – vier Wochen traf ich mich mit Poroschenko, um Geschäftsideen zu besprechen und ihn über die Geschehnisse auszufragen. Nur einmal fiel in unseren Gesprächen eine Andeutung über unsere gemeinsame Arbeit. Poroschenko sagte, es wäre großartig, einen Investitionsrat zu bilden, der die Reformbemühungen der Regierung voranbringen könnte. Es war vollkommen klar, dass ohne Großprojekte, ohne große ausländische Investitionen die Situation in der Wirtschaft kaum von der Stelle zu bewegen war.

Die Situation auf der Krim entwickelte sich vom Schlechten zum Schrecklichen, ich hatte jedoch den Eindruck, dass sich der Konflikt auf der Krim auflösen würde. Am 27. Februar eroberten russische Sonderabteilungen das Parlamentsgebäude in Simferopol – der Hauptstadt der autonomen Krim. Zum neuen Führer der Region wurde der völlig unbekannte Sergej Aksjonow ausgerufen. Er war Vorsitzender einer unbedeutenden prorussischen Partei (während der letzten Wahlen zum Obersten Rat der Krim erhielt sie 4% der Stimmen), ein Mann mit einer dunklen Vergangenheit[1]. Am 16. März führte die Besatzungsmacht eine Volksbefragung über den Anschluss der Halbinsel an Russland durch, und nur einen Tag später erklärte Moskau die Aufnahme der Krim in den russischen Staat.

Die ukrainische Armee leistete den Eindringlingen keinen Widerstand.

Im März – April erfassten die Unruhen die Gebiete Lugansk und Donezk. Am 6. April nahm eine Menschenmenge das Gebäude des Sicherheitsdienstes der Ukraine in Lugansk in Besitz. Am 12. April besetzte eine Gruppe russischer Diversanten unter Führung von Igor Girkin Slawjansk – eine Stadt mit 130.000 Einwohnern, die sich auf halber Strecke zwischen den wichtigsten Zentren des ukrainischen Ostens Charkiw und Donezk befindet. Am gleichen Tag fiel Mariupol, ein Industriezentrum mit 480.000 Einwohnern an der Küste des Asowschen Meeres, unter die Kontrolle der Separatisten.

Zuerst habe ich den Ereignissen im Osten keine große Bedeutung beigemessen. Ich dachte, die Regierung würde genug Kräfte haben, um

---

[1] Wie der ehemalige Abgeordnete der Werchowna Rada der Ukraine Andrij Sentschenko sagte, war Aksjonow in den 1990er Jahren ein „gewöhnlicher Brigadier in einer organisierten kriminellen Gruppierung". Vgl. Дмитрий Волчек «Премьер по кличке "Гоблин"», Радио Свобода, 01. 03. 2014, http://www.svoboda.org/content/article/25281940.html.

den Unruhen ein Ende zu bereiten, wie auch in meiner Heimatstadt Charkiw. Den ganzen März lang gab es in der Stadt Unruhen, am 6. April nahmen die Separatisten die Staatliche Gebietsverwaltung ein. Nach zwei Tagen wurde das Gebäude geräumt – die Aktion führte der Innenminister Arsen Awakow durch. Damit war die Geschichte des Charkiwer Separatismus eigentlich beendet.

Im April 2014 beschloss ich, dass ich mir eine lange Pause von einem Jahr einfach nicht erlauben kann. In der Ukraine entwickelten sich neue Möglichkeiten, und ich bin nicht da und verpasse womöglich alles. Noch eine letzte Reise mit meinen Freunden in den Nahen Osten nach Israel und Jordanien, dann kehre ich zurück und werde meinen Geschäften nachgehen.

Wir trainierten Seite an Seite mit den israelischen Special Forces: Wir stiegen von einer Brücke in Schlauchboote, wir lernten, Geiseln zu befreien – inklusive Schießen mit Platzpatronen und „Verwundeten", die man an eine sichere Stelle ziehen sollte, um ihnen eine Spritze zu geben. In einer Kolonne aus sechs Panzerwagen fuhren wir durch ein Tor in einer hohen Mauer in eine Siedlung. Wir sind nicht auf reale Kampfhandlungen gestoßen, aber alles war sehr echt.

„Wenn man zu schießen beginnt, regen sie sich nicht auf", gaben uns die Ausbilder auf den Weg. „Wir haben genug Leute".

Der israelische Patriotismus steckt geradezu an. Ein Land, das praktisch über keine Bodenschätze verfügt, nur magere Böden hat, von Feinden umkreist ist, demonstriert Wunder der Effizienz. Wir besuchten Landwirte, die in den israelischen Grenzgebieten unter völlig spartanischen Bedingungen leben. Niemand zwingt sie, dorthin zu gehen. Stellen sie sich einen bärtigen Landwirt mit einer Pistole am Gürtel vor, der erzählt, dass seine Kinder auf diesem Grundstück leben und arbeiten werden, dass er bald das Anderthalbfache an Ziegen haben wird, dass er anfängt, Käse zu machen…

Wir sprachen mit den Soldaten im Grundwehrdienst. Es gab nichts Übermenschliches an ihnen. Gewöhnliche Jungen und Mädchen, die bereit waren, für ihr Land zu sterben und zu töten. Dieser Instinkt fehlte unseren Kämpfern so sehr in den ersten Wochen der Gefechte im Osten, ohne diesen Instinkt kann man im Kampf gegen einen starken Feind nicht standhalten.

Poroschenkos Anruf erreichte mich im Süden Jordaniens.

Vor kurzem habe ich dieses Gespräch noch einmal überdacht. Womöglich war ich mit dem Vorschlag des Präsidenten im Grunde des Herzens beinahe sofort einverstanden. Es gab drei Überlegungen, die mein „Ja" bedingten.

Erstens gab es viel Ähnliches zwischen den Eindrücken des israelischen Patriotismus und der postrevolutionären Atmosphäre in Kiew, der Empfindung, dass sich vor der Ukraine und meiner Generation noch nie da gewesene Perspektiven eröffnet hatten. Wir können das Land ändern, es offen und lebenswert für die Wirtschaft und unsere Bürger gestalten.

Zweitens empfand ich den Vorschlag als eine administrative Herausforderung. Ja, ich leitete die größte Medienholding in der Ukraine, aber der Staat ist die größte Organisation, die man sich nur vorstellen kann. Einer solchen Chance begegnet man nur einmal im Leben. Es gab aber auch noch ein anderes Motiv: Wie lange kann man die kritisieren, die uns regieren? Wenn es dir nicht gefällt, dann versuche, es besser zu machen.

Schließlich ein persönlicher Faktor. Ich habe Petro Poroschenko immer respektiert. Ich wollte ihm helfen.

Wenn ich gewusst hätte, was ich heute weiß, hätte ich dann eine andere Entscheidung getroffen? Wie die meisten Ukrainer habe ich nicht vorausgesehen, dass die Antiterroroperation im Donbass in einen echten Krieg hinüberwachsen würde. Der zweite Fehler bei der Einschätzung der Situation lag in dem übermäßigen Optimismus zu den wirtschaftlichen Perspektiven. Unter anderem habe ich den Grad der Ineffizienz des staatlichen Sektors unterschätzt. Diesen Irrtum teilten viele mit mir, zumal auch der Internationale Währungsfonds, der am 30. April 2014 ein neues Unterstützungsprogramm für die Ukraine bewilligte – das erste nach einer vierjährigen Pause – Grund zum Optimismus lieferte. Es bedeutete, dass das Land innerhalb von zwei Jahren mit dem Erhalt von USD 17 Mrd. rechnen konnte.

Ich habe keine Antwort auf die Frage, die ich am Anfang des vorhergehenden Absatzes formuliert habe.

***

Der Präsident unterzeichnete den Erlass über meine Ernennung am 10. Juni 2014.

Das Gebäude in der Bankowa-Straße, wo das Präsidialamt untergebracht ist, wurde Ende der 1930er Jahre für den Stab des Kiewer Militärbezirks errichtet. Den Entwurf bewilligte der Befehlshaber des Militärbezirks Iona Jakir, der 1937 im Zuge von Stalins Säuberungen erschossen wurde. Nach dem Krieg befand sich hier das Zentralkomitee der Kommunistischen Partei der Ukraine. Auf diesen Korridoren pflegte Marschall Shukow zu gehen, hier arbeiteten die ersten Sekretäre des ZK der KPU Nikita Chruschtschow und Wolodymyr Schtscherbizkyj. Gleich nach dem Zerfall der Sowjetunion zog die Verwaltung des Präsidenten in das Gebäude, aber in den ersten Arbeitsmonaten ließ mich das Gefühl nicht los, dass sich hier seit den Sowjetzeiten wenig geändert hatte. Das Interieur eines Gebietsparteikomitees. Menschen aus den 1980ern. Viele Arbeitszimmer noch ohne Computer.

Im April 2015 wurde in der Nähe meines Sprechzimmers im ersten Stock des Präsidialamtes das Second Floor Art Center eröffnet. Ein langer, des Sonnenlichts beraubter Korridor, der die Besucher zuvor in Angst und Ergebenheit versetzt hatte, verwandelte sich in einen Freiheitsraum für Künstler, die die neuen Vorstellungen über unser Land schufen. An Ruhetagen bekamen auch gewöhnliche Bürgerinnen und Bürger, die keine regulären Passierscheine für das Präsidialamt hatten, Zugang zu diesem Raum.

Die erste Ausstellung „Persönlichkeiten der Ukraine" war herausragenden Vertretern unseres Landes in der Interpretation der Zeichner der Gruppe Pictorico gewidmet. Der künstlerische Mut in der Darstellung kanonischer Figuren der ukrainischen Geschichte und Kultur war atemberaubend: Das avantgardistische Bildnis des Begründers des ukrainischen romantischen Theaters Les Kurbas – aus Kreisen, Ovalen und ein bisschen naiver Druckgraphik, der an vier Seiten hochrote und in der Mitte schwarze Teppich, der mit mythologischen Gestalten, Halbmonden und apotropäischen Augen überstreut war; die Darstellung des Klassikers der Weltliteratur Nikolaj Gogol, das Portrait des Mäzens und Aufklärers Konstantin Ostroschskij im pseudovolkstümlichen Stil. Eine Verschmelzung von Alt und Neu, der Avantgarde und der Tradition – all das hatte meiner Meinung nach einen kreativen Einfluss auf den Besucher, befreite die Gedanken, bewegte dazu, über den eigenen Beitrag zur Zukunft des Landes nachzudenken.

Allerdings habe ich vorgegriffen.

Das Gefühl der stehengebliebenen Zeit verstärkte sich während der Kommunikation mit den Beamten. Sehr schnell überzeugte ich mich davon, dass das durchschnittliche Niveau der öffentlichen Bediensteten in der Ukraine sehr niedrig ist. Eine Ursache lag in der Negativauswahl: In den öffentlichen Dienst kamen Menschen, die sich weder im Privatsektor, noch im gesellschaftlichen Leben etablieren konnten.

Das bedeutet jedoch nicht, dass es in der Ukraine keine Karrierebeamten hoher Qualität gibt. Zu ihnen gehören der Außenminister Pawlo Klimkin, der Botschafter in den USA Walerij Tschalyj, meine Stellvertreter Kostjantyn Jelisejew und Andrij Dneprow, der

Gouverneur des Gebiets Charkiw Ihor Rajnin. Ich kann noch Dutzende Namen nennen, aber es ist eher die Ausnahme, und nicht die Regel.

Die zweite unangenehme Entdeckung – die Beamten waren nicht bereit, ergebnisorientiert zu arbeiten, sie wollten keine Entscheidungen treffen. Ich kam aus der Wirtschaft und fühlte mich unwohl mit Menschen, die ständig mit etwas beschäftigt waren, aber deren Beschäftigung zu Nichts führte. Das reizte mich furchtbar.

Das dritte, was mich überraschte, war, dass vielen Menschen, darunter auch denen, die den Maidan durchgemacht hatten, das Verständnis davon fehlte, dass sich das Land verändert hatte, dass „auf neue Art und Weise leben" nicht einfach ein Wahlslogan von Petro Poroschenko war, sondern die Anforderung des historischen Augenblicks. Im Sommer 2014 lebten die meisten hochgestellten Beamten und mit dem Staat verbundenen Unternehmer nach wie vor in einem alten Paradigma. Ja, es wurde weniger gestohlen, die Korruptionsströme flachten etwas ab, aber das staatliche Budget wurde wie früher als wichtigster Selbstbedienungsladen wahrgenommen.

Fügen sie auch noch mangelnde Koordinierung hinzu und sie erhalten das Modell eines Staates, der weder Strategie, noch qualifiziertes Topmanagement besaß. In so einem Staat ist es äußerst schwer, irgendeine Verwaltungsentscheidung in die Tat umzusetzen. Ein fast handlungsunfähiger Staatsapparat – aber im Lande herrscht Krieg, die innenpolitische Spannung wächst, der wirtschaftliche Rückgang vertieft sich.

Ziemlich bald stellte sich heraus, dass wir vor einer akuten Personalfrage standen. Von Ersatzspielern auf der Bank konnte keine Rede sein, die Bank selbst war längst hinausgetragen worden. Ein normaler Mensch (in diese Kategorie fallen nicht Personen mit Schmiergelderfahrung) wird kaum eine verantwortungsvolle, aber schlecht bezahlte

Arbeit übernehmen. Andererseits weißt du nicht, was du kannst, bevor du es nicht versuchst.

Eine meiner ersten Entscheidungen sah vor, die Mitarbeiterzahl des Präsidialamts um 20% zu reduzieren. Im Vergleich zu der ähnlichen Behörde beim Ministerkabinett – zum Sekretariat – war die Verwaltung nicht besonders groß (730 Personen – Personalbestand des Sekretariats, 579 – des Präsidialamtes). Um jedoch etwas von anderen verlangen zu können, muss man bei sich selbst beginnen. Wir überboten diesen Plan sogar: Zum Ende 2014 wurde das Personal des Präsidialamtes um 27% reduziert, die verbliebenen Positionen wurden zu 80% mit neuen Mitarbeitern besetzt.

Die wichtigste Personalreserve sah ich im Privatsektor. Blieb nur noch eine Kleinigkeit: Wie überzeugt man hochbezahlte Manager und Unternehmenseigentümer, eine Zeitlang für ihr Land zu arbeiten? Und das eigentlich noch unentgeltlich als Volontär?

Ich überredete den 37-jährigen Rechtsanwalt Oleksij Filatow, den Bereich „Justizreform" zu übernehmen. In meinen Augen ist er einer der besten Juristen der Ukraine. Wir haben lange Zeit unternehmerisch zusammengearbeitet, sind dabei auch in ziemlich komplizierte Situationen geraten, in denen er sich sowohl als hervorragender Verhandlungsführer, als auch als guter Jurist erwies. Man hört manchmal, Filatow wäre nicht radikal genug. Diese Vorwürfe halte ich für nicht gerechtfertigt. Wichtig ist, dass er ungeachtet der Kritik und des externen Drucks im Winter 2016 nach wie vor im Team ist und an einer Neuausrichtung des Gerichtssystems arbeitet.

Als meinen ersten Stellvertreter schlug ich dem Präsidenten vor, den 46-jährigen Milliardär Jurij Kossjuk zu ernennen, den Gründer eines der effizientesten Agrarunternehmen des Landes. Das von Kossjuk kontrollierte „Mironowskij chleboprodukt" ist das einzige ukrainische Landwirtschaftsunternehmen, mit dessen Aktien an der Londoner Börse gehandelt wird. Ihm sollten die Logistik und Versorgung der Sicherheitskräfte übertragen werden – unter Berücksichtigung der zu erwartenden Wiederaufnahme der Antiterroroperation im Osten.

In einem der Interviews bezeichnete Kossjuk seine Altersgenossen, die in die Politik gegangen waren, als „mittelmäßig“. Sein Beispiel lehrte mich, dass nicht jeder erfolgreiche Geschäftsmann fähig ist, sich in die bürokratische Routine einzuarbeiten, insbesondere, wenn es um die staatliche Maschinerie geht, die mit einem sehr niedrigen Wirkungsgrad funktioniert.

Die Schwäche des Staates musste man mit Hilfe eines Arbeitstages ausgleichen, der 15 – 16 Stunden dauerte. Für Kossjuk erwies sich diese Zeitplanung als zu zermürbend. Zwei Monate nach seinem Arbeitsantritt im Präsidialamt sprach er es offen an. Obwohl die Belastung nicht besser wurde, war Jurij bis Anfang Dezember 2014 in der Bankowa tätig. Die von ihm herangezogenen Experten halfen unter anderem dabei, im Herbst das Gesetz über das Antikorruptionsbüro zu entwickeln. Er blieb im Team des Präsidenten – aber mit einer weniger aufreibenden Arbeitsbelastung.

Die „Dienstreise“ Kossjuks ins Präsidialamt erwies sich auch in einer anderen Hinsicht als nützlich. Der Strom von Beratungen, Telefonaten, Verhandlungen zieht einen mit, du bist 16 Stunden am Tage mit etwas beschäftigt, hast keine Zeit zum Mittagessen, und dann schaust du zurück und begreifst – die Woche ist vorbei, aber ein Ergebnis ist nicht greifbar. Die Inkompatibilität eines der effizientesten ukrainischen Manager mit dem öffentlichen Dienst bietet einen guten Anlaß, sich selbst und die Arbeitsorganisation noch einmal kritisch zu überprüfen.

Wenn ich zurückschaue, glaube ich, dass ich in den ersten Monaten radikaler und härter hätte handeln sollen.

Bei mir entwickelte sich allmählich die Gewohnheit mich selbst zu fragen, wo denn die realen Veränderungen wären, die auch gewöhnliche Menschen spüren würden. Es war etwa im Herbst, als ich gefühlsmäßig die Antwort für mich formulierte: Die erste und wichtigste Änderung ist neues Personal für den öffentlichen Dienst. Das, was im Präsidialamt begann, sollte nach den Parlamentswahlen als Erneuerung des Ministerkabinetts fortgesetzt werden. Der Präsident unterstützte meine Initiative, zur Auswahl der Kandidaten für Führungsämter in der neuen Regierung und den staatlichen Unternehmen solide Personalagenturen heranzuziehen, die über Arbeitserfahrungen mit staatlichen Strukturen in den USA und der Europäischen Union verfügten.

Wie lange kann ein Großunternehmen bestehen, das ohne klare Strategie und präzise Regeln im Unternehmensmanagement arbeitet? Im Sommer 2014 befand sich die Ukraine genau in dieser Lage: Es gab weder eine gesamtstaatliche Strategie, noch Regeln für das Zusammenwirken zwischen den beiden Zweigen der Exekutive – des Zweigs des Präsidenten (gemäß der Verfassung ist er für die Verteidigung, Sicherheit und Außenpolitik zuständig) und des Zweigs des Ministerpräsidenten (Rechtsordnung und Wirtschaft). Das IWF-Programm gab qualitative und quantitative Orientierungspunkte vor, aber das reichte für eine Vorwärtsbewegung nicht aus.

Das inhaltliche Vakuum sollte durch eine mittelfristige Strategie, in der die Bemühungen des Präsidenten und des Ministerkabinetts zusammengeführt werden, gefüllt werden. Wir nannten sie „Strategie 2020“, da sie die Orientierungspunkte für fünf weitere Jahre festlegte und anschaulich zeigte, worin unser „Weg nach Europa“ besteht. Ich dachte in Kategorien der Geschäftslogik und war der Meinung, dass die Strategie eine Auswahl von KPI-Kennzahlen beinhalten müsse – Dinge, die die Ukraine bis 2020 umsetzen müsse. Danach müssten wir den Plan in umgekehrter Richtung denken – vom Jahr 2020 zurück zum Dezember 2014, wenn in der Ukraine nach den Parlamentswahlen ein neues Ministerkabinett gebildet wird. Mit Hilfe dieser logischen Übung beabsichtigte ich, eine Roadmap der Reformen zu erhalten.

Strategie-2020: Leistungskennzahlen

Entwicklung

	2014	2015	2020
Doing Business (Platz in der Welt)	96	83	**Top-30**
Sovereign Credit Rating	CCC	B-	**BBB**
Global Competitiveness Index (Platz in der Welt)	84	79	**Top-40**
BIP pro Kopf der Bevölkerung (nach Kaufkraftparität, in $)	8 681	7 990	**16 000**
Reiner Zufluss ausländischer Investitionen, in $	$410 Mio	$2,6 Mia	**$**$2,6 Mia
Defizit der Staatsfinanzen, % BIP	10,1	7,4	**3**
Staatsschuld,% BIP	69,7	88,8	**60**
Energieintensität des BIP, toe/$000 BIP	0,36	–	**0,2**

Quellen: Nationaler Reformrat, IMF World Economic Outlook Database, October ?

Sicherheit

	2014	2015	2020
Ausgaben für Verteidigung, % vom BIP	1	3,7	**3**
Anzahl der Berufssoldaten pro 1000 Bevölkerung	2,8	4,7	**5,6**
Corruption Perceptions Index (Platz in der Welt)	144	142	**Top-50**
Vertrauen der Expertengemeinschaft in die Justiz, %	**–**	9	**70**
Vertrauen der Bürger in die Polizei, %	**–**	60	**70**
Erneuerung des Beamtenpersonals (Rechtsschutzorgane, Gerichte, Staatsanwaltschaft, Staatsapparat)	**–**	15	**70**
Max. Anteil eines Lieferanten am Einkaufsvolumen einer Energieressource, %	60	37,4	30

Quelle: Nationaler Reformrat

Verantwortung und Würde

	2014	2015	2020
Durchschnittliche Lebenserwartung, Jahre	71	71	**74**
Anteil kommunaler Haushalte am gesamtstaatlichen Budget, %	31	43	**65**
Verbreitung des Breitbandinternets (Teilnehmerzahl pro 100 Personen)	8,83	11,3	**25**
Anteil der Schulabsolventen, die zwei Fremdsprachen beherrschen, %	–	–	**75**
Qualität der Mittelschulbildung (Platz in der Welt)	–	–	**Top-50**
Anteil der Staatsbürger der Ukraine, die auf ihr Land stolz sind, %	–	80	**90**
Anzahl der Filme ukrainischer Produktion im Massenverleih	7	10	**20**

Quelle: Nationaler Reformrat

Mit der Koordinierung der Arbeit an der Strategie beauftragte der Präsident den 39-jährigen Dmytro Schymkiw, den ich überzeugte, vom Amt des Generaldirektors der ukrainischen Abteilung von Microsoft ins Präsidialamt als einer meiner Stellvertreter zu wechseln. Im Dezember 2013 hatte er unbezahlten Urlaub genommen und fast drei Monate auf dem Maidan verbracht.

Die vom Präsidenten im September 2014 bestätigte „Strategie 2020“ umfasste 62 Reformen und Programme. „Eine zu breite Front“, wird ein erfahrener Reformer sagen, der versteht, in welcher schwierigen Lage sich die Ukraine befindet. Trotzdem hat diese Strategie etwas gebracht, indem sie in den Monaten Oktober und November als Grundlage für die Erarbeitung des Koalitionsabkommens diente.

Schymkiw sollte noch eine andere Funktion übernehmen – er sollte zum Koordinator einer neuen Plattform werden, die die Reformbemühungen des Präsidenten, des Ministerkabinetts und des Parlaments konsolidieren würde. Die erste Sitzung des Nationalen Reformrates fand im

Dezember 2014 statt – kurz nach der Bildung des neuen Ministerkabinetts. Vorgreifend kann ich sagen: Der Nationale Reformrat half tatsächlich, die Defizite der Zusammenarbeit innerhalb der Exekutive zu mildern, die durch die geltende Verfassung der Ukraine vorbestimmt waren.

Im Winter 2016 betrachtete ich unsere Perspektiven viel nüchterner, als in den ersten Monaten der Arbeit im Präsidialamt. Ich glaube nach wie vor an die große Zukunft der Ukraine, aber der Weg dahin wird nicht so eben, wie wir uns das im Sommer und Herbst 2014 vorgestellt haben. Damals glaubte ich, dass wir uns – wenn wir ein starkes Reformerteam haben, nah an den Lebensstandard Polens herankommen könnten, obwohl zu jenem Zeitpunkt der Unterschied zwischen unseren Ländern verschiedenen Schätzungen zufolge das zweieinhalb- bis dreieinhalbfache betrug. Ich ging vom „argumentum e contrario" aus: Es wird uns trotz des ungeheuren Ausmaßes an Korruption und der haarsträubenden Ineffizienz gelingen, ein erträgliches Lebensniveau aufrechtzuerhalten. Die Wirtschaft wird sich über Wasser halten und dabei eine riesige Anzahl von Hindernissen überwinden. Wie erst würde die Wirtschaft ohne diese Hindernisse funktionieren! In der Ukraine haben wir Millionen gut ausgebildete, kluge Menschen, die in ganz unterschiedlichen Bereichen erfolgreich sein können. Es gilt also lediglich, eine starke Mannschaft von Reformern aufzustellen, die motiviert ist, diese Ziele zu erreichen.

Der Erfolg des Landes würde auch zu meinem persönlichen Bonus werden. So dachte ich im Juni 2014, so denke ich auch jetzt.

Im September 2015 ordnete der Investigationsjournalist Serhij Leschtschenko, heute Mitglied der Präsidentenfraktion im Parlament, mich in die „Schattenregierung" ein. Seine Gründe waren: „Borys Loshkin ist nicht nur der Leiter des Präsidialamtes. Er ist ebenfalls eine Personalagentur"[1].

---

[1] Сергей Лещенко. «Теневое правительство». Новое время, 22.09.2015, http://nv.ua/opinion/leshenko/tenevoe-pravitelstvo-70011.html.

Ich bin Serhij dankbar für das Kompliment. Im Herbst 2014 half ich tatsächlich aktiv, nach Ministerkandidaten zu suchen. Es war meine Idee, Ausländer für die Regierung und Führungsposten in staatlichen Unternehmen zu gewinnen, und für mich ist das ein Grund für Stolz und nicht für Rechtfertigungen. Die Strategie der „Infizierung" des ukrainischen Staates mit erfolgreichen Managern aus dem Ausland half auch beim Aufbau der Antikorruptionsmechanismen. Die im Oktober 2014 von Jurij Kossjuk versammelte Mannschaft aus georgischen Experten, die vom ehemaligen Justizminister und Generalstaatsanwalt Georgiens Surab Adeischwili geführt wurde, erarbeitete einen stufenweisen Plan für den Aufbau des Nationalen Antikorruptionsbüros.

Ich empfand mein Amt immer als eine Managerstellung und hielt es für meine Aufgabe, ein effizient arbeitendes System aufzubauen, nicht jedoch mein eigenes öffentliches Image. Heute sehe ich, dass ich meine Position gegenüber einigen Problemen hätte aktiver und präziser artikulieren sollen.

Machen mich diese Tatsachen zum Mitglied irgendeiner „Schattenregierung"? In meiner Gegenwart war das Präsidialamt nie bestrebt, das Ministerkabinett zu führen. Ich erinnere mich allzu gut, dass die Konfrontation des Präsidenten Juschtschenko und der Ministerpräsidentin Tymoschenko nach der Orangen Revolution mit der Restaurierung der Macht von Janukowytsch geendet hatte. Mein Vorschlag, den Nationalen Reformrat zu bilden, hatte nur ein Ziel: Eine Spaltung der Macht in diesem kritischen Augenblick der ukrainischen Geschichte zu verhindern. Gleichzeitig wäre es unsinnig zu bestreiten, dass die Teilung der Exekutive in zwei Zweige – den Präsidialzweig und den Zweig des Ministerpräsidenten – die Ukraine in eine sehr komplizierte Lage bringt. Um dieses Problem zu lösen, muss sich das Land möglichst bald über eine Regierungsform einigen und entweder zu einer Präsidialrepublik oder zu einer Parlamentsrepublik übergehen.

Kapitel 2
OHNE KARTE

Die Ukrainerinnen und Ukrainer meiner Generation erlebten drei politische Revolutionen. Viele waren gezwungen, ihr Leben und ihren Tätigkeitsbereich vollständig zu ändern. Mit meinen 44 Jahren war ich Reporter, Fernsehmoderator, Werbefachmann, Verleger, Abgeordneter, Medienmagnat.

Die Schulen, in denen wir lernten, haben uns nicht auf das Leben in den letzten Jahren des Bestehens der Sowjetunion vorbereitet, noch weniger auf das Leben danach. Wir lasen darüber, wie Dinge in normalen Ländern geregelt werden, aber die Entscheidungen fällten wir auf eigene Gefahr, denn keiner wußte im Voraus, was in der postsowjetischen Realität funktionieren würde, und was nicht.

In dem Buch „Without a map" von Andrei Shleifer und Daniel Treisman gibt es ein eingängiges Bild. Ein Wanderer, der in einem Tal steht, betrachtet eine Bergkette, die er zu ersteigen hat. Der Endpunkt der Route scheint auf der Hand zu liegen, aber zwischen dem Wanderer und dem Berggipfel sind dichte Wälder, reißende Flüsse, Schluchten und Gletscher. In einer ähnlichen Lage befanden sich, der Meinung der Verfasser nach, die Reformer, die am Anfang der marktwirtschaftlichen Umwandlungen in den Ländern des ehemaligen sozialistischen Lagers standen. Doch genauso ist auch das Schicksal der meisten engagierten Personen meiner Generation. Wir wussten, wie unser Ziel aussah, hatten aber keine Wegbeschreibung.

Ich wurde in Charkiw am 23. Oktober 1971 in einer Angestelltenfamilie geboren.

Die erste Hauptstadt der Ukrainischen SSR Charkiw (bis 1934) war in den Zeiten meiner Kindheit eher eine sowjetische, als eine ukrainische Stadt. Durch die Besonderheit der Produktion in unserer Stadt – die größten Betriebe und wissenschaftlichen Forschungsinstitute gehörten als ein Bestandteil zum gesamtsowjetischen Rüstungskomplex – war die Partei- und Wirtschaftselite nicht mit Kiew verbunden, sondern mit Moskau. Die Erinnerung an Charkiw als Hauptstadt der in den 1930er Jahren niedergekämpften ukrainischen Wiedergeburt war durch die sowjetische Straf- und ideologische Maschinerie sorgfältig gelöscht worden und begann erst in den Perestroika-Jahren wieder zu erwachen.

Wir wohnten in einem der zentralen Stadtbezirke, in der Shakespeare Straße. Eine Ein-Zimmer-Wohnung mit einer 6-Meter-Küche und kleinem Bad. In der Nähe befand sich das städtische Visum- und Meldeamt, so dass ich von meinem Balkon aus die kleinen Gruppen von Menschen beobachten konnte, die kamen, um eine Genehmigung zu bekommen, die Sowjetunion für immer zu verlassen. Es hieß „Ausreise zum ständigen Aufenthaltsort“. Viele meiner Mitschüler sind ausgereist, einige während der Sowjetzeit, andere später: nach Israel, Deutschland, Österreich, die USA, Kanada, Australien…

Die Unzufriedenheit mit der entstandenen Situation, die Bereitschaft, das Schicksal zu ändern, umgaben mich von Kindheit an.

Mein Vater war Mitglied der KPdSU. 1979 oder 1980 hatte er Glück – mit einer offiziellen Delegation besuchte er Italien, ein Land mit der in Westeuropa stärksten kommunistischen Partei. Er war in

Rom, Venedig, Florenz. Nach dieser Reise hatte sich mein Vater stark verändert. Später erzählte er, dass er in Italien den Glauben an den Kommunismus verloren hätte – zu offensichtlich war die Diskrepanz zwischen dem Lebensstandard „hier" und "dort".

Von der Reise brachte der Vater eine Menge Fotos mit. Auch jetzt, wenn ich in Italien bin, bin ich emotional berührt, damals aber waren die Fotos wie eine Explosion des Bewusstseins. Erst 1994 reiste ich zum ersten Mal ins Ausland.

Meine Eltern arbeiteten in Entwicklungsbüros, die nicht mit der Rüstungsindustrie verbunden waren. Zu zweit verdienten sie etwa dreihundert – dreihundertfünfzig Rubel. Anfang der 1980er Jahre kostete ein Paar Importjeans auf dem schwarzen Markt 120 Rubel, ein Kilo Rindfleisch auf dem Kolchosmarkt – 4 bis 5 Rubel. Das Leben von einer Gehaltsauszahlung bis zur nächsten war reinste Armut.

Ich war 12, als sich meine Eltern scheiden ließen.

Ich lernte gut und war, wie es damals hieß, gesellschaftlich engagiert: Ich war stellvertretender Sekretär des Komsomolkomitees und zuständig für die ideologische und politische Arbeit, führte regelmäßig Politinformationen in der Aula unserer Schule durch. Zwei- oder dreimal berichtete ich über den Verfall der kapitalistischen Gesellschaft in Italien und anderen westlichen Ländern. Ich war Kapitän der Schulmannschaft im Quiz „Klub der Lustigen und Findigen".

Von Kindheit an habe ich Zeitungen nur so verschlungen – wahrscheinlich habe ich das von meinem Vater. Wenn wir ans Meer fuhren, ging ich zum Zeitungsstand und kaufte einen ganzen Stoß Periodika – bis heute ist mir der charakteristische Geruch der Druckerfarbe im Gedächtnis haftengeblieben.

1986 besorgte ich mir ein Empfehlungsschreiben des Schuldirektors und begann als freiberuflicher Berichterstatter in der Zeitung „Leninska smina" zu arbeiten, die vom Gebietskomsomolkomitee herausgegeben wurde. Mein erster Beitrag war einem außergewöhnlichen Ereignis gewidmet: In den Obstgarten auf dem Schulgelände hatte sich ein Wildschwein verirrt. Die Jäger umstellten diese Stelle und schläferten das Tier ein. Woher das Tier kam, konnte nicht geklärt werden.

Zum nächsten Punkt meines Werdeganges wurde die Abendzeitung „Wetschernij Charkiw". Sie wurde 1969 während des „Tauwetters von Schelest"[1] gegründet und erschien zuerst nur in ukrainischer Sprache. Meine Beiträge schrieb ich russisch und übersetzte sie dann mit einem Wörterbuch ins Ukrainische. Später erschien die Zeitung zweisprachig, heute aber nur noch in russischer Sprache.

Das Leben um uns herum veränderte sich stark. Gorbatschows Perestroika war im Gange. Einer ihrer Wendepunkte wurde zum Höhepunkt meiner jugendlichen Karriere.

Im März 1988 veröffentlichte die Zeitung „Sowjetskaja Rossija", die die Anschauungen der Hardliner unter den Kommunisten vertrat, einen Artikel der Dozentin der Leningrader technologischen Hochschule Nina Andreewa mit dem Titel „Ich kann meine Prinzipien nicht preisgeben". Die Autorin protestierte gegen die Anschwärzung der sowjetischen Wirklichkeit, setzte sich für Stalin und die kommunistische Ideologie ein. Den Artikel, der als ein Hieb gegen Gorbatschow wahrgenommen wurde, druckten fast 1000 Periodika in der ganzen UdSSR nach: wie wir jetzt wissen, wurde darüber im Politbüro zwei Tage lang diskutiert.

Der Kampagne schloß sich auch die Hauptzeitung des Charkiwer Gebietskomitees der KPdSU „Krasnoje snamja" („Rote Fahne") an, die einen Artikel eines Charkiwer Militärschriftstellers veröffentlichte, der sich vollständig hinter die Ideen von N. Andreewa stellte.

---

[1] Petro Schelest – erster Sekretär des ZK der KPU von 1963 – 1972. Als wirkliche Ursache seiner Absetzung galt seine zu liberale Einstellung gegenüber den ukrainischen nationalen Intellektuellen.

Aus der Höhe meiner 16 Jahre schrieb ich eine scharfe Erwiderung und schickte sie an die Zeitungsredaktion. Das Pathos meines ziemlich umfangreichen Textes, der mit den Zitaten aus Songs westlicher Rocker gewürzt war, lief darauf hinaus, dass man junge Menschen nicht zurück in die Vergangenheit ziehen sollte. Ich nahm kein Blatt vor den Mund und riet den Feinden der Perestroika sogar, die sich nach der einzig richtigen „wissenschaftlichen Lehre" sehnten: „Fragen Sie doch die Prostituierten an den Hotels „Charkiw" und „Intourist" über die Ideale" (das Wort „kommunistische" wurde vom Redakteur gestrichen). Das waren die zwei teuersten Hotels in der Stadt und sie hatten Devisenbars.

Zu meiner Überraschung wurde der Artikel veröffentlicht.

Lokale Flegel schauten mich respektvoll an: „Cool, wie du das über die Nutten gesagt hast!"

Das Gebietsparteikomitee war anderer Meinung. Insbesondere die Parteichefs wollten wissen, wo die Zeitungsleute so einen Autor gefunden hatten. Der Artikel war unterschrieben: „Borys Loshkin, Schüler der Klasse 10 B, Mittelschule Nr. 99". Man erzählte mir, dass der für die Ideologie zuständige Sekretär des Gebietskomitees mit der Faust auf den Tisch geschlagen und den Redakteur angebrüllt hätte: „Halbwüchsigen geben wir nicht das Wort!"

Der Artikel war groß, ich bekam über fünfzig Rubel dafür. Und da im April noch weitere Veröffentlichungen von mir kamen, stellte ich einige Monate vor Schulabschluß meinen persönlichen Rekord auf – ich verdiente über einhundert Rubel in einem Monat.

Im Sommer machte ich den ersten Versuch, mich für die Fakultät für Journalistik der Moskauer Universität zu bewerben. Den Wettbewerb für kreatives Arbeiten habe ich problemlos bestanden – zu der Zeit hatte ich schon 60 oder 70 Publikationen. Während des Aufsatzes versuchte ich, einem Mädchen zu helfen, das ich in Moskau kennengelernt hatte – wir wurden zusammen aus der Prüfung hinausgeworfen.

Im September fand ich eine Stelle als Verantwortlicher für die Zeitungsausgabe in der Abendzeitung „Wetschernij Charkiw". Das war mein erster Managerjob. Ich arbeitete als Halbtagskraft: Minderjährigen war es verboten, Vollzeit zu arbeiten.

Stellen sie sich eine riesige Druckerhalle vor, wo Maschinen stehen, die an große Schreibmaschinen erinnern, Linotype-Setzmaschinen. An jeder Linotype Maschine sitzt eine Setzerin – sie setzt die Zeilen zusammen und füllt die Druckform. An einer gesonderten Maschine werden die Bleistereos für Fotografien hergestellt. Der Abdruck der Seite wird von Korrektoren und dem diensthabenden Redakteur überprüft. Hast du ein Komma ausgelassen – setz die Zeile erneut. Eine fertige Seite schickt man mit Rohrpost an den Chefredakteur und dann an den Zensor, auch wieder mit Rohrpost. Die Korrekturen des Zensors wurden nicht diskutiert.

An diesem arbeitsintensiven Prozess waren 12 – 13 Personen beteiligt, Redaktion und Zensor nicht mitgerechnet. Die Aufgabe des Verantwortlichen für die Ausgabe war es, alle Teilnehmer so zu koordinieren, dass die Zeitung zwischen 6 und 13 Uhr umgebrochen und abgegeben wurde. Eine Verzögerung von über fünf Minuten war ein besonderes Vorkommnis. Über fünfzehn Minuten führten dazu, dass die Sache in der Bürositzung des Stadtparteikomitees behandelt wurde. Man musste sich somit ein Bein ausreißen, um die Fristen einzuhalten und zwischendurch alle Produktionskonflikte beizulegen.

Die Druckerei nahm die beiden ersten Stockwerke im 14-geschössigen Haus der Presse ein. Um 13 Uhr war mein Arbeitstag zu Ende und ich stieg zur Redaktion hoch. In „Wetschernij Charkiw" schrieb ich über Film und Theater, machte Interviews mit sowjetischen Stars – dem Fernsehmoderator Wlad Listjew, dem Schauspieler Nikolaj Karatschenzow und vielen anderen. Irgendwann vertraute man mir an, die Doppelseite „FilmAuge" zu machen – dort stand alles zum Thema Film und Kino. Ich schrieb Rezensionen über Filme, machte Interviews mit den Regisseuren, veröffentlichte Annoncen – in mancherlei Hinsicht war es wie ein Prototyp der „Fernsehwoche", die ich fünf Jahre später startete.

Im Frühling 1989 fanden in der UdSSR die ersten halbfreien Wahlen statt – mit sehr vielen Einschränkungen zugunsten der KPdSU, aber auch mit Kandidaten von der Opposition, einer lauten Wahlkampagne und einem unvorhersehbaren Ergebnis. Für den Demokraten kandidierten in Charkiw Jewgenij Jewtuschenko und Vitaly Korotytsch, Chefredakteur der Illustrierten Ogonjok (die in der UdSSR verbreiteteste Illustrierte, die sich für die Perestroika einsetzte). Ich gehörte zu ihren Unterstützungsmannschaften.

Zusammen mit meinen Freunden organisierte ich den Klub der jungen Dichter Alp (Abkürzung von „Alternativpoesie"). Ich schrieb anklagende Gedichte im Sinne von Wladimir Majakowski. Bei unseren Dichtungsabenden im Kulturhaus Pischtschewik waren immer zwei Mitarbeiter des KGB dabei. Man konnte sie ohne weiteres von den anderen Gästen unterscheiden: Die meisten zahlten nichts, aber diese Beiden legten immer je ein Rubel in den Hut vor der Bühne. Die Jungs von den „Diensten" waren für uns willkommene Gäste.

Mein zweiter Versuch, auf die Moskauer Universität zu gehen, war wieder erfolglos. Ich fiel in der Prüfung in Gesellschaftskunde durch, in der ich unbedingt ein „Ausgezeichnet" brauchte. Als ich auf die Frage aus dem Prüfungszettel antwortete, erwähnte ich eine Tatsache, die man in einem offiziellen Lehrbuch nicht finden konnte.

„Junger Mann, woher haben Sie denn das", zeigte sich der Prüfer erstaunt.

„Wieso", erwiderte ich, „im Nowy Mir gab es vor drei Monaten so einen Artikel".

Nowy Mir war eine der in der UdSSR einflussreichsten Monatszeitschriften für Literatur und Publizistik, die aktiv an der Enthüllung der sowjetischen historischen Mythen mitarbeitete.

„Sind sie hergekommen, um die Prüfung nach Nowy Mir oder nach dem Lehrbuch abzulegen?“

„Aber wir wollen doch unsere Geschichte neu überdenken“.

„Alles klar. Das Thema der Frage wurde nicht ausreichend erschlossen“.

Die Prüfungen fanden an der Moskauer Universität eher statt, als an den meisten anderen Hochschulen. Mir blieb noch die Chance, in Charkiw immatrikuliert zu werden. Ich konnte nicht schlecht Englisch und dachte, wenn ich schon zu Hause studiere, dann an der Charkiwer Universität an der Fakultät für Fremdsprachen. Der Vater einer Bekannten von mir, der die Tennisplätze der Universität leitete, war absolut überzeugt:

„Keine Chance. Da ist alles im Voraus bestimmt, wer immatrikuliert wird. Vergeude deine Zeit nicht“.

Letztendlich begann ich mein Studium an der Fakultät für Philologie der Pädagogischen Hochschule Charkiw.

Die erste Revolution, zu deren Zeugen und Teilnehmern meine Generation wurde, begann sich mit voller Kraft zu entfalten. Im Sommer 1989 gewann die Solidarność die Senatswahlen und bildete die erste nichtkommunistische Regierung in Polen seit mehr als 40 Jahren. Die Kommunisten verloren allmählich ihre Macht in Ungarn. Im Herbst, als ich mit dem ersten Studienjahr anfing, fand in der Tschechoslowakei die Samtene Revolution statt und in der DDR brach das Honecker-Regime zusammen. Die Berliner Mauer stürzte und damit auch die ganze Außenkontur des Sowjetreichs: die Länder der „Volksdemokratie“ befreiten sich von der Kontrolle Moskaus.

In den baltischen Republiken verstärkte sich die Bewegung für die Wiederherstellung der Unabhängigkeit. Am 23. August, am Jahrestag der Unterzeichnung des Ribbentrop-Molotow-Pakts bildeten etwa zwei Millionen Einwohner Estlands, Lettlands und Litauens eine lebendige, 600 Kilometer lange Kette.

Die Wellen der antikommunistischen Revolution rollten auch bis zur Ukrainischen SSR – einer der konservativsten Republiken der Sowjetunion. Anfang September wurde in Kiew die Narodnyj Ruch (Volksbewegung) gegründet – eine bunt zusammengewürfelte Koalition der nationalen Befreiungsbewegungen und -strömungen. Im Oktober erklärte die kommunistische Werchowna Rada die ukrainische Sprache zur Staatssprache.

Die politischen Veränderungen erfolgten vor dem Hintergrund wachsender wirtschaftlicher Schwierigkeiten. Um populär zu bleiben, geizte die Sowjetregierung nicht mit Sozialausgaben, und erhöhte dafür das Haushaltsdefizit. Diese Politik führte gleichzeitig zu einer steigenden Inflation und zu einem Mangel sogar an elementarsten Waren.

Für meine Freunde und mich bedeutete der Zusammenbruch des Kommunismus, dass niemand mehr uns dabei stören würde, das zu tun, was wir für nötig hielten. Wir glaubten nicht an irgendeinen entwickelten Sozialismus, auch nicht daran, dass irgendjemand – die Kommunistische Partei oder die Sowjetmacht – uns ein besseres Leben sichern würde. Für uns war die Hauptsache, dass man uns nicht stört.

1989 begann ich unternehmerisch tätig zu werden – ich schuf gemeinsam mit meinen Freunden das erste Handelsnetz für Druckerzeugnisse in Charkiw. Damals gab es keine Privatzeitungen, wir verkauften an unseren Ständen Trivialliteratur und Poster. Die meisten Gewinne brachten uns die Stände am Hauptbahnhof, wo Dutzende Züge für eine halbe oder ganze Stunde hielten, die von Moskau in Richtung Krim und Kaukasus fuhren. Besonders gut klappte der Handel während der Sommerferien: Die Schüler kamen heraus, um Luft zu schnappen, und erblickten sofort eine der zentralen Säulen, die mit unseren Plakaten mit Ninja und Bruce Lee beklebt waren.

Viele Geschäftsleute, die älter sind als ich, erzählten, dass sie beim Einstieg ins Unternehmertum Bedenken und sogar Gewissensbisse hatten: Die Sowjetmacht hatte gründliche Arbeit geleistet, damit Unternehmertum und Kommerz als etwas Verurteilungswürdiges und Beschämendes betrachtet werden. Ich hatte keine Bedenken in diesem Sinne. Ich hatte auch keine Angst. Ich wollte mich von der Armut losreißen, und es gab keine anderen Mittel, das zu erreichen.

Ich wuchs während der Stagnation heran, einer Zeit, in der sich in vielen Regionen der UdSSR illegales privates Unternehmertum stürmisch entwickelte. Die „Zechowiki", so nannte man die illegalen Unternehmer, lernten schnell, die Ungereimtheiten und die Ineffizienz der Kommandowirtschaft zu Geld zu machen. Charkiw war eines der Zentren dieser Bewegung. Einigen solchen Unternehmern begegnete ich bei Freunden und gemeinsamen Bekannten. Nachdem das Privatunternehmertum durch die Gesetze über individuelle Erwerbstätigkeit und die Genossenschaften legalisiert wurde, konnten meine Altersgenossen und ich ihrem Beispiel folgen, ohne Repressalien seitens des Staates befürchten zu müssen.

Das Handelsgeschäft mit Presseerzeugnissen erwies sich als größer, als ich anfänglich angenommen hatte. Mein Monatsgewinn betrug einige Tausend Rubel. Es reichte aus, um eine unabhängige Geschäftsausgabe zu starten. Im Oktober 2013 schrieb die ukrainische Ausgabe von Forbes folgendermaßen darüber:

„Die von ihm (von mir – B. L.) realisierte Idee überrascht heute durch ihre Einfachheit – eine Zeitung mit der Vorschau von Fernsehsendungen herauszugeben. In der Stadt lief rund um die Uhr der Fernsehsender ATV (AutorenTV), der bei der lokalen Bevölkerung aufgrund seiner Filme sehr beliebt war, die man sich damals sonst lediglich auf Videokassetten ansehen konnte. Aber die Zuschauer wussten nicht, welche Filme und zu welchen Zeiten bei ATV ausgestrahlt werden. Loshkin vereinbarte mit der Sendeleitung, dass sie das Ausstrahlen der Filme für eine Woche im Voraus planen und er das Programm in seiner Zeitung veröffentlichen wird, die er direkt so benannte – ATV. Die Geschäftskosten waren minimal: Selbstkosten – 5

Kopeken, Provision der Verkäufer – weitere 5 Kopeken, und das bei einem Einzelhandelspreis von 50 Kopeken“[1].

Heute scheint die Idee einer gedruckten Programmvorschau auf der Hand zu liegen, sie scheint nahezu banal. Aber 1990 kam der Gedanke, dass das Fernsehprogramm einen Wert besitzen könne, keinem der Unternehmer aus Charkiw in den Sinn – mit Ausnahme eines Studenten des zweiten Studienjahres der pädagogischen Hochschule.

Es war ein Geschäft mit einer irrsinnigen Rentabilität. Die Schlange der Käufer der Wochenzeitung zog sich über den ganzen Dserschinski-Platz (jetzt Platz der Freiheit) – einen der größten (wenn nicht der größte) Plätze Europas. Die Zeitung ATV brachte uns einen Gewinn von 70 bis 80 Tausend Rubel pro Woche.

Die letzten zwei Jahre des Bestehens der UdSSR war ich zu beschäftigt, um mir Gedanken wegen der politischen Situation zu machen. Sie wurde immer angespannter, wie auch die Lage in der Wirtschaft. Ich geriet in eine Art Gegenphase zum übrigen Land: Für Privatunternehmer, die sich auf den Endverbraucher orientierten, waren die 1990er eine Zeit riesiger Möglichkeiten. Wohin man auch schaute, es fehlte an Allem. Wenn man da mit Produkten auf die leeren Märkte ging, die von den Menschen benötigt wurden, dann waren die Erfolgschancen sehr hoch.

Heute verstehen wir, dass die UdSSR eigentlich bereits im August 1991 nach dem misslungenen Putschversuch in Moskau zu Ende war. Bereits am 24. August verabschiedete die Werchowna Rada den Akt der Erklärung der Unabhängigkeit der Ukraine, der auf dem Referendum am 1. Dezember bestätigt wurde. Noch eine Woche später vereinbarten die führenden Politiker Russlands, der Ukraine und Weißrusslands in der Belaweschskaja puschtscha bei Minsk die Auflösung

---

[1] Дарья Марчак, Владимир Вербяный. Дорогая редакция, Forbes Украина, №10, Oktober 2013.

der UdSSR. Alles andere, darunter auch das Einholen der sowjetischen Fahne über dem Kreml, war eine Frage von einigen Wochen und nur noch technischer Natur.

Ich verspürte kein Bedauern. Die Ukraine und auch ich wurden stürmisch in eine unbekannte Zukunft getragen. Kurz nach dem Start der Zeitung eröffneten wir eine Werbeagentur. 1991 probierte ich meine Kräfte im Fernsehen aus – ich wurde zum Produzenten, Autor und Moderator der ersten Sendung im Lande, die sich mit Unternehmertum befasste. Die „Geschäftsnachrichten“ wurden zweimal in der Woche vom Fernsehkanal Tonis ausgestrahlt, einem Sender, der im größten Teil der Ukraine links vom Dnepr empfangen wurde.

Die Ukraine erholte sich nur schwer vom postrevolutionären Chaos. Erst jetzt verstehe ich, dass wir mehrere Transformationen auf einmal zu durchlaufen hatten: Den Aufbau eines Nationalstaates und der ihm eigenen Institute, angefangen von der Exekutive, die für die Geschehnisse im Lande volle Verantwortung trägt, bis hin zu den Streitkräften, der Zentralbank und dem Gerichtssystem (all das waren Prärogativen des Unionszentrums), den Aufbau einer Marktwirtschaft anstelle des administrativen Kommandosystems, den Aufbau von Demokratie dort, wo 70 Jahre lang eine einzige Partei mit Hilfe von Terror, Repressalien und Propaganda regierte. Die fehlende Übereinstimmung der Hoffnungen („morgen leben wir wie in Europa“) mit der Realität (der wirtschaftliche Rückgang dauerte ein ganzes Jahrzehnt) war für die Ukrainerinnen und Ukrainer ein Trauma für Jahrzehnte voraus.

Wenn die Situation beim Aufbau des Staates und der demokratischen Institute noch mehr oder weniger erträglich war, so hat sich für die ukrainische Wirtschaft Anfang der 1990er Jahre leider kein Balcerowicz oder Gaidar finden können. Was zu tun war und wie – das wussten weder die ehemalige kommunistische Nomenklatura, noch die ehemaligen Dissidenten. Die Leiter der Industrieriesen, die man „rote Direktoren“ nannte, und die sowjetischen Wirtschaftswissenschaftler, die in einem Witz als die „verheerendste Waffe" der UdSSR bezeichnet worden waren, versuchten zunächst die Probleme so zu lösen, wie sie es gewohnt waren: mit Hilfe von Befehlen und durch das Drucken von Geld. Die Verzögerung zu Beginn führte dazu, dass sich die wirtschaftliche Stabilisierung in die Länge zog – fast über ein Jahrzehnt. Das Land stürzte in eine Hyperinflation ab (1993 betrug der Index der Verbraucherpreise 10256%), was weder die Beliebtheit der marktwirtschaftlichen Reformen, noch den Glauben an eine Zukunft der Ukraine steigerte.

Ich hatte keine Zeit für einen längeren Anlauf. Ich heiratete, wir erwarteten ein Kind. Die Zeitung ATV war zwar ein signifikantes Projekt, aber sobald das Fernsehprogramm seine Exklusivität verloren hatte (und das geschah ziemlich schnell), ging auch der Wert der Zeitung stark zurück.

1994 gründete ich mit meinem Kameraden Andrij Huntschenko die Telenedelja (Fernsehwoche) – vielleicht mein erfolgreichstes Medienprojekt (zumindest war es das langlebigste). Wenn im Falle der ATV der Akzent auf das Fernsehprogramm gelegt worden war, so diente es hier nur als Beilage. Hauptinhalt waren Interviews mit Stars, ihre Lebensgeschichten, Übersichten zu Filmen und Fernsehserien. Von Anfang an konzipierten wir die Fernsehwoche als eine Netzausgabe, die im ganzen Land als Lokalausgabe verbreitet werden sollte.

In der von mir entwickelten Strategie stand, dass die Fernsehwoche zum Jahre 1997 zum beliebtesten Periodikum in der Ukraine werden sollte. So geschah es auch. 1995 begann die Fernsehwoche in Kiew, Saporishshja und Dnipropetrowsk zu erscheinen. 1996 kamen Simferopol, Odessa und Donezk dazu. In drei Jahren „deckten" wir alle diejenigen Regionen des Landes ab, in denen am meisten gelesen wurde.

Die Neunziger blieben vielen als Zeit des Verfalls und der Anstrengungen im Gedächtnis. Ein schwacher, korrumpierter Staat, Kriminalität und Schutzgelderpressungen griffen um sich. Es gelang uns, diese Jahre ohne Verluste zu überstehen. Unser Vorteil bestand darin, dass weder die Behörden, noch die kriminellen Strukturen begriffen, womit wir uns befassten. Bereits seit der Sowjetzeit wurde das Verlagswesen nicht als Gewinnquelle wahrgenommen: Die Leute geben irgendeine Zeitung heraus, na wennschon. Viele glauben bis jetzt nicht, dass man mit Medien Geld verdienen kann.

1994 wurden Huntschenko und ich als Abgeordnete des Dserschinsker Stadtbezirksrates in Charkiw gewählt. In jenen Jahren erstreckte sich die Unantastbarkeit der Abgeordneten selbst auf die Vertretungsorgane der untersten Ebene. Für Vertreter staatlicher Machtorgane, die selber Schutzgelderpressung im geringen Umfang betrieben, stellte mein Abgeordnetenausweis ein ernstzunehmendes Argument dar: „Warum haben sie das nicht gleich gesagt…"

Auch für die kriminelle Welt waren wir nicht von besonderem Interesse. Charkiw, wo die Fernsehwoch zu erscheinen begann, war nie eine Stadt für Gangster gewesen – die Miliz war überall zugegen. Mit Gangstern bekamen wir zu tun, als wir unsere Expansion nach Kiew, Dnipropetrowsk, Odessa und der Krim begannen.

In der Situation des faktischen Zerfalls des Staates übernahm die kriminelle Welt die Funktionen einer Paralleljustiz. Das Wort „parallel" ist hier vielleicht überflüssig, denn es gab keine andere – zumindest im Bereich des Wirtschaftsrechts. Die erste und oft auch die letzte Instanz der Rechtsprechung unter Gangstern war die sogenannte „Weiche". Parteien in einem solchen Prozess waren der Kläger, der Beklagte (ein Geschäftsmann, dem vorgeworfen wurde, ein Kredit nicht zurückzuzahlen oder zu betrügen) und zwei bis an die Zähne bewaffnete Unterstützungsmannschaften. An uns ist dieser Kelch Gott sei Dank vorübergegangen.

In jeder Stadt gründeten wir ein Einzelunternehmen, manchmal mit einheimischen Partnern. Jede Untereinheit dieser Art war an und für sich zu klein, um das Interesse der Banditengruppierungen zu wecken. Zusammengelegt bildeten unsere Regionalfilialen ein ernstzunehmendes Geschäft, aber für die lokalen Gruppierungen waren wir nicht greifbar.

Last but not least. Wir hielten uns übergenau an die Regeln der „Geschäftshygiene": wir beteiligten uns nicht an Privatisierungen, wir nahmen niemandem etwas weg, bedienten pünktlich unsere Schulden.

Mitte der 1990er Jahre entstanden in der Ukraine die Basisinstitute der Dritten Republik. Im Herbst 1994 wurde mit einer dreijährigen Verspätung die Preisliberalisierung durchgeführt. 1996 verabschiedete die Werchowna Rada eine neue Verfassung, die dem Präsidenten große Vollmachten gewährte, aber weit mehr Macht beim Parlament beließ, als in der benachbarten Präsidialrepublik in Russland. Nach der Einführung der nationalen Währung gelang es, die Inflation zu neutralisieren: 1997 wuchsen die Verbraucherpreise lediglich um 10%. Infolge der Massenprivatisierung stieg der Anteil des Privatsektors in der Wirtschaft von 15% im Jahre 1993 auf 55% im Jahre 1997[1]. Die Gefahr des Separatismus, die auf der Krim durch russische Revanchisten geschürt wurde, stand nicht mehr in erster Reihe.

Diese Erfolge verdankte die Ukraine in vielem ihrem zweiten Präsidenten Leonid Kutschma. Ich lernte ihn 1994 kennen, während seiner Präsidentschaftskampagne. In Charkiw war dafür Wolodymyr Hrinjow verantwortlich, ein habilitierter Doktor und Professor. In den Jahren der Perestroika wurde er zu einem der Führer der demokratischen Kräfte und behielt diese Rolle auch in den ersten Jahren der Unabhängigkeit. Im Sommer 1994 kam er zu uns ins Büro – er redete auf uns ein, dass es keinen besseren Präsidentschaftskandidaten als Kutschma gibt und geben wird. An die von ihm angeführten Argumente kann ich mich nicht mehr erinnern, weiß aber, dass ich an jenem Abend zum ersten Mal in meinem Leben Whisky probiert habe.

---

[1] Anders Aslund. How Ukraine became a market economy and democracy, Peterson Institute for International Economics, Washington, 2009, p. 81.

Kutschma nennt man Vater des Oligarchenmodells. Es stimmt, aber nicht ganz. Er machte kein Hehl daraus, dass er die Rezepte für falsch hielt, die der Ukraine von den westlichen Experten angeboten wurden. So schrieb er Mitte der 2000er Jahre:

„Einen Kapitalismus ohne Kapitalisten, ohne nationale Bourgeoisie, darunter auch Großbourgeoisie, gibt es nicht. Ganze 15 Jahre unserer Unabhängigkeit lang drängte man uns auf den Weg eines Kapitalismus von Krämern und kleinen Unternehmern, eines Kapitalismus ohne nationale Großbourgeoisie. Wie in Polen… Ein solches Modell ist tödlich für die Ukraine. Selbst vom Standpunkt der ukrainischen Wirtschaft aus ist es tödlich, denn ihre Grundlage wird von Industriegiganten gebildet. Und? Sollen wir sie an den „Onkel" abtreten? Und den Ukrainern nur den Handel und die Schneiderwerkstätten überlassen?"[1]

Kutschma setzte auf das ukrainische Großunternehmertum. Das Problem bestand darin, dass Mitte der 1990er Jahre dieses Unternehmertum einfach nicht existierte. Deshalb wurde die Privatisierung nach einem „Zuteilungsschlüssel" durchgeführt: Den Zugang zu den besonderen Leckerbissen in der Industrie erhielt nur ein enger Kreis von Unternehmern, denen die Regierung vertrauen konnte. Sie sind es, die später zu den ukrainischen Oligarchen werden sollten.

Kutschma war Verfechter einer starken Staatsmacht. Er war bestrebt, sich „über dem Gefecht" zu befinden und die Widersprüche zwischen den Oligarchen beizulegen. Er kreuzte geschickt zwischen den Businesskapitänen und ließ nicht einmal die Dominanz seines Schwiegersohns Viktor Pintschuk zu.

Im Unterschied zu Janukowytsch wollte der zweite Präsident nicht wichtigster Oligarch sein. Für Kutschma war das Großunternehmertum lediglich eines der Instrumente, mit deren Hilfe er seine Macht ins

---

[1] Леонид Кучма. После Майдана. Записки президента, Киев; Москва, 2007, с. 634.

Leben umsetzte. Parallel baute er mächtige staatliche Vertikalen auf – das Eisenbahnmonopol, die Miliz, den Steuerdienst. Diese Strukturen waren autonom und von den Oligarchen unabhängig, ihrem Wesen nach waren es einzelne Machtzentren.

Im vergangenen Winter besuchte ich das Dorf Huta in den Vorkarpaten, wo sich Kutschma 2001 eine Präsidentenresidenz eingerichtet hatte. Unter dem nächsten Präsidenten wurde dort ein riesiges Gebäude errichtet, das an ein Schloss erinnert und das für Gipfeltreffen und andere feierliche Veranstaltungen genutzt wurde. Etwa fünf Kilometer davon steht ein Holzhäuschen mit einem großen Zimmer und einigen Nebenräumen. Dieser Bau stellt die beste Illustration der Vorstellungen des Präsidenten Kutschma von „Luxus" dar.

Die erste tiefgreifende Revision unserer Pläne setzten wir mit unseren Partnern 1997 um. Die neue Strategie war bis 2011 ausgearbeitet. In jenem Jahr sollte ich 40 Jahre alt werden. In vielen Aspekten beschrieb dieser Plan ziemlich genau die Zukunft des Medienunternehmens, das als Ukrainische Medienholding (oder UMH Group) bekannt wurde. Im Jahre 2011, so nahmen wir an, wird der Erlös des Unternehmens USD 200 Mio. und der Gewinn – USD 50 Mio. übersteigen. Es erwies sich, dass unsere Prognosen nicht schlecht waren: In den besten Jahren erreichte der Umsatz der Holding USD 170 Mio. und der EBITDA[1] überstieg USD 30 Mio. Wären die Währungsabwertungen von 1998 und 2008 nicht gewesen, hätten wir alle Chancen gehabt, unseren eigenen Plan überzuerfüllen.

Überhaupt halte ich nicht viel von Spontanität bei unternehmerischer Tätigkeit. Ich fühle mich nicht wohl ohne Strategie. Sie entsteht aus einer „Vision" – dem angestrebten Ziel – und einer „Road map", die den Weg zu den gesetzten Zielen beschreibt. Nachdem du das Ziel

[1] Gewinn vor Abzug der Ausgaben für Zinsen, Steuern und aufgelaufene Amortisation.

und die Route bestimmt hast, setzt du alle Kräfte für die „execution“, die Umsetzung des Planes ein.

1998 setzte das Unternehmertum den Ansturm auf die Legislative fort. In die Werchowna Rada kamen Petro Poroschenko, Viktor Pintschuk, Kostjantyn Shiwago und Dutzende andere Unternehmer – sowohl große als auch mittlere. Mich wählte man in den Stadtrat von Charkiw. Als Kollegen traf ich dort den künftigen Gouverneur des Charkiwer Gebiets Mychailo Dobkin und den künftigen Oberbürgermeister von Charkiw Gennadij Kernes. Viele Abgeordnete des Stadtrats gingen weiter und liessen sich in die Werchowna Rada wählen. Ich bin sicher, ich hätte ihrem Beispiel folgen können – ich hatte eine starke Position in meinem Charkiwer Bezirk. Ich wollte mich aber auf mein Unternehmertum fokussieren. Ich sah mich nicht in der öffentlichen Politik, und ich hatte auch nicht vor, den Abgeordnetenausweis für geschäftliche Zwecke zu nutzen. Wir haben keine Rohstoffe exportiert, wir interessierten uns nicht für die Privatisierung. Unser Geschäft hing ausschließlich vom Interesse der Leser ab und brauchte keine staatliche Unterstützung. Und die Unantastbarkeit eines Abgeordneten? Wir waren zu einer der größten Mediengruppen im Lande geworden, deshalb fühlte ich mich besser geschützt als ein gewöhnlicher Geschäftsmann.

Es gab noch einen wichtigen Punkt. Wir waren uns über das Ausmaß unseres Geschäfts im Klaren und beschlossen, keine der politischen Kräfte, keine der Finanz- und Industriegruppen zu unterstützen. Ich gehörte nie zu einer Partei. Das Präsidialamt leite ich nicht aufgrund einer Parteizugehörigkeit, sondern als Manager und Technokrat.

1999 zog ich mit unserem Unternehmen endgültig nach Kiew um. Hier konnte man die meisten Werbegelder und die meisten Themen für unsere Periodika finden. Zu diesem Zeitpunkt hatten wir die Lizenzen für große sowjetische Markennamen erworben: Komsomolskaja prawda, Sowerschenno sekretno, Argumenty i fakty. In der Hauptstadt befand sich auch der Nationalrat, der die Rundfunklizenzen verteilte.

Wir hatten bereits einen Rundfunksender. Schließlich war es auch einfacher, von Kiew aus die Welt zu bereisen.

Man wirft mir vor, dass wir durch den Vertrieb der nationalen Versionen von Komsomolskaja prawda, Argumenty i fakty in der Ukraine zur „Russifizierung" oder sogar zur „Resowjetisierung" des Landes beigetragen hätten.

In Wirklichkeit taten wir unser Bestes, um die Komsomolka und AiF mit Content aus der Ukraine zu füllen. Unsere Moskauer Partner gingen anfänglich davon aus, dass die ukrainischen Beiträge 15%, höchstens 20% jeder Ausgabe einnehmen werden. Wir beharrten auf unserer Meinung, so dass außer den Witzen und Anekdoten auf der letzten Seite und einigen allgemeinmenschlichen Beiträgen alle Artikel ukrainischen Themen gewidmet waren. Zwei Monate lang mussten wir den Lizenzinhabern erklären, dass im Zeitungskopf auf der ersten Seite der Komsomolka das Wort „Ukraine" stehen sollte.

Durch den Druck der ukrainischen Versionen der sowjetischen Zeitungsmarken gewöhnten wir unsere Leserschaft, die sich die UdSSR zurücksehnte, an den Gedanken, dass wir jetzt in einem anderen Land leben. Diese Ausgaben waren nicht „proukrainisch": Sie versuchten nicht, dem russischsprachigen Süden und Osten eine neue Identität aufzuzwingen, aber ebenso waren sie auch nicht „prorussisch".

Heute bemerkt man die Komsomolka fast nicht mehr. Mindestens 40% ihrer Leser kamen von der Krim und dem Donbass. Zudem ging mit dem Eigentümerwechsel die Zeitungsauflage stark zurück, so dass ihr Einfluss auf das gesellschaftliche Leben verschwindend gering wurde.

Die Finanzkrise 1998 wurde für die Ukraine zur letzten Prüfung vor der Erneuerung des wirtschaftlichen Wachstums. Im Herbst 1999 wurde Kutschma ohne Schwierigkeiten zum Präsidenten wiedergewählt, wobei er im zweiten Wahlgang über den Kommunistenführer Petro Symonenko siegte. Auf Anregung der rechtszentristischen Fraktionen der Rada schlug der Präsident den Chef der Nationalbank Viktor Juschtschenko als Ministerpräsidenten vor. Das von Juschtschenko aufgestellte Kabinett reduzierte die Staatsausgaben, zwang die Oligarchen, ihre Steuern in bar und nicht mit Geldsurrogaten zu zahlen, machte Schluß mit den Nichtzahlungen in der Energiewirtschaft. Das Jahr 2000 wurde zum ersten Jahr des wirtschaftlichen Wachstums nach einer zehnjährigen Pause.

Doch nicht einmal das sechsprozentige Wachstum garantierte eine politische Stabilität. Der Mord an dem Reporter Georgij Gongadse, der von hochrangigen Milizoffizieren begangen worden war, und der Skandal um die Lieferungen der ukrainischen Radarsysteme nach Irak (wie sich später herausstellte, war das alles künstlich aufgeblasen) untergruben das Ansehen Kutschmas im Westen. Juschtschenko wurde entlassen. Die Ukraine wurde in eine politische Dauerkrise hineingezogen, die auch mit den für das Jahr 2004 geplanten Präsidentschaftswahlen verbunden war. Entweder überlegte Kutschma, ob er seine Regierungszeit verlängern sollte, oder er suchte nach einem Nachfolger. Nachdem seine Wahl auf den Gouverneur des Donezker Gebiets, den in der Vergangenheit zweimal vorbestraften Viktor Janukowytsch, gefallen war, wurde klar, dass die Lösung dramatisch sein würde.

Der Wiederaufbau der Wirtschaft und das Wachstum der Proteststimmungen gingen paradoxerweise Hand in Hand. Die Orangen Revolution 2004 fand statt, als das Tempo des Wirtschaftswachstums seinen Gipfel erreichte. Dieser Rekord (2004 stieg das BIP um 12,1%) blieb bis jetzt ungeschlagen.

Der dritte Präsident der Ukraine Viktor Juschtschenko kam auf einer Welle außerordentlich hoher Erwartungen an die Macht. Leider hat es die neue Regierung nicht geschafft, von ihrer Beliebtheit und der Unterstützung des Westens Gebrauch zu machen, um die tiefgreifenden Reformen durchzuführen. Mit der Lösung der meisten Probleme, die heute vor der Ukraine stehen, hätte man bereits in Juschtschenkos erstem Präsidentschaftsjahr anfangen müssen.

Wir haben gewusst, dass es in der Ukraine für die UMH Group in absehbarer Zeit zu eng werden würde. In den Bereichen, die wir gewählt hatten – Printmedien, Rundfunk, Internet, – war ein weiteres Wachstum nur mit übergroßen Anstrengungen möglich. Direkt nebenan befand sich der russische Markt mit einer Größe von 143 Mio. Menschen; rechnet man Belarus und Kasachstan dazu, sind es noch viel mehr. Bereits Ende 2003 eröffneten wir unser Büro in Moskau und begannen mit der Ausgabe preiswerter Massenzeitschriften. Im November 2005 kam noch die Fernsehwoche dazu, wobei wir mit der Herausgabe nicht in Moskau, sondern in Samara begannen.

So wurden wir zu einem internationalen Unternehmen. Die Erfahrungen beim Aufbau eines Vertriebsnetzes in der Ukraine kamen uns zustatten. Wir bauten schnell ein Netz in 21 russischen Städten auf, in etwa einem Dutzend anderer Städte funktionierten unsere Franchise-Unternehmen. Ab 2007 verbrachte ich anderthalb Wochen im Monat in Moskau, ich besuchte auch andere russische Großstädte – Sankt-Petersburg, Novosibirsk, Samara, Ufa, Kasan etc.

Ist es leicht, in Russland Geschäfte zu machen? Wir gaben Unterhaltungsliteratur heraus, so dass der Kreml kein Interesse an uns zeigte: Zahl deine Steuern, dann kannst du ruhig schlafen.

Diese Erfahrungen halfen mir, die russische Mentalität besser zu verstehen und zu sehen, wodurch sie sich von der ukrainischen unterscheidet. In Moskau werden die Fragen schneller und geradliniger entschieden, als in Kiew. Ein „Nein" bedeutet bei den Russen ein „Nein", wenn sie aber mit dem Geschäftspartner per Handschlag einig sind, dann ist die Wahrscheinlichkeit, dass die Vereinbarung erfüllt wird, wesentlich höher als in der Ukraine. Eine direkte Absage wird bei uns fast wie eine Beleidigung empfunden, deshalb kann die Antwort „Ja" viele Bedeutungen haben.

Im Frühjahr 2008 wurde die UMH Group an der Frankfurter Börse gelistet – als erstes ukrainisches Medienunternehmen. Da es eine Privatplatzierung war, gewannen wir über zehn Investoren, die 15% der Holdingsaktien erwarben, deren Wert sie auf USD 300 Mio. schätzten.

Die Große Rezession hat unsere Pläne durcheinandergebracht. Vor der Verschärfung der Finanzkrise im Herbst 2008 haben wir uns gemäß bestätigtem Businessplan entwickelt, aber der Fall des Werbemarktes und die Abwertung der Hrywnja und des Rubels (wir druckten die Zeitschiften auf Importpapier) veränderten die Situation zu unseren Ungunsten.

Zu dem Zeitpunkt, als in der Ukraine die Macht erneut wechselte und Viktor Janukowytsch zum Präsidenten wurde, war die UMH Group ein reifes Unternehmen mit einem großen Portfolio an Titeln in den Printmedien, im Rundfunk und im Internet – in all diesen Segmenten waren wir führend. Darüber hinaus entwickelten wir unser Einzelhandelsnetz, besaßen zwei Druckereien. In Russland gehörten wir zu den zehn größten Medienunternehmen. 2009 erhielten wir das Recht, in der Ukraine Forbes zu veröffentlichen, im März 2011 erschien die Zeitschrift auf den Ladentischen. Alle Werbeflächen im ersten Heft waren acht Monate vor seinem Erscheinen verkauft worden. Ein Jahr später vereinbarten wir mit Conde Nast die Lizenz für die ukrainische Vogue.

2010 blickte ich mit gedämpftem Optimismus in die Zukunft. Janukowytsch schien Lehren aus seinen früheren Fehlern gezogen zu haben. Der Mangel an Einnahmen aus Bodenschätzen machte, meiner Meinung nach, die Errichtung eines autoritären Regimes in der Ukraine unmöglich: Zur Unterdrückung der Konkurrenz in der Wirtschaft und in der Politik verfügte unsere Regierung über zu wenig Geld. Ich muss gestehen, dass ich die Erfindungsgabe des Donezker Teams unterschätzt hatte. Sie haben sich von Anfang an die Aufgabe gestellt, Janukowytsch allmächtig und unabsetzbar zu machen. Die Situation im politischen Leben und in der Wirtschaft verschlechterte sich von Monat zu Monat.

Das erste ernsthafte Gespräch mit den Aktionären darüber, das es wahrscheinlich sinnvoll wäre, über den Verkauf des Unternehmens nachzudenken, fand im Dezember 2012 statt.

Zu dieser Zeit gehörte die UMH Group zu den zehn größten Medienunternehmen der GUS. In der Ukraine hatte unser Unternehmen das Maximum erreicht, und für eine Expansion in Russland müsste man viel investieren. Die Verschuldung der Gruppe bei Banken betrug USD 80 Mio. Für eine Entwicklung war es erforderlich, neues Kapital heranzuziehen.

Probleme damit waren nicht in Sicht. Unser Büro begannen Finanzleute aus JPMorgan, Credit Suisse, UBS und anderen seriösen Investitionsbanken zu besuchen. Wir hatten vor, die Aktien an der Warschauer Börse zu platzieren (für die Londoner Börse war unser Unternehmen nicht groß genug). Neben der Erhöhung der Investitionsmöglichkeiten half der Börsengang dabei, zwei weitere Aufgaben zu lösen: Zum ersten die Liquidität des Aktienkapitals zu steigern, zum zweiten die Sicherheit des Unternehmens zu stärken. Der Appetit des Janukowytsch nahestehenden Kreises wuchs. Eine Platzierung der UMH-Aktien auf einer westlichen Plattform und eine steigende Anzahl ausländischer Aktionäre könnte für uns zu einer Art zusätzlicher Wassergraben werden, der potentiellen Eindringlinge abschrecken würde.

Bald wurde uns klar, dass der Plan mit dem Börsengang nicht funktionieren würde. Von der Begeisterung gegenüber ukrainischen Unternehmen, wie sie an der Warschauer Börse in der zweiten Hälfte der 2000er Jahre geherrscht hatte, war nichts mehr übrig. Allgemein bekannt waren Geschichten über ukrainische Geschäftsleute, die in Polen Geld mit unrealistischen oder offen betrügerischen Versprechen akquiriert hatten. Eine normale Kapitalisierung unter solchen Bedingungen war aussichtslos.

Eine andere Variante bestand darin, einen Großinvestor aus dem Bereich private equity[1] zu gewinnen. Eine dritte entstand im Verlauf der IPO-Besprechung mit einem der russischen Fonds. Ei-

---

[1] Industrie der Direktinvestitionen (Eng.).

ner seiner Manager stellte mir die Frage: „Wollen sie eventuell alles zusammen verkaufen?"

Ich hatte die UMH Group nicht mit dem Ziel des späteren Verkaufs aufgebaut. Mein Bekenntnis zum Unternehmertum war langfristig – eine Firma sollte man auf Lebenszeit aufbauen, damit sie ausreichend Geld für einen selbst und für die Aktionäre abwirft. Aber die Situation Ende 2012 – Anfang 2013 legte nahe, schnelle Entscheidungen zu treffen.

Das Gespräch mit dem Manager des russischen Fonds wurde fortgesetzt. Anfang 2013 machte er uns im Namen eines seiner russischen Kunden das Angebot, die UMH Group zu äußerst günstigen Konditionen zu verkaufen. Als potentieller Käufer würde, wie wir dachten, einer der russischen Medienmagnaten auftreten, der gemeinsam mit dem Kreml arbeitet. Am wenigsten gefiel uns die von den Russen vorgeschlagene Struktur des Geschäfts, die vorsah, den Verkauf über zwei Jahre auszudehnen. Der Endbetrag sollte von der wirtschaftlichen Situation in der Ukraine abhängen (wir verstanden, dass das Land an der Schwelle einer Währungsabwertung und vielleicht einer Finanzkrise stand). Zudem bestanden die Russen darauf, dass ich das Unternehmen bis 2016 leiten sollte. Ein den Russen gehörendes Medienunternehmen während der ukrainischen Präsidentschaftskampagne 2015 zu leiten – dieses Angebot gefiel mir nicht.

Zu diesem Zeitpunkt tauchte auf der Liste der potentiellen Käufer der Name des 28-jährigen Serhij Kurtschenko auf. So wie ich das sah, betrachtete er sich als den neuen Rinat Achmetow. Zum „must have" eines ukrainischen Oligarchen gehörte ein Fußballklub (im Dezember 2012 hatte Kurtschenko den Charkiwer „Metallist" – eine der stärksten Mannschaften der Ersten Liga gekauft), eigene Abgeordnete im Parlament (dazu hatte er noch nicht genügend Zeit), eine Bank (Kurtschenko hatte die nach ukrainischem Maßstäben große Brokbisnesbank gekauft, nachdem sie im März 2014 Bankrott ging), und natürlich auch Medien.

Die UMH Group war damals die einzige ernstzunehmende Mediengruppe, mit der man über den Erwerb reden konnte. Alle anderen großen Medienunternehmen gehörten zu oligarchisch geführten Konglomeraten: Ihre Eigentümer benötigten die Medien für den gleichen Zweck, zu dem sie auch Kurtschenko anschaffen wollte – für die Stärkung ihrer Positionen im politischen Kampf und beim bürokratischen Tauziehen.

Im November 2012 berichtete der ukrainische Forbes über Kurtschenko als neuen Erdgaskönig und erzählte über seine Verbindungen mit der Familie des Generalstaatsanwalts und seine zweifelhaften Arbeitsmethoden auf dem Energiemarkt. Sollte man mit ihm zu tun haben? Alle Oligarchen haben ihre tatsächlichen oder angedichteten Leichen im Keller. Bedeutet das, dass man mit ihnen keine normalen, transparenten Geschäfte abschließen kann? Ich glaube nicht. Sonst können wir uns nie von der Logik des kalten Bürgerkriegs und der endlosen Neuverteilung von Eigentum befreien.

Es gab noch einen Grund, der mich zum Verkauf des Unternehmens anregte. Als ich auf den von der UMH Group zurückgelegten Weg schaute, begriff ich, dass die hartnäckige Umsetzung der bereits 1997 festgelegten Strategie uns nicht ganz dorthin geführt hatte, wohin wir hätten streben sollen. Wir hatten das größte Verlagsunternehmen in der Ukraine aufgebaut, führende Positionen im Rundfunksektor eingenommen, die im Lande beliebtesten Webseiten besessen, aber wir hatten die Wende zum Internet verpasst. Wenn wir uns ab Ende der 1990er mit der gleichen Intensivität mit dem Internet befasst hätten, mit der wir das Verlagsgeschäft aufgebaut hatten, so hätten wir wohl ein noch viel größeres Unternehmen aufgebaut, dessen Portfolio nicht nur die Internetmedien, sondern auch die Services umfasst hätte. Die UMH Group brauchte eine radikale Strategieerneuerung.

Diese Überlegungen bewegten mich, mir die Holding mit den Augen eines Investors anzusehen, und nicht mit denen des Unternehmensgründers.

Im Juni 2013 waren die Verhandlungen über den Verkauf der UMH abgeschlossen[1]. Zum 1. März 2014 sollte das Unternehmen unter die Kontrolle des neuen Besitzers wechseln. Kurtschenko drang es, die Besitzrechte zu übernehmen, deshalb wurde der Vertrag vier Monate früher als vorgesehen abgeschlossen – Anfang November 2013.

Zweieinhalb Wochen später begann der Maidan.

---

[1] Wir haben eine Vertraulichkeitsvereinbarung mit dem Käufer unterzeichnet, deshalb kann ich den Geschäftsbetrag nicht nennen.

Kapitel 3

REVOLUTION DER WERTE

Im Juni 2015 wurde im ersten Stock des Präsidialamtes (einen Teil des Stockwerks hatte ich zu einem Artcenter umgewandelt) eine Ausstellung eröffnet. Sechzehn Porträts in doppelter Lebensgröße. Gesichter von Soldaten und Offizieren, die sich in dem ersten großen Krieg auf ukrainischem Boden seit 70 Jahren ausgezeichnet hatten. Bataillonskommandeure und Mannschaften, ein Aufklärer und ein Panzersoldat, Piloten, ein Artillerist – alle schauten mit wachem Blick auf die Besucher...

Oberst Petro Jakymezj. 43 Jahre alt. Im Sommer 2014 hatte er die Operation zur Befreiung der Gebiete Donezk und Lugansk geplant. Während des Unternehmens konnten mehr als 50% der besetzten Gebiete befreit werden.

Der Kommandeur einer Scharfschützengruppe, ein Major mit dem Rufzeichen „Ball". 28 Jahre alt. Er hatte den Vormarsch einer feindlichen Autokolonne bei Paraskowiiwka gestoppt.

Oberstleutnant Wasyl Subanytsch. 32 Jahre alt. Im Donbass ab Mai 2014. Im August hatte er sich zum Flughafen Lugansk durchgeschlagen, um den Ausbruch unserer Einheiten aus dem Kessel zu decken. Er war verwundet worden, hatte aber weiter gekämpft.

Ich schlug vor, die Portraits in schwarz-weiß zu gestalten. Aber der Autor der Aufnahmen bestand auf seinem Standpunkt und hatte, das muss ich zugeben, Recht damit: Bei Farbfotografien gibt es nicht einmal den Hauch einer Stilisierung, die den Krieg verfremden würde. Es entstanden Tatsachen des Lebens, und nicht der Kunst.

Während ich diese Zeilen schreibe, sind alle Helden dieser Ausstellung wieder in der Truppe und riskieren weiterhin ihr Leben. In unseren Ministerien sieht man üblicherweise ganz andere Galerien – lange Reihen mit Bildnissen von Ex-Ministern. Vor ihrem Hintergrund fällt es nicht besonders schwer, sich positiv zu unterscheiden. Unter den Ministern der Dritten Republik gab es auch gute Fachleute und uneigennützige Menschen, wenn man aber nach der Verkörperung des Übels sucht, das die Republik zum Scheitern brachte, so kann man wohl keinen besseren Ort finden, als diese Ministeriumsgalerien.

Die ukrainische politische Klasse trägt die ganze Verantwortung für die Krise 2013 – 2015. Unseren Politikern und Beamten steht es noch bevor, das Niveau der Soldaten und Offiziere zu erreichen, die zum Zeitpunkt der größten Gefahr das Land verteidigt hatten.

Darin ist ein Element eines Wunders vorhanden. Mehr als 20 Jahre lang lebten die Ukrainerinnen und Ukrainer mit dem Gefühl, die Geschichte sei zu Ende. Nach dem Zerfall der Sowjetunion schien es, dass es keine Kriege mehr geben würde: Es war einfach keiner mehr da, gegen den man kämpfen würde. Die Ukraine sei im Westen und Osten von Verbündeten umgeben – so dachten fast alle. Die Armee wurde als Atavismus betrachtet. Nach den Angaben von World Values Survey sank das Vertrauen der ukrainischen Gesellschaft in die Streitkräfte von 68% auf 59% (Summe der Antworten „ich vertraue völlig" und „ich vertraue im bedeutenden Maß"). Zum Vergleich: das Vertrauen in ihre Streitkräfte erreichte 2014 in Russland 67%, in den USA – 83%.

Es mag paradox sein, aber im Frühjahr 2014 erwies sich die Armee als eine der wenigen staatlichen Strukturen, die fähig war, die ihr durch die Gesellschaft übertragenen Aufgaben zumindest in gewissem Maße zu erfüllen. Ja, das Vertrauen in die Streitkräften sank, aber trotzdem blieb es höher, als in andere Institute: So vertrauten nach Angaben der letzten Untersuchungswelle der World Values Survey z. B. 31% der Ukrainer der Miliz, den Gerichten – 25%.

Was stellte die ukrainische Armee nach dem Maidan dar? Es gab einzelne Truppenteile, es gab bestimmte Mengen an Waffen und Technik, aber als eine effizient geführte und funktionierende Organisation existierten die Streitkräfte einfach nicht. Die Hilflosigkeit angesichts der russischen Aggression auf der Krim demonstrierte es mit ganzer Schonungslosigkeit.

Im modernen Krieg dienen auch ein Computer oder ein Tablet als richtige Waffen. Bis 2014 gab es in den ukrainischen Truppen nichts dergleichen – oder fast nicht. Wir erhielten eine Armee, die in den 1980er Jahren steckengeblieben war. Das Verteidigungsministerium und der Generalstab waren auf einen Krieg neuen Typus vollkommen unvorbereitet.

Aber die Menschen waren da – die Kommandeure und Mannschaften, Berufssoldaten und über Mobilmachung Einberufene. Es waren nicht viele – im Frühling 2014 bewertete der Generalstab die Stärke der kampffähigen Einheiten auf einige Tausend Personen – aber sie dienten als Kristallisierungskern. Anderthalb Jahre nach Kriegsbeginn würde niemand mehr sagen, in der Ukraine gäbe es keine Armee[1].

Die Verteidigung der Souveränität und der territorialen Integrität der Ukraine ist die Hauptaufgabe des Präsidenten als Oberbefehlshaber der Streitkräfte der Ukraine (SKU). Petro Poroschenko war dieser Aufgabe gewachsen. Es geht nicht nur darum, dass wir einen wesentlichen

---

[1] Im Ranking 2016 World Military Strength der Global Firepower steht die Ukraine bezüglich des Verteidigungspotentials an Stelle sechs in Europa. Vgl. http://www.globalfirepower.com/countries–listing–europe.asp.

Teil des Territoriums befreien konnten, auf dem im Frühling und Sommer 2014 ukrainische Gesetze keine Geltung hatten. In kürzester Frist gelang es der Ukraine, ein entscheidendes Institut des Staates wiederherzustellen – die Streitkräfte.

Die Truppen erhalten neue Uniformen und Waffen (diese Prozesse beschleunigten sich, nachdem im Oktober 2014 Stepan Poltorak zum Verteidigungsminister ernannt wurde), die Soldaten werden in modernen Technologien der Kriegsführung geschult. Nehmen wir z.B. Radaranlagen zur Artillerieabwehr. Mit ihnen kann bestimmt werden, woher das Geschoß angeflogen kommt, und einen präzisen Gegenstoß führen. Ihre Einführung in der ukrainischen Armee machte es möglich, die starke technische Überlegenheit des Gegners auszugleichen. Im Sommer 2014, als die Befreiungsoperation im Donbass im vollen Gange war, begann unsere Armee mit dem aktiven Einsetzen von Drohnen.

Wie sieht die Struktur der wiederauflebenden ukrainischen Armee aus?

Das Hauptgewicht der Kämpfe entfiel in den ersten Kriegsmonaten auf die hochmobilen Luftlandetruppen. Der bekannteste der ukrainischen Verbände ist die selbständige 95. Luftlandebrigade, die zu Friedenszeiten im Zentrum der Ukraine stationiert war – in Shytomyr. Im Sommer 2014 beteiligten sich die Soldaten an der Befreiung von Slawjansk und Kramatorsk, sie führten ein beispielloses 470-Km-langes Kommandounternehmen durch das Hinterland des Gegners. Ich glaube, die 95. Brigade würde jedem Vergleich mit einem ähnlichen Verband in Europa standhalten.

Als die Operation im Osten anfing, wurde die 95. Brigade von Oberst Mychailo Sabrodsjkyj kommandiert. Er stammt aus einer Soldatenfamilie aus Dnipropetrowsk, hat zwei militärische Hochschulabschlüsse (einen russischen der Moshaiski-Militärakademie für Raumfahrt und einen amerikanischen des Command and General Staff College der US-Army). Er ist ein ruhiger, wortkarger Mann, vom Typ her wie der

Hauptheld im Film „Gladiator". Hervorragendes Gedächtnis, ausgezeichnete Englisch-Kenntnisse.

Die Laufbahn des 42-jährigen Sabrodsjkyj zeugt davon, dass die Dritte Republik – wie viele Mängel sie auch haben mochte – kein sinnloses Interludium gewesen ist. Das strategische Manövrieren zwischen Ost und West, doch mit der Neigung zum Westen, hatte seine Früchte in Gestalt von Tausenden Soldaten und Offizieren getragen, die in gemeinsamen Truppenübungen mit der NATO und bei Gefechtshandlungen in Irak Erfahrungen sammeln konnten.

Der 54-jährige Generalstabschef Viktor Mushenko leitete mehr als ein Jahr lang den Stab des ukrainischen Peacekeeping-Kontingents in Irak. Die im Frühjahr 2015 begonnene Schulung der Soldaten der Nationalgarde durch amerikanische und kanadische Ausbilder auf dem Übungsplatz Jaworiw war eine Fortsetzung der Tradition aus der zweiten Hälfte der 2000er Jahre. Ein Erbe der Dritten Republik waren ausgebildete Flieger und Artilleristen.

Der Krieg war Anlass für die Gesellschaft, mit ganz anderen Augen auf die Streitkräfte zu blicken. Auf der Welle des patriotischen Aufschwungs kehrten frühere Berufssoldaten in die Truppe zurück. Die Soldaten sahen, dass sie gebraucht werden, dass sich die Gesellschaft endlich achtungsvoll gegenüber ihnen verhält.

Im Ergebnis erhielten wir eine Armee, die auf für Soldaten wertvollste Erfahrung zurückblicken konnte – auf reale Siege und reale Kampfverluste. Als die Ereignisse im Donbass gerade losgingen, waren die Streitkräfte und die Nationalgarde nicht bereit, auf den Feind zu schießen, geschweige denn der russischen Armee erbitterten Widerstand zu leisten, die viel besser ausgestattet war, moderne Kriegsführungstechnologien und -verfahren anwendete. Heute sind unsere Soldaten bereit, für ihr Land zu töten und zu sterben.

So beschrieb diese Transformation der Kommandeur der 79. selbständigen luftbeweglichen Brigade Oberst Oleksij Schandar. Am 11. Juli

2014 waren seine Soldaten bei Selenopolje an der Grenze zu Russland mit Raketen beschossen worden. „Sechs KAMAZ-LKWs mit Verwundeten und ein halber KAMAZ-LKW mit Körperteilen“, erinnerte sich der Oberst in einem Fernsehinterview. Seine Brigade hatte einen Monat lang im Kessel von Iswarino standgehalten, von einer Seite durch die Rebellen und von der anderen durch reguläre russische Truppen bedrängt. „Ich war immer der Meinung, dass russische Soldaten, russische Offiziere meine Brüder sind“, erzählte Schandar. „Zuerst, wissen sie, absolute Leere. Und dann stumpfen die Menschen ab und alles wird einfacher und nüchterner“.

Der ganzen Welt ist die heroische Verteidigung des Flughafens von Donezk bekannt. Aber nur wenige hörten von der Schlacht um den Flughafen Lugansk, die mehrere Monate lang von der 80. selbständigen luftbeweglichen Brigade geführt wurde. Im Unterschied zu den „Cyborgs“, die den Flughafen Donezk gehalten hatten, kämpfte die 80. Brigade unter Bedingungen einer totalen Umzingelung. Der Flughafen wurde von Mehrfachraketenwerfern „Grad“ und „Smertsch“ beschossen, mit nagelneuen Panzern T-90 angegriffen (nur die russischen Streitkräfte sind damit ausgerüstet, ukrainische Truppen hatten sie nicht) und von russischen Fallschirmjägern aus den Elitedivisionen attackiert[1]. Nachdem unsere Soldaten den Flughafen Lugansk verlassen hatten, wagten die Russen zwei Tage lang nicht, ihn zu betreten. Sie beschossen weiterhin die Ruinen, weil sie Angst vor einer Falle hatten.

Der Krieg ist eine Beschäftigung mit dem in der Welt verständlichstem KPI. Sieg oder Niederlage, Leben oder Tod, Feigheit oder Mut. Man spricht viel darüber, dass die alten Vorkriegsgeneräle den

---

[1] „Под Луганском уничтожена рота псковских десантников — Муженко“, liga.net, 21.08.2015, http://news.liga.net/news/politics/6474834–pod_luganskom_pogibla_rota_pskovskikh_desantnikov_muzhenko.htm.

Weg für neues Personal freigeben sollten, die sich in echten Gefechten bewährt haben. Eine vollkommen berechtigte Forderung. So wird es heute auch gemacht.

Nur eine von fünf luftbeweglichen und Luftlandebrigaden, die 79., wurde im Sommer 2015 von dem gleichen Kommandeur wie auch vor dem Krieg befehligt – von Oberst Schandar, der in den Augustkämpfen verwundet wurde. Die 95. Brigade bekam einen neuen Kommandeur, nachdem im Frühling 2015 Sabrodskij zum Befehlshaber über die gesamten Luftlandetruppen wurde. Den Angriff der Separatisten gegen Marjinka Anfang Juni schlug er bereits in seiner neuen Funktion zurück. In den Kämpfen um den Flughafen Lugansk bestand der neue Kommandeur der 80. Brigade Oberst Andrij Kowaltschuk seine Feuertaufe. Im Juli 2015 wurde Oberst Oleh Sintschenko als Kommandeur der 25. Luftlandebrigade eingesetzt. Kommandeur der 81. selbständigen luftbeweglichen Brigade, die im Herbst 2014 aufgestellt wurde, wurde ein ehemaliger Bataillonskommandeur der 95. Brigade.

Die soziale Karriereleiter klappt nicht immer so schnell, wie wir es uns wünschen... Ein guter Bataillonskommandeur wird nicht unbedingt auch zu einem guten Brigadekommandeur, schon gar nicht sofort, ohne zusätzliche Schulung. Schließlich hat jeder Mensch seine Grenzen. Es hat keinen Sinn, von Menschen etwas Übernatürliches zu verlangen.

Das betrifft übrigens auch die Miliz und die Geheimdienste und den Beamtenapparat.

Wo liegt die Personalreserve für die Streitkräfte?

Erstens liegt sie in den Streitkräften selbst. Alle begabten, motivierten Soldaten und Offiziere sollten geschult, bewaffnet, mit allem Notwendigen ausgestattet werden und danach im Dienst befördert werden.

Zweitens liegt sie bei den jungen, engagierten Vertretern der Zivilgesellschaft – den Freiwilligen. Nicht alle von ihnen sind fähig, gezielt zu arbeiten, aber Naturtalente gibt es unter ihnen ganz bestimmt.

Drittens liegt sie bei den Kämpfern der Freiwilligenbataillone, die in den ersten Kriegsmonaten eine außerordentliche Rolle gespielt haben. Die Zeit der paramilitärischen Formationen, die nicht einer einheitlichen Führung unterstellt waren, ist vorbei. Entweder gliedern sie sich in die Armee oder die Nationalgarde ein, oder sie werden aufgelöst. Eine Freiwilligeneinheit, die nur die Befehle der Führung ausführt, die ihr gefallen, ist kein Gewinn, sondern eine Bürde. Insbesondere wenn man die eigenwillig verstandene Verteidigung der Heimat mit Plünderungen, der Beteiligung an Geschäftskonflikten oder mit Schutzgeldforderungen kombiniert.

Viertens sollten wir ausländische Berater aktiver heranziehen – egal, ob sie aus internationalen Unternehmen oder den besten Armeen der Welt kommen. Die Offiziere der höchsten Führungsebene müssen renommierte Militärakademien durchlaufen – vor allen Dingen West Point.

Ich würde auch die Idee der Schaffung einer Fremdenlegion ernsthaft prüfen. An der Seite der Ukraine kämpfen Hunderte Freiwillige aus den Nachbarländern – Georgier, Belorussen, sogar Russen. Jetzt muss diese Praxis nur noch institutionellisiert werden.

Der Aufbau der Armee ist ein langfristiges Vorhaben, hier wird die Ukraine sowohl politischen Willen, wie auch die bestmögliche Aneignung von Erfahrungen ausländischer Erfolgsmodelle benötigen. Wir brauchen eine Berufsarmee mit einem großen Mobilisierungspotential. Das israelische Modell ist in meinen Augen für die Ukraine am passendsten.

Israel, das manchmal als „Nation in Uniform" bezeichnet wird, gibt für die Verteidigung 7% des BIP aus. Bei einer Bevölkerungszahl von 8,3 Mio. hält es allein in den Landstreitkräften 177.000 Soldaten unter den Waffen und kann gegebenenfalls 445.000 Reservisten mobilisieren. Die Ukraine gab 2015 über 5% des BIP für die Streitkräfte und die Rechtsschutzorgane aus. Die Personalstärke der Streitkräfte der Ukraine beträgt 250.000, der Reservisten – 700.000. Es ist klar, dass unsere Streitkräfte in beruflicher Hinsicht noch viel von Israel lernen können. Also muss man eben lernen. Unter anderem imponiert mir in der israelischen Armee die Tatsache, dass die Reservisten in die gleichen Einheiten zu Wehrübungen einberufen werden, in denen sie ihren Grundwehrdienst geleistet haben (in Israel dauert er 36 Monate für Männer und 24 Monate für Frauen). Sie verlieren auch im zivilen Leben nicht den Kontakt miteinander – sie gratulieren einander zu den Feiertagen, feiern gemeinsam Geburtstage. Warum ist das wichtig? Wenn die Soldaten auf dem Gefechtsfeld stehen, wissen sie, dass neben ihnen nicht irgendwelche Menschen stehen, die sie vor einem Monat zum ersten Mal gesehen haben, sondern Freunde, mit denen sie manchmal Jahrzehnte gemeinsamen Lebens verbindet. Auf diese Art und Weise schafft Israel gut eingespielte Einheiten mit äußerst festen Banden zwischen den Soldaten.

Der Krieg im Osten gab nicht nur einen Impuls für den Aufbau der Streitkräfte. Er rief eine allgemeine Volksbewegung zum Schutz des Landes ins Leben. In den ersten Monaten der Konfrontation versorgte die friedliche Bevölkerung die Streitkräfte mit Lebensmitteln, Ausrüstungen, Fahrzeugen. Die Aktivisten und Freiwilligen, die auf dem Maidan standgehalten und gesiegt hatten, verlagerten ihre Aktivitat praktisch ohne Pause auf die militärische Schiene.

Im normalen Leben waren der Verleger und Inhaber einer Druckerei Oleh Swikro und ich Konkurrenten. Seit 15 Jahren kämpft Oleh gegen eine komplizierte Form des Blutkrebses. Als ehemaliger Sportler und Mensch mit einer starken Persönlichkeit gehörte er zu den Menschen, auf die sich der Maidan stützte. Gemeinsam mit seinem Bruder und mit Geschäftspartnern versorgte Swirko das Lager der Revolutionäre mit Lebensmitteln, hielt Nachtwache. Als nach der Annexion der Krim das Verteidigungsministerium anfing territoriale Bataillone aufzustellen, um dem Feind Widerstand zu leisten, half Swirko für eines der aufgestellten Bataillons schutzsichere Westen anzuschaffen.

Mehr noch. Swirkos Team begann gepanzerte Fahrzeuge und Ausrüstungen, Lebensmittel und Sichtgeräte in den Osten zu liefern. Diese Arbeit wurde von Privatunternehmen, einfachen Bürgern und Swirko selbst finanziert. Im Laufe eines Jahres sammelte seine Gruppe USD 3,5 Mio. für die Streitkräfte. Mitte Sommer 2014 zählte man mehrere Dutzende solche Freiwilligengruppen, die sich mit der Versorgung der Front befassten.

Der Maidan und der Krieg führten trotz der Entbehrungen zu tiefgreifenden positiven Wandlungen im Selbstbewusstsein der Ukrainerinnen und Ukrainer. „Das Phänomen der Freiwilligenarbeit machte die Ukrainer glücklicher…weil es zum ersten Mal in der Geschichte die Freude anderen Menschen zu helfen in das ukrainische Glückskonzept hineinbrachte“, sagt der stellvertretende Direktor des Instituts für Soziologie der Nationalen Akademie der Wissenschaften Jewhen Holowacha. „Umfragen zufolge beteiligten sich über 50% der Bevölkerung auf die eine oder andere Art und Weise an der Hilfe für die Kämpfer der Antiterroroperation, für Binnenflüchtlinge, die Einwohner des Donbass etc. Sie sehen sich jetzt als vollwertige Subjekte des gesellschaftlichen Handelns“[1].

Im Juli 2014 kam ich zum ersten Mal zu einer Beratung im Generalstab. Nachdem ich einigen Sprechern zugehört hatte, war ich offen gestanden erstaunt, dass wir bis jetzt überhaupt standgehalten hatten. Das waren Menschen von gestern, wenn nicht sogar von vorgestern. Die Situation im Verteidigungsministerium, das für die Versorgung der Streitkräfte zuständig war, war nicht besser. In dieser muffigen Atmosphäre waren die tatkräftigen, wendigen und leistungsfähigen Freiwilligenteams wie ein Stück Luft zum Atmen.

---

[1] Евгений Головаха. Война впервые научила украинцев помогать друг другу, 14.08.2015. http://news.liga.net/interview/politics/6382849–golovakha_voyna_vpervye_nauchila_ukraintsev_pomogat_drug_drugu.htm.

Am 7. August 2014 fand das erste Treffen der Präsidenten mit den Freiwilligen statt. David Arachamija, einer der Anführer der Freiwilligenbewegung, schrieb später, dass der Präsident als erster unter den Politikern das Offensichtliche anerkannt hatte: Die Freiwilligen spielten eine enorm wichtige Rolle im Krieg im Osten. Die Aktivisten verließen das Präsidialamt beflügelt. Der Präsident war ebenso zufrieden, denn er hatte sofort einen gewissen Draht zu den Freiwilligen gefunden.

Bald danach kam eine Freiwilligengruppe ins Verteidigungsministerium. Einige Dutzende Aktivisten wurden zum Lösen von Engpässen in der Versorgung der Streitkräfte herangezogen. Ungeachtet der Skepsis und des Widerstands der alten Kader haben es diese neuen Leute nicht zugelassen, dass sie in bürokratische Fallen getrieben oder in Korruptionsmodelle verwickelt werden.

Dieses frische Blut bestätigte, was wir bereits vermutet hatten. Das alte Verteidigungsministerium war nicht darauf ausgerichtet, die Aufgaben zu erfüllen, sondern darauf, das Budget zu vereinnahmen. Die Arbeitseffizienz war äußerst niedrig. In einem Interview führte Swirko ein charakteristisches Beispiel an: „Eine der Abteilungen für Bekleidung bestand 2010 aus 7 Personen und hatte ein Einkaufsvolumen von etwa UAH 70 Mio.“[1]. Nach dem Eingriff der Freiwilligen blieben in der Abteilung nur noch drei Mitarbeiter und das Volumen der von ihnen getätigten Einkäufe stieg auf UAH 2,5 Mrd.

Im April 2015 wurde Swirko zum Leiter des Komitees für Ausschreibungen des Verteidigungsministeriums ernannt. Dieses Komitee sollte eine möglichst effektive Verwendung der Haushaltsmittel sicherstellen. Unter den Bedingungen des starken Anstiegs der Verteidigungsausgaben war das eine ernsthafte Verwaltungsaufgabe. Die Erfahrungen

---

[1] Олег Свирко. Реформы в Минобороны идут, несмотря на противодействие — с 30 июня начала работу система электронных торгов. 07.07.2015. http://glavcom.ua/articles/30648.html.

Israels zeigen, dass es selbst unter den Bedingungen einer konsolidierten Demokratie und einer aktiven Zivilgesellschaft schwierig ist, die Ausgaben des Militärs zu kontrollieren. Was soll man da über die Ukraine sagen, wo Antikorruptionsverfahren und -institute von Grund auf aufgebaut werden müssen.

Swirko vergleicht seine Arbeit mit der Reparatur eines Flugzeugs in der Luft. Es sieht so aus, als würden er und seine neuen Arbeitskollegen Erfolg haben. In den ersten zwei Arbeitsmonaten sparten sie fast UAH 240 Mio. oder 20% der Haushaltsmittel ein, die für die Einkäufe der entsprechenden Positionen zur Verfügung gestellt worden waren. Ende Juni führte das Verteidigungsministerium das System des elektronischen Handels ein, wodurch die Beschaffung für die Streitkräfte noch wettbewerbsfähiger und transparenter wird.

Eine tiefgreifende soziale Transformation findet gleichzeitig auf mehreren Ebenen statt. Die Beteiligung von Freiwilligen an Gefechten und am Wiederaufbau der Armee ist nur eine ihrer äußeren Dimensionen. Was aber geschieht in den Herzen der Menschen, mit ihren Werten?

Im Sommer 2015 sprach der Altvater der ukrainischen Wirtschaftswissenschaft, der Berater des Präsidenten Oleksandr Paschawer ein wichtiges Thema an. Warum waren die Reformen in der Ukraine bis jetzt nur schleppend verlaufen oder überhaupt nicht von der Stelle gekommen? Paschaver legt einen besonderen Akzent auf die Krise der Werte. Streng genommen verlangt die Gesellschaft nicht besonders nach Reformen, betont der Wirtschaftswissenschaftler. Sie verlangt, dass sie mit allem Notwendigen versorgt wird. Und wie die Politiker diese „Versorgung" organisieren wäre ihre Sache. Die Revolution der Würde war wohl das stärkste Signal einer von uns nicht bemerkten Transformation des Bewußtseins, einer Verschiebung in Richtung der Werte der Selbstverwirklichung, weg von Sicherheit und Paternalismus. Die Frage besteht darin, ob es bereits eine kritische Masse an Ukrainern gibt, die fähig wären, diese Wahl umzusetzen. Wenn nicht, wird es schwierig, die Reformen umzusetzen, selbst wenn sie absolut richtig und einschneidend sind. Da stimme ich Paschawer vollkommen zu.

Andererseits sollte man Werte nur dann als in Stein gemeißelt betrachten, wenn man darauf eingestellt ist, nichts zu ändern. Wenn neue Spielregeln eingeführt und verankert werden, folgen darauf auch Gepflogenheiten, aus denen neue Traditionen und neue Werte erwachsen. Die Frage besteht darin, wie stark der primäre Impuls ist, ob die Gesellschaft über genügend Kräfte verfügt, die neuen Regeln einzuführen und dann einzuhalten.

„Ich möchte glauben, dass der jetzige Maidan ein Embryo ist, aus dem sich die neue Ukraine entwickeln wird", schrieb am 13. Dezember 2013 mein guter Bekannter, der Kiewer Restaurantbesitzer Serhij Hussowsjkyj in Facebook. „Nicht innerhalb eines Monats oder eines Jahres. Aber sie wird sich entwickeln. Der Maidan ist ein absolut vollwertiger lebender Organismus, der viel mehr gibt, als er bekommt. Es ist eine Stadt, die ihre Einwohner nicht nur mit Energie und Kraft füllt, sondern auch mit einem besonderen Glauben. Mit dem Glauben an den Triumph der Gerechtigkeit und Ehre. Gerade ein solcher Glaube muss zum ideologischen Fundament einer neuen Gesellschaftsordnung werden".

Im Frühling 2014 wurde Hussowsjkyj zum Abgeordneten des Stadtrates von Kiew gewählt. Etwa ein Jahr später stellte die Samopomitsch (Selbsthilfe) seine Kandidatur zur Wahl als Oberbürgermeister auf. Als Serhij in den Stadtratswahlen kandidierte, konnte er sich kaum vorstellen, dass er sich „full-time" mit Politik beschäftigen würde. Doch wie viele andere Revolutionsteilnehmer wird auch er von der Energie des bereits Vollbrachten angetrieben. In der Revolution ist es genauso wie im Schachspiel: „Hast du eine Figur angefasst – ziehe sie".

Der Maidan leitete einen Neustart des politischen Systems ein. Forscher, die sich mit der Dynamik der Demokratisierung befassten, wiesen mehrmals darauf hin, dass der Regimewechsel durch eine Neuwahl des Parlaments begleitet werden muss. In den Wahlen im Herbst 2014 erhielten die proeuropäischen Kräfte eine Verfassungsmehrheit in der Werchowna Rada. Die Zusammensetzung des Parlaments erneuerte sich um zwei Drittel[1]. Die einzige Partei, die weiterhin in der Rada vertreten war, war die grundlegend reformierte Partei Vaterland (Batkiwschtschyna).

Ein Jahr nach Arbeitsbeginn des neuen Parlaments ist es ersichtlich, dass das ukrainische politische System noch einen langen Weg zu bewältigen hat. In der Regel bleiben unsere Parteien ein Projekt des Parteiführers – ohne klare Ideologie, aber mit einer schweren Last von Verpflichtungen gegenüber ihren Sponsoren. Das Gesetz über die staatliche Finanzierung der Parteien, das im Herbst 2015 verabschiedet wurde, kann den Einfluss von Oligarchengeldern auf das politische System abschwächen. Jedoch wird es über Nacht nicht gelingen, die Parteien zu bewegen, sich in ihren Worten und Taten von internen und konsistenten Prinzipien leiten zu lassen, nicht aber durch den Wunsch, es allen Wählern auf einmal rechtzumachen. Hier müssen wir uns mit Geduld wappnen – die neuen Politiker haben auf dem Weg zu einer professionellen Reife noch viel zu lernen.

Eine der gesundesten Kräfte in der Werchowna Rada ist die fraktionsübergreifende Gruppe Eurooptimisten, die etwa drei Dutzend Volksabgeordnete vereinigt, die nach dem Maidan in die Politik gegangen sind. Dazu gehören Mustafa Najem, dessen Posting in Facebook mit dem Aufruf, auf den Platz der Unabhängigkeit zu gehen, im November 2013 den Anfang der Revolution gemacht hatte, Iwanka Klimpusch-Zinzadse, eine mutige Verfechterin der euroatlantischen Integration, Hanna Hopko, die Spitzenkandidatin der Wahlliste der Samopomitsch und Aktivistin der gesellschaftlichen Initiative „Reanimationspaket der Reformen".

---

[1] Тимофій Милованов. Ідеологічна Карта Верховної Ради. Законодавча Ефективність Роботи Комітетів, Депутатів та Міністерств. 21.09.2015, http://voxukraine.org/2015/09/21/tymofiy–mylovanov–ideologichna–karta/.

Können die Eurooptimisten zum Kern einer neuen politischen Kraft werden, die frei von der Last der Vergangenheit ist? Dazu müssten sie ihren Gesichtskreis wesentlich erweitern, sich mit wirtschaftlichen Fragen befassen, die Fähigkeit zeigen, nicht nur akute Fragen anzusprechen, sondern auch die Verantwortung für ihre Lösung zu übernehmen.

Der Maidan hat die ukrainische Gesellschaft mit neuer Energie geladen und eine neue Tagesordnung aufgestellt.

Wenn man die Teilnehmer der Revolution befragt, worum sie auf den Platz gegangen sind und drei Monate lang ihre Stellungen verteidigt haben, bekommt man ganz unterschiedliche Antworten. Aber der Sinn ist mehr oder weniger gleich – der Ruf nach europäischen Spielregeln, danach, dass in der Ukraine eine Regierung entsteht, die fähig ist, sie umzusetzen.

Die neuen Regeln sollen der aktiven Minderheit – den Unternehmern, Managern, Vertretern der Zivilgesellschaft, den Kunstschaffenden – die Freiheit der Selbstverwirklichung garantieren. Sie sollen Bedingungen schaffen, unter denen dir niemand die Früchte deiner Bemühungen wegnehmen oder dir verbieten kann, deine Meinung zu äußern, – ob durch die Teilnahme an Massenveranstaltungen, einen Artikel in einer Zeitung oder die Vertretung in der Macht. Indem es die Rechte eines kleineren Teils der Bevölkerung garantiert (es ist klar, dass nicht alle von kreativer Freiheit Gebrauch machen wollen) würde das politische System im Interesse der überwiegenden Mehrheit handeln. Wenn der aktiven Minderheit freie Hand gelassen wird, so werden auch neue Arbeitsplätze entstehen und der Wohlstand der gesamten Gesellschaft wachsen.

In der neuen Realität sollte ein Individuum mehr Rechte haben, als der Staat. Darin besteht der grundlegende Bruch mit der sowjetischen Vergangenheit. Die europäische Denkweise geht immer vom Individuum aus. Zuerst kommt der Mensch, danach alles andere.

Und noch ein wichtiger Moment, in dem die Philosophie des Maidan zum Ausdruck kommt, ist der Verzicht auf die Sakralisierung der

Macht. Das vorherige Regime versuchte der Gesellschaft abzugewöhnen, überflüssige Fragen zu stellen, denjenigen den Mund zu verbieten, die öffentlich gegen Korruption, Günstlingswirtschaft in der Geschäftswelt und anderen Bereichen eintraten. „Warum zahlen wir Steuern, wenn ihr sie euch in die Taschen steckt?" empörte sich der Maidan. „Warum dürft ihr unternehmerisch tätig sein und wir nicht? Warum dürft ihr in der Politik sein, und wir nicht? Wir möchten nicht, dass ihr bei Rot mit Blaulicht über die Kreuzung rast. Ihr müßt überhaupt nicht mit Blaulicht fahren und man muss auch keine Straßen für euch sperren".

Die Diskussion darüber, wie die ukrainische Macht sein sollte, ist nicht abgeschlossen. Manchmal höre ich von den Politikwissenschaftlern und politischen Beratern einen Ratschlag: „Man müsste den sakralen Charakter der Macht wiederherstellen". Ich antworte, dass dieser Zug bereits abgefahren sei. Wir müssen wieder einen funktionierenden Staat aufbauen, nicht aber längst überholten Konzepten folgen.

Der zweite Präsident Kutschma sagte einmal: „Die Ukraine haben wir geschaffen, jetzt müssen wir Ukrainer schaffen"[1].

Die Revolution der Würde erfüllte dieses Programm.

Zum ersten Mal sah ich Kiew im Jahre 1995. Damals machte die Stadt keinen besonderen Eindruck auf mich. Vielleicht hatte ich einfach keine Zeit, sie zu würdigen: seit 1988 hatte ich ständig einen 14-Stunden-Arbeitstag. Kiew erschloß sich mir allmählich.

Wenn man mich vor November 2013 gefragt hätte: „Was bist du?", hätte ich wahrscheinlich geantwortet: „Ein Manager". Im März 2014, als ich von einer Dienstreise zurückkehrte und das Flugzeug gerade im Landeanflug auf den Flughafen Boryspil war, überkam mich eine Welle all dessen, was ich im vergangenen Winter gedacht und ge-

---

[1] Paraphrase der Äußerung eines der Politiker, die Italien vereinigten (entweder Camillo Cavour oder Massimo d'Azeglio): „Wir haben Italien geschaffen, jetzt müssen wir Italiener schaffen".

fühlt hatte. Es war, als ob ein Schalter in mir umgelegt wurde. Ich fühlte mich als Ukrainer.

Von mir selbst ausgehend kann ich sagen, dass die ukrainische Identität nicht etwas ist, was ein für allemal gegeben ist. Es ist ein Prozess, der in den letzten beiden Jahrzehnten zunächst nicht besonders sichtbar verlaufen ist, dann aber plötzlich Fahrt aufgenommen hat.

Das Verdienst des Maidan besteht darin, dass er die Herausbildung der moralischen Mehrheit beschleunigt hat.

Richard Sakwa, Professor der Universität von Kent und bekannt durch seine russophilen Ansichten, beharrt darauf, dass in der Ukraine zwei Ansichten über das nationale Staatswesen aufeinanderprallen – die monistische und die pluralistische. Laut Sakwa[1] stellen die „Monisten" (die russische Propaganda würde sie „Banderowzy" – Anhänger von Stepan Bandera – oder einfach „ukrainische Nationalisten" nennen) auf eine enge, ethnische Definition der Ukrainertums ab, wogegen die „Pluralisten" bereit sind, die Ukraine so zu akzeptieren, wie sie ist: in die Zukunft gerichtet, und nicht in die Vergangenheit, mit ethnischer und konfessioneller Vielfalt, mit stabilen Rechten für Minderheiten. Vor fünf Jahren hätte man diese Aufteilung vielleicht ernsthaft betrachten können. Heute bestätigen die Tatsachen das Konzept des Professors nicht mehr. Die Ukraine, glaube ich, ist darüber hinausgewachsen.

„Die Orangen Revolution hatte zwei Sprachen gesprochen, Russisch und Ukrainisch. Aber es waren noch neun Jahre nötig, damit eine neue Nation entsteht, die ukrainische politische Nation, in der es nicht mehr als prorussisch gilt, wenn Gebrauch von der russischen Sprache gemacht wird", schreibt die Redakteurin der Kiewer intellektuellen Monatszeitung „Kritika" Oksana Forostyna. „Zum wichtigsten Prozess, der diesen Umschwung gewährleistete, wurde die Herstellung des gegensei-

[1] Richard Sakwa. Frontline Ukraine. Crisis in the Borderlands, London, 2015.

tigen Vertrauens zwischen der Westukraine und Kiew. Er hatte vor 2004 begonnen, wurde dann nach der Revolution fortgesetzt“[1].

Wenn ich Forostyna mit anderen Worten wiedergebe, kann ich sagen: die Revolution der Würde bestätigte die Geburt einer neuen politischen Partei, für die die ethnische und sprachliche Identität zum zweitrangigen Faktor wurde. In den Vordergrund rückten Werte und Grundsätze der Wahl für Europa.

Was aber ist mit den Ultrarechten? Die Fackelumzüge in der Stadtmitte von Kiew und die Quasinazisymbolik einiger paramilitärischen Gruppen liefern markante Bilder für die Fernsehleute, xenophobe Äußerungen verbreiten sich im Netz wie warme Semmeln, aber es sind Ausnahmen, die sich für Regeln ausgeben.

Die Rolle der Ultrarechten sowohl in der Revolution, als auch in den Kriegshandlungen im Osten ist stark übertrieben – in erster Linie durch ebendieselbe russische Propaganda, die ab Dezember 2013 den Maidan als eine Zusammenrottung von Faschisten dargestellt hatte. In der Tat hatten sich die Ultrarechten einfach der Revolution angeschlossen, wobei ihre Ziele und ihre Ideologie sehr weit entfernt und häufig unvereinbar mit den Werten der überwiegenden Mehrheit der auf den Maidan strömenden Bürgern gewesen waren.

Am besten zeugen vom Einfluss der „Monisten“ die Ergebnisse der Parlamentswahlen im Oktober 2014. Die Parteien Swoboda und Prawyj sektor, die als radikal und nationalistisch betrachtet wurden, konnten die 5%-Hürde nicht überwinden und sammelten insgesamt 6,5% der Stimmen. Ein mehr als bescheidenes Ergebnis vor dem Hintergrund der Erfolge der ultrarechten Parteien in Europa. Im Mai 2014 nahm die rechtsradikale Front National mit 25% der Stimmen

---

[1] Oxana Forostyna. Poaching, simmering, and boiling: The declining relevance of identity discourse in Ukraine, in Andrew Wilson (ed), What does Ukraine think? ECFR 2015, p. 26.

den ersten Platz in den Europarlamentswahlen in Frankreich ein, die Rechtspopulisten aus der Partei für die Unabhängigkeit des Vereinigtes Königreichs UKIP sammelte in Großbritannien 27,5% (ebenfalls der erste Platz) der Stimmen. In den Parlamentswahlen im vergangenen Jahr in Ungarn stimmten für die radikalen Nationalisten von Jobbik 20% der Wähler ab.

Noch absurder sind die Vorwürfe des ethnischen Nationalismus gegen die jetzigen Führer des ukrainischen Staates. Der Präsident, der Ministerpräsident und der Parlamentspräsident sind Rechtszentristen. Ihnen sind jegliche ethnonationalistische Bestrebungen fremd. Der ehemalige Oberbürgermeister von Winnyzja und jetzige Parlamentspräsident Hrojsman ist ein markantes Beispiel der ausgewogenen und besonnenen ukrainischen Mentalität, die in alle Richtungen offen ist (auch seine jüdische Abstammung macht dem kein Abbruch). Ganz offensichtlich ist er imstande, „den Süd-Osten" (oder das Zentrum, den Norden und den Westen) ebenso zu hören, wie auch der aus Bessarabien stammende Poroschenko oder der im multinationalen Tschernowitz gebürtige Jazenjuk.

Die Popularität der Ultrarechten ist ein Symptom des Mangels an politischem und sozialem Wohlergehen. Nicht weniger, aber auch nicht mehr. Das beste Parlamentswahlergebnis in ihrer Geschichte erreichte die Partei Swoboda im Jahre 2012[1]. Wenn sich in einer Gesellschaft die Proteststimmungen verstärken, ist die Kompromißlosigkeit der Radikalen, ihre Bereitschaft, primitive Antworten auf komplizierte Fragen anzubieten, besonders gefragt.

[1] Für Swoboda stimmten damals 10,44% der Wähler ab, die an den Wahlen teilnahmen, – um 9,7% mehr, als in den vorhergegangenen Wahlen 2007. Bemerkenswert ist, dass die Extremisten in der entgegengesetzten Flanke ein ähnliches Ergebnis erreichten: die Kommunisten verbesserten ihr Ergebnis um 7,8% und erhielten 13,18% der Stimmen.

Dieser Teil des politischen Spektrums kann in der Ukraine nicht auf demokratischem Weg an die Macht kommen. Eine andere Sache ist, dass die verantwortungslose Durchsetzung der eigenen Tagesordnung dazu führen kann, das ukrainische politische Leben aus dem Gleichgewicht zu bringen und zusätzliche Hindernisse auf dem Weg der Ukraine nach Europa zu bereiten. Bester Beleg dafür sind die Ereignisse vor dem Gebäude der Werchowna Rada am 31. August 2015, als eine Aktion der Rechtsradikalen mit der Explosion einer Granate und dem Tod von vier jungen Soldaten der Nationalgarde endete. Nun ja – eine der Pflichten der Demokratie besteht darin, mit „lauten Minderheiten“ zusammenleben zu können, natürlich nur so lange, wie sie nicht die Verfassungsordnung und die Rechte anderer Bürger in Frage stellen.

Kapitel 4

HERR PRÄSIDENT

Vor kurzem stieß ich in Facebook auf ein Bild, das aus zwei Fotos von Petro Poroschenko zusammengestellt worden war. Der Präsident im Sommer 2014, kurz nach der Inauguration. Dann im Sommer 2015 – nach Ilowajsk, zweimal Minsk, nach dem Verlust von Debalzewe.

Auf dem zweiten Foto sieht der Präsident (im September 2015 wurde er 50) etwa fünf Jahre älter aus.

Wenn man mit einem Menschen jeden Tag Seite an Seite arbeitet, fällt diese Entwicklung nicht so auf.

Ich erinnere mich, als am Morgen des 10. Februar dem Präsidenten berichtet wurde, dass die Russen unseren Stab in Kramatorsk mit Raketenwerfern beschossen hatten. Eine der Salven traf ein Wohnviertel: 17 Tote, vor allem friedliche Einwohner, fast 50 Verwundete, unter ihnen fünf Kinder.

Ohne zu zögern, flog der Präsident zum Ort der Ereignisse. Er wurde von dem französischen Philosoph und Schriftsteller Bernard-Henri Levy begleitet. Das Bild nach dem Beschuss: Leichen in den Straßen, teils mit Laken abgedeckt, teils so, wie sie der Tod ereilte, eine Mutter, die ihr Kind mit ihrem Körper vor den Splittern schützte, das Endstück einer Rakete, die den Asphalt durchschlagen hatte, Verwundete in den trübe beleuchteten Krankenhauszimmern.

Zum Treffen der Kontaktgruppe im Normandie-Format in Minsk fuhr Petro Poroschenko nach einer schlaflosen Nacht, müde und mit dunklen Augenringen. Dort erwarteten ihn 19 Stunden ununterbrochener und äußerst schwerer Verhandlungen. Ergebnis der zweiten Minsker Vereinbarungen wurde ein Einfrieren der Kriegshandlungen im Osten. Von Minsk aus fuhr der Präsident zum Treffen mit den Führern der Europäischen Union nach Brüssel, wo er sie von der Notwendigkeit überzeugte, die Sanktionen gegen Russland zu verschärfen. Ich bezweifle, dass diejenigen, die dem Präsidenten Zugeständnisse gegenüber Moskau und den Separatisten vorwerfen, diese Last hätten besser tragen können.

***

Petro Poroschenko nahm aktiv an der Revolution der Würde teil. Sein Sieg bereits im ersten Wahlgang zeugte davon, dass die Wähler in ihm eine Führungspersönlichkeit sahen, die das Land vereinigen könne. Ich glaube, die Menschen hatten verstanden, dass Poroschenko einer der fähigsten ukrainischen Politiker ist. Er kennt die ukrainische Macht von den unterschiedlichsten Seiten, hat im Parlament und in der Regierung gearbeitet, auch in der Präsidentenvertikale. Er war Vorsitzender des wichtigsten Ausschusses in der Rada – des Budgetausschusses, Sekretär des Rates für nationale Sicherheit und Verteidigung, leitete das Außenministerium und das Ministerium für Wirtschaftpolitik.

Präsident in einem Land zu sein, dass mit so vielen Bedrohungen konfrontiert ist, wie die Ukraine in den Jahren 2014 – 2015, und dazu auch noch eine Parlaments- und Präsidialrepublik darstellt, ist gelinde gesagt nicht einfach. Den richtigen Führungsstil zu wählen, gleichzeitig Dutzende sehr problematische Richtungen – innere und äußere – im

Auge zu behalten, ist eine extrem komplizierte Aufgabe. Der Präsident bewältigt sie, wenn auch durch übermenschliche Anstrengungen.

Man wirft dem Präsidenten Mikromanagement vor. In der Tat versucht er, vielen Details und Projekten auf den Grund zu gehen. Wenn aber das Land im Umbruch ist, wenn der alte Apparat nicht mehr funktioniert, dann scheint keine Kleinigkeit „überflüssig" zu sein, umso mehr, wenn es um die Streitkräfte oder die Außenpolitik geht.

Der Feind rückt in die Stadt,
Macht keine Gefangenen,
Weil in der Schmiede
Die Nägel ausgegangen sind.

Der Präsident entwickelt sich. Seine Einschätzungen der Geschehnisse ändern sich, seine Ansätze zur Staatsführung werden präziser (in vielen Fragen sogar radikaler).

Der Präsident wird oft dafür kritisiert, dass er sein Süßwarengeschäft – die Korporation Roshen – und den Sender Fünfter Kanal nicht abgegeben hat.

Roshen wurde sofort nach dem Sieg Poroschenkos in den Wahlen zum Verkauf angeboten. Ein Unternehmen, selbst ein erfolgreiches, in einem Land zu verkaufen, in dem Krieg herrscht, ist nicht einfach. 2015 schätze Forbes das Vermögen von Petro Poroschenko auf USD 750 Mio. Zwei Jahre früher betrug es ebenso nach den Angaben von Forbes USD 1,6 Mrd. Ich kann einen Eigentümer sehr gut verstehen, der es nicht eilig hat, etwas spottbillig zu verkaufen, was seiner Meinung nach vom bedeutsamen Wert ist.

Eine gesonderte Geschichte ist die zu Roshen gehörende Süßwarenfabrik in Lipezk. Ihr Betrieb läuft nicht richtig: Russische Behörden finden regelmäßig Vorwände, die Arbeit dort zu behindern. Der Präsident würde mit Freude solche „Aktiva" loswerden, die von seinen politischen Opponenten mit so viel Vergnügen genutzt werden. Ich hörte sogar von der wahnwitzigen Idee, den Betrieb der russischen

Opposition zu schenken, damit sie eine Finanzierungsquelle bekommt. Ich wäre nicht erstaunt, wenn die Fabrik einfach geschlossen wird.

Die politischen Opponenten versuchen, Poroschenko bei einem Widerspruch zu ertappen. Während er Roshen in seinem Eigentum behält, fordert er eine Beschleunigung der Privatisierung. Es heißt, er geize mit dem Seinen, würde sich aber beeilen, staatliches spottbillig zu vergeben.

Ich sehe hier keinen Widerspruch. Dem Staat gehören Dinge, die man auch jetzt zu einem guten Preis verkaufen könnte. Das bestätigte die Versteigerung, in der im Februar 2015 die Lizenzen für den Mobilfunk der 3. Generation verlost wurden. Weder die erbitterten Kriegshandlungen im Osten, noch die Panik auf dem Devisenmarkt haben drei Mobilfunkbetreiber nicht daran gehindert, für die Lizenzen fast UAH 9 Mrd. bzw. über USD 400 Mio. hinzulegen. Sicherlich wird es auch eine gute Nachfrage in den Auktionen zur Privatisierung des Hafenwerks Odessa (transnationale Unternehmen bekunden ihr Interesse daran) oder des Unternehmens Zentrenergo, eines der größten energieerzeugenden Unternehmen der Ukraine, geben. Dort aber, wo der Staat keinen so guten Preis erzielen kann, bleibt die Privatisierung in der Mehrheit der Fälle sowieso der beste Ausweg – mangels eines effizienten Eigentümers wurden Hunderte staatliche Betriebe schon in den Bankrott getrieben.

Bei der Privatisierung geht es nicht nur ums Geld. Das Auftreten von Privatinvestoren wird den Korruptionsmodellen ein Ende bereiten, mit denen unser staatlicher Sektor wie mit einem Spinnnetz umgeben ist. Was kleinere Objekte anbetrifft, so bereiten sie dem Staat auch jetzt mehr Kopfschmerzen als Nutzen. Auf die Privatisierung gehe ich im Übrigen an einer anderen Stelle ein.

Ein gesonderter Vorwurf gegenüber dem Präsidenten hängt mit der Weigerung zusammen, den Sender Fünfter Kanal zu verkaufen. „Reichtum, Medien und Macht sind in einer Hand konzentriert“, behaupten unsere Gegner. „Da ist sie, die Oligarchie pur“. Nun ja, der Form nach ist es richtig, im Grunde genommen ist es der reinste Hohn.

Die Struktur des ukrainischen Fernsehmarktes ist äußerst verzerrt. Das ist ein Markt, auf dem es unmöglich ist, Geld zu verdienen. Beim Fernsehen dominieren vier Mediengruppen – die von Viktor Pintschuk, Rinat Achmetow, Ihor Kolomojsjky und Dmytro Firtasch. Die sieben größten ukrainischen Fernsehsender, die zu diesen Gruppen gehören, erreichen gemeinsam eine Einschaltquote von über 55%. Der Anteil des Fünften Kanals liegt unter 1%[1].

Alle Fernsehsender der Oligarchen fahren große Verluste ein: Der Werbemarkt ist zu gering, um sie durchzufüttern. Die Besitzer stecken Hunderte Millionen US–Dollar in ihre Sender. Kein zurechnungsfähiger Investor wird Geld in den Fernsehmarkt der Ukraine stecken, solange es unmöglich ist, damit etwas zu verdienen. Das bedeutet, dass der zum Verkauf angebotene Fünfte Kanal am ehesten einer der Oligarchengruppen zufällt. Wird das den Pluralismus im Fernsehen stärken? Ich glaube nicht. Aber es wird ganz bestimmt eine der Oligarchengruppen stärken.

***

Petro Poroschenko und ich haben langjährige Erfahrungen im Eingehen von Kompromissen. 2007 erwarb die UMH Group von ihm 50% des Netzes des Rundfunksenders Radio 5, der in mehreren Dutzenden Städte sendete. Nach der Umwandlung des verlustbringenden Netzes in Retro FM konnten wieder schwarze Zahlen geschrieben werden.

---

[1] Laut Angaben der Expertengruppe Kwendi zum 18. Dezember 2015. Es handelt sich ums Publikum über 18 Jahren in Städten mit einer Bevölkerungszahl über fünfzig Tausend Personen. Vgl. http://www.mediabusiness.com.ua/component/option,com_rating/Itemid,55/lang,ru/.

2011 haben wir unsere Zusammenarbeit ausgebaut und erwarben auf paritätischer Grundlage das Unternehmen KP Media, das die im Land beliebteste gesellschaftspolitische Wochenzeitschrift Korrespondent und die gleichnamige Nachrichten-Webseite besaß, die in ihrer Kategorie ebenfalls führend war. Die Erstellung und Unterzeichnung der Aktionärsvereinbarung nahm etwa zwei Monate in Anspruch. Unsere Geschäftsbeziehungen wurden später nicht negativ beeinträchtigt. Als wir sie letztendlich beendet haben, sind wir freundschaftlich auseinandergegangen.

Wodurch unterscheide ich mich von anderen Partnern Poroschenkos? Ich war niemals sein Juniorpartner: in unseren gemeinsamen Projekten waren unsere Anteile 50 zu 50, ich verwaltete, er kontrollierte. In unseren Beziehungen gab es keine Unaufrichtigkeit, ich habe die Dinge immer beim Namen genannt und auf Entscheidungen bestanden, die ich für richtig hielt. Oft gelang es mir, ihn zu überzeugen.

Ich halte es für eine der wichtigsten Pflichten als Leiter des Präsidialamtes, immer meinen Standpunkt zu äußern, falls mir etwas falsch erscheint. Freilich gelingt es in der Praxis nicht immer: Nicht alles kann man im Telegrafenstil sagen, und Zeit ist es bei mir und beim Präsidenten echte Mangelware.

Die Besonderheit meiner Position im Präsidialamt bestand von Anfang an darin, dass ich nicht nach diesem Posten gestrebt hatte. Ich brauche weder materielle noch immaterielle Dinge vom öffentlichen Dienst, deshalb ist es schwer, mit mir in einer Sprache zu sprechen, die viele unsere Staatsmänner gewöhnt sind.

Einige meine Vorgänger folgten in den Beziehungen zum Präsidenten dem Ansatz, ihn ständig weich einzupacken und nicht aus der Komfortzone zu lassen. Bei Poroschenko ist das unmöglich. Der Präsident ist in vielen Informationsströmen vernetzt und bekommt leicht mit, wenn jemand versucht, einen Wunsch als Wirklichkeit auszugeben.

Persönlich schafft Petro Poroschenko ein Klima, in es möglich ist, neue Ideen einer tiefgreifenden Prüfung zu unterwerfen. Im Herbst

2014 hatte mein Vorschlag, das Ministerkabinett nach technokratischem Prinzip und unter Heranziehung von Ausländern aufzustellen, Einwände eines Teils der Mannschaft um den Präsidenten hervorgerufen. Ich bewies, dass eine Ernennung der Minister nach Parteiquoten unabdingbar dazu führen wird, dass wir ein Kabinett mit vielen ewig Gestrigen (im postsowjetischen Raum nennt man sie „starke Wirtschaftsfunktionäre") oder Phrasendreschern bekommen werden. Für die Ukraine nach der Revolution der Würde wäre es nicht gerade eine richtige Entscheidung. Die Polemik dauerte etwa eine halbe Stunde, dann äußerte der Präsident Unterstützung für meine Idee. Er unterstützte ebenfalls den Vorschlag, internationale Agenturen heranzuziehen, die sich auf die Auswahl von Führungspersonal spezialisiert haben. Im Ergebnis kam es zu neuen Gesichtern sowohl in der Regierung, wie auch in den Führungsetagen staatlicher Unternehmen.

Der Präsident und ich arbeiten ungefähr nach einem Zeitplan. Genauso wie er bin ich eine „Eule". Wir arbeiten 15 – 16 Stunden am Tag. Der Arbeitstag sieht folgendermaßen aus: Etwa ab 10 oder 10.30 Uhr bin ich an meinem Arbeitsplatz, nach Hause fahren wir 2 Uhr nachts. Ich gebe mir Mühe, noch vor dem Präsidenten zu kommen und nach ihm zu gehen. An Samstagen arbeiten wir immer, an Sonntagen fast immer. Im ersten Halbjahr hatte ich nur einige freie Tage. Der Präsident hatte faktisch keine.

***

Die ersten 18 Monate der Präsidentschaft von Petro Poroschenko würde ich in fünf Phasen teilen.

Die erste Phase dauerte von Juni bis Anfang September 2014. Nachdem die Separatisten den Friedensplan des Präsidenten abgelehnt hatten, wurde die Antiterroroperation Anfang Juni wiederaufgenommen. In anderthalb Monaten des aktiven Antiterrorkampfes konnten unsere Streitkräfte fast zwei Drittel des Territoriums befreien, dass durch bewaffnete Rebellen in den Gebieten Donezk und Lugansk in Besitz genommen worden war. Wir standen kurz vor einem endgültigen Sieg. Am 24. August drangen taktische Bataillonsgruppen der russischen Armee in die Ukraine ein und kesselten unsere Truppen bei Ilowajsk[1] ein. Das Vorrücken der ukrainischen Armee zur Staatsgrenze wurde gestoppt. Am 5. September wurde in Minsk ein Protokoll unterzeichnet, das eine Einstellung des Feuers vorsah.

Die zweite Phase dauerte von September bis Dezember 2014. Eines der Versprechen Poroschenkos als Präsidentschaftskandidat war ein Neustart der Regierung, unter anderem mit Neuwahlen in das Parlament. Der Herbst verlief im Zeichen der Wahlkampagne und der Bildung der Regierungskoalition. Das Koalitionsabkommen sollte zu einer zuverlässigen Basis für Reformen werden, der Heranziehen ausländischer Fachleute in die Regierung sollte den Reformen den langersehnten Anstoß geben.

Die dritte Phase dauerte von Januar bis Februar 2015. Die Lage in den östlichen Gebieten verschärfte sich erneut. Die Separatisten gingen in die Offensive. Nach einer viele Monate dauernden Belagerung wurde der Flughafen Donezk dem Erdboden gleichgemacht. Am 12. Februar fixierte die zweite Minsker Vereinbarung (Minsk-2) eine neue Trennungslinie. Wir mussten uns zurückziehen, der wichtige Eisenbahnknoten Debalzewe fiel, aber wir waren weit von der Betroffenheit entfernt, wie man sie im August beobachten konnte. Ende Februar herrschte eine akute Währungskrise, die nur dank der harten Maßnahmen der Nationalbank der Ukraine NBU und der Soforthilfe des IWF stoppen konnte.

---

[1] Vgl. Bericht des Verteidigungsministeriums der Ukraine „Аналіз бойових дій в районі Іловайська після вторгнення російських військ 24—29 серпня 2014 року. http://www.mil.gov.ua/news/2015/10/19/analiz–illovausk——14354/.

Die vierte Phase dauerte über den Frühling 2015. An der Front herrscht verhältnismäßige Stille. In den Nachrichten der russischen Fernsehsender dominiert das Thema Ukraine nach wie vor, aber die Intensität der Propaganda ist nicht mehr so frenetisch. Es ist Zeit, sich auf das Wichtigste zu konzentrieren – auf die Binnenfront, eine Analyse des Stands der Reformen, darüber, warum ihr Tempo weit vom Erwünschten entfernt ist.

Die fünfte Phase dauerte von Ende Mai bis November 2015. Der Präsident geht zum Angriff über. Zum Gouverneur von Odessa wird der Ex-Präsident Georgiens Michail Saakaschwili ernannt. Im Juli wird auf Poroschenkos Anregung die Arbeit an der Steuerreform aktiviert. Das Nationale Antikorruptionsbüro wird gebildet. Es ist der Beginn der Reform in der Generalstaatsanwaltschaft: Es kommt zu den ersten aufsehenerregenden Verhaftungen, die Leiterstellen für die Staatsanwaltschaften in den Landkreisen werden ausgeschrieben, der erste in der Geschichte des Landes Antikorruptionsstaatsanwalts wird ernannt. Die Kommunalwahlen im Oktober zeugen von einem Wachstum der radikalen Stimmungen in der Gesellschaft, aber die Kräfte, die den Präsidenten unterstützten, konnten ihre Positionen halten und in einigen Regionen stärken. Zum Ende des Jahres 2015 befand sich der Präsident in einer guten politischen Verfassung.

Konnte man in diesen anderthalb Jahren mehr erreichen?

Ich erinnere mich an eine der schwierigsten Präsidentschaftswochen von Petro Poroschenko. Das war vom 24. bis 30. August, während des Kessels bei Ilowajsk. Der Präsident blieb bis 4 Uhr morgens am Arbeitsplatz. Ununterbrochen fanden Beratungen mit den Militärs statt. Es herrschte eine unerträgliche Schwere. Aus der Antiterroroperation wurden für uns alle überraschend – für den Generalstab und auch für uns – Gefechte mit der russischen Armee. Uns fielen wieder die Filme über den Großen Vaterländischen Krieg ein, die meine Generation in ihrer Kindheit bis zum Überdruss gesehen hatte.

Gab es eine Alternative zum Plan der Antiterroroperation, wie er im Juli – August 2014 umgesetzt worden war? Hätte der Generalstab bei der Planung der Operation die Wahrscheinlichkeit der Einmischung der regulären Truppen der Russischen Föderation als hoch eingeschätzt, hätte die Strategie natürlich anders ausgesehen. Vielleicht hätte man bei diesem Szenario die Rebellen langsam in die Tiefe des von ihnen kontrollierten Territoriums zurückgedrängt und dabei die Möglichkeit im Kopf behalten, die zurückeroberten Positionen zu verteidigen, sollten die Rebellen, die mit Waffen und Militärtechnik aus Russland beliefert wurden, zum Gegenangriff antreten.

Andererseits glaube ich, dass der erfolgreiche Verlauf der Antiterroroperation auch für Russland überraschend war. Der Gegner hat kaum erwartet, dass die Ukraine genügend kampffähige Truppen „zusammenkratzen" kann. Eine Einmischung erfolgte erst, als sich die Separatisten am Rande der Zerschlagung befanden. Eine andere Überraschung stellte für Moskau die Tatsache dar, dass es sich nur wenige Interessenten gemeldet hatten, um mit den „Bandera–Nachfolgern" auf einem Territorium zu kämpfen, das mit fünf Millionen Menschen bevölkert war – ein Paar Hunderte, höchstens Tausende, allerdings keine Zehntausende. Ohne ständige Versorgung mit russischen Waffen, Freiwilligen und regulären Truppen (die angeblich aus beurlaubten Soldaten bestanden) hätten die Separatisten nur wenige Wochen standgehalten.

Eines der Ziele der Antiterroroperation war es, die im Mai und Juni verlorene Kontrolle über die Grenze zu Russland wiederherzustellen, um den Nachschub russischer „Freiwilliger" und Waffen für die Rebellen zu unterbinden. Anfang Juni unternahmen unsere Truppen eine erfolgreiche Operation und stießen an vielen Stellen zur Staatsgrenze vor. Am 11. Juli wurden die ukrainischen Einheiten, die beim Dorf Selenopolje nicht weit von der Grenze Positionen bezogen hatten, von russischer Seite mit Mehrfachraketenwerfern beschossen. 19

Soldaten kamen ums Leben, über 90 wurden verwundet. Seit diesem Tag beschoss die russische Artillerie die Ukraine regelmäßig. Manchmal erfolgte der Beschuss von Russland aus, manchmal transportierte der Gegner die Technik drei – vier Kilometer in die Ukraine und brachte sie nach dem Einsatz wieder zurück. Nachdem der Überraschungseffekt vorbei war, gingen unsere Verluste aufgrund des russischen Beschusses zurück. Die Truppen bedrängten den Gegner weiter.

Am 17. Juli 2014 beraumte Petro Poroschenko eine Sitzung des Rates für nationale Sicherheit und Verteidigung an. Etwa um 16:50 Uhr brachte man dem Präsidenten einen Zettel mit der Mitteilung, dass über dem Gebiet Donezk ein Verkehrsflugzeug abgeschossen worden war. Eine halbe Stunde später erschien der Verkehrsminister Maksym Burbak und berichtete die ersten Tatsachen: Zum Ziel der Terroristen wurde eine Boeing 777 der Fluggesellschaft Malaysia Airlines auf ihrem Flug von Amsterdam nach Kuala–Lumpur. Nach Angaben des Militärs, so Burbak, wurde das Flugzeug mit einem FLA-Raketenkomplex „Buk" abgeschossen, mit dem die russischen Streitkräfte ausgerüstet waren.

Zu diesem Zeitpunkt hatte unsere Luftwaffe in dem Gefechtsraum einige Flugzeuge verloren. Am 14. Juni wurde die ukrainische Il–76 beim Anflug des Flughafens Lugansk abgeschossen. Alle 40 Fallschirmjäger und 9 Crewmitglieder kamen ums Leben. Am 14. Juli wurde über dem Gebiet Lugansk die Militärtransportmaschine An–26 abgeschossen. Am 16. Juli schoss eine russische MiG–29 das Erdkampfflugzeug Su–25 ab (der Pilot konnte notlanden)[1].

Wenn man zurückblickt, sieht man deutlich, dass Russland auf jeden Erfolg der ukrainischen Armee mit einer Eskalation und Intensivierung des Konflikts antwortete.

---

[1] „В СНБО рассказали подробности воздушного боя Су-25 и МиГ-29", liga.net, 18.07.2014, http://news.liga.net/news/politics/2576758–v_snbo_rasskazali_podrobnosti_vozdushnogo_boya_su_25_i_mig_29.htm.

Die Vernichtung eines Verkehrsflugzeugs, in dem sich 298 Menschen (von ihnen 80 Minderjährige) befanden, wurde zum moralischen Wendepunkt in diesem Konflikt. Der Westen verschärfte entschieden seine Einstellung gegenüber Russland. Moskau trat für gewisse Zeit leiser, als würde es sich des Begangenen schämen.

Heute, nachdem sich der Nebel des Kriegs verzogen hatte, können wir die Ereignisse vom August folgenderweise rekonstruieren.

Am 10. August unternahm eine Kräftegruppierung im Rahmen der Antiterroroperation den Versuch, dem Gegner das westlich von Donezk gelegene Ilowajsk abzunehmen – ein Städtchen mit einer Bevölkerung von 15 Tausend Menschen. Es gelang nicht, Ilowajsk im Sturm zu erobern: der Feind hatte gestaffelte Befestigungen errichtet. Es begannen Straßenkämpfe.

Am 23. August verstärkte Russland die Raketenbeschusse des ukrainischen Territoriums. Angegriffen wurden unsere Einheiten bei Nowoasowsk an der Küste des Asowschen Meeres, 10 Kilometer von der russischen Grenze[1] entfernt. Zwei Tage später überquerten russische Truppen die Grenze und eroberten Nowoasowsk, wobei sie den größten ukrainischen Hafen am Asowschen Meer Mariupol gefährdeten.

Im Weiteren werde ich den Bericht des Verteidigungsministeriums[2] über die Operation Ilowajsk zitieren.

---

[1] Vgl. den Bericht des Recherchenetzwerkes Bellingcat «The Burning Road to Mariupol: Attacks from Russia during the Novoazovs'k Offensive of August 2014», 03.12.2012: https://www.bellingcat.com/news/uk–and–europe/2015/12/03/the–burning–road–to–mariupol/.

[2] Bericht des Verteidigungsministeriums der Ukraine „Аналіз бойових дій в районі Іловайська після вторгнення російських військ 24—29 серпня 2014 року", 19.10.2015. http://www.mil.gov.ua/news/2015/10/19/analiz–illovausk——14354/.

Am 24. August wurde vom russischen Territorium aus ein Artillerieschlag auf die rechte Flanke unserer Gruppierung versetzt, die vom Süden gegen Donezk vorrückte. Das Bataillon, das diese Richtung deckte, konnte dem Mörserbeschuss nicht standhalten und verließ die Stellung. In den entblößten Frontabschnitt strömten russische Truppen. Das Verteidigungsministerium schätzte den Bestand der vier russischen taktischen Bataillonsgruppen, die an der Invasion teilnahmen, auf viertausend Soldaten. Die Russen setzten bis zu 20 Panzern, 30 Artilleriesysteme und 20 Mehrfachraketenwerfer ein. Unsere Truppen gerieten ins Wanken.

Am 26. August traf sich der Präsident in Minsk mit Putin. Das Treffen wurde seit langem geplant. Die Intention der Verhandlungen blieb dieselbe: Die Rückgewinnung des ukrainischen Gebiets so, dass der Gegner sein Gesicht wahren konnte. Heute wissen wir, dass Putin einen ganz anderen Plan hatte. An diesem Tag wurden unsere Freiwilligenabteilungen und die ihnen zur Hilfe gekommenen regulären Einheiten bei Ilowajsk umzingelt.

Am 27. August schlug Putin vor, einen „grünen Korridor" für die ukrainischen Einheiten zu öffnen, die in den Kessel geraten waren. „Etwa um 22:30 Uhr [am 28. August] teilte der erste stellvertretende Chef des Generalstabs der Streitkräfte der RF, Generaloberst Nikolaj Bogdanowskij mit, dass die Bedingungen sich geändert hätten: Ein Abzug wäre ohne Waffen und schwere Ausrüstungen möglich", heißt es im Bericht des Verteidigungsministeriums. „Diese Bedingungen wurden abgelehnt, denn das würde für unsere Soldaten eine ernsthafte Gefährdung bedeuten." Die Verhandlungen über einen Abzug aus der Umkesselung zogen sich hin. Die Russen stellten immer neue und schwierigere Bedingungen auf und errichteten gleichzeitig ein System von Stützpunkten und Befestigungen auf der Strecke des möglichen Rückzugs unserer Soldaten. Als die ukrainischen Kolonnen den Marsch aus dem Kessel begannen, wurden sie vom Gegner aus nächster Nähe beschossen".

Ein Jahr später veröffentliche die Militärstaatsanwaltschaft folgende Zahlen: Im Verlauf des Ilowajsk-Unternehmens starben 366 ukrainische Soldaten, 429 wurden verwundet, 128 gefangengenommen, 158 werden vermisst. Russland hat seine Verluste zur Geheimsache erklärt. Im Bericht des ermordeten russischen Oppositionspolitikers Boris Nemzow "Putin. Krieg" kann man lesen, dass Ende August in der Ukraine mindestens 150 russische Soldaten ums Leben kamen.

Erst Anfang September kam es zu einer Atempause. Am 5. September fand in Minsk die Sitzung der Kontaktgruppe Ukraine – OSZE – Russland statt. Dabei wurde das Minsker Protokoll über die Feuereinstellung im Osten der Ukraine unterzeichnet.

Ich wurde einmal gefragt, ob mich nicht Verzweiflung überkommen hätte, als ich sah, dass das Land an einem seidenen Faden hängt. Nein, verzweifelt war ich nicht. Ich neige überhaupt nicht dazu, den Mut sinken zu lassen. Es war schwer – emotionell und körperlich. Stellen sie sich mal vor: Sie arbeiteten 16 Stunden lang und sehen dann, dass eine Menge Fragen noch ungelöst bleibt. Und sie haben auch keine Kraft mehr, sie zu lösen.

***

Der Inhalt der zweiten Phase, die auf Herbst 2014 fiel, wurde durch die Umsetzung des Wahlversprechens des Präsidenten definiert, einen vollständigen Neustart der Macht zu initiieren. Es war nicht einfach, die Abgeordneten zu überzeugen, neuen Wahlen zuzustimmen. Die Verhandlungen mit den Fraktionen nahmen etwa drei Wochen in Anspruch. Am 24. Juli hörte die Regierungskoalition auf zu existieren, die Neuwahlen wurden für den 26. Oktober angesetzt.

Man konnte Meinungen hören, wie zum Beispiel die des Gouverneurs des Gebiets Donezk Serhij Taruta, dass es nicht nötig wäre, das Parlament neu zu wählen, das ein Durchboxen der Reformen nicht mit der Qualität des Abgeordnetenkorps zusammenhängen würde. Die

Abgeordneten, so hieß es, vor allem diejenigen, die für die Diktaturgesetze am 16. Januar abgestimmt hätten, wären so verängstigt, dass sie beliebige Reformen unterstützen würden. Ich gebe zu: Hätte die Regierung ein fertiges Paket von Gesetzesentwürfen zu Reformen in der Hand gehabt, hätte man sie innerhalb von einem oder zwei Monaten durch das alte Parlament durchbekommen. Allerdings hätte es nur die Reformen betroffen, die nicht konkrete Interessen verletzt hätten. Gesetzentwürfe, die Interessen der Oligarchen oder Geschäftemacher in der Politik schaden würden, wären in der „vorrevolutionären" Rada ganz sicher nicht durchgegangen.

Als der Präsident auf vorgezogenen Wahlen bestand, ließ er sich nicht nur von pragmatischen Überlegungen leiten, sondern auch von der Logik der Säuberung der Macht. Unserer Meinung nach gab es in der Werchowna Rada keinen Platz für Kommunisten oder odiöse Mitglieder der Partei der Regionen, die an der Ausplünderung des Landes und dem Versuch beteiligt waren, eine Diktatur einzuführen. Vielleicht hätte die Angst vor dem Zorn des Volkes sie für eine bestimmte Zeit nachgiebig machen können – aber nur bis zu dem Zeitpunkt, wo aufgrund der sich verschlechternden Lage im Land (und es wäre naiv, auf eine Verbesserung zu hoffen – die Situation in den beiden östlichen Gebieten wurde immer schwieriger) das Ranking des Präsidenten und des Ministerpräsidenten sinken würde.

Viele schlugen vor, die Wahlen im Frühjahr 2015 durchzuführen. Ich bin überzeugt, dass die Zusammensetzung des Parlaments in diesem Fall von niedrigerer Qualität gewesen wäre. Diejenigen der odiösen Abgeordneten, die im Sommer 2014 kaum einen Laut von sich gegeben haben, hätten in der Hoffnung auf zusätzliche Stimmen zweifelsohne versucht, die Situation zu verschärfen.

Zugunsten der Neuwahlen des Parlaments äußerte sich auch die Politikwissenschaft. Eine Aufschiebung der Wahlen hätte es den alten Eliten erlaubt, diese Verschnaufpause zur Stärkung ihrer Positionen zu nutzen[1]. Dadurch würden jedoch die Umwandlungen erschwert werden, wegen derer die Revolution eigentlich stattgefunden hatte. Anders Åslund nennt als eine der Ursachen für die Verzögerung der marktwirtschaftlichen Transformation Anfang der 1990er Jahre die Tatsache, dass die Werchowna Rada, die im Jahre 1990 nach sowjetischen Gesetzen gewählt wurde, noch bis 1994 wohlbehalten weitergearbeitet hat[2].

Im Ergebnis der außerordentlichen Wahlen trugen die proeuropäischen Parteien den Sieg davon. Die Narodnyj Front (Volksfront) von Arsenij Jazenjuk erhielt den höchsten Prozentsatz bei der Verhältniswahl nach Parteilisten und bekräftigte damit den Anspruch ihres Vorsitzenden auf den Sitz des Ministerpräsidenten. Der Block Petro Poroschenko (BPP) bekam nach Listen fast ebenso viele Stimmen und bildete mit Berücksichtigung der Sieger in den Einmandatswahlkreisen die größte Fraktion. Blieb nur noch die Aufgabe, eine Koalition zu bilden und ihr Programm abzufassen.

Das nahm bei den Siegern mehr als einen Monat in Anspruch. Die Volksfront, die ihren Ministerpräsidenten praktisch schon hatte, war nicht besonders bemüht, sich mit einem umfangreichen Koalitionsabkommen zu binden. Der von den Abgeordneten dieser Partei vorgeschlagene Entwurf passte auf ganze drei Seiten. Der Block Petro Poroschenko (BPP) bestand dagegen auf einem möglichst ausführlichen Handlungsprogramm. Unterstützt wurde es dabei durch den dritten Koalitionsteilnehmer (anhand der Abgeordnetenzahl), die Partei Samopomitsch (Selbsthilfe), ein Projekt des Oberbürgermeisters von Lwiw Andrij Sadowyj. Obwohl bei der Bearbeitung des vom BPP vorgeschlagenen Entwurfs einige Momente abgeschwächt wurden (zum

---

1 Paul D'Anieri. Understanding Ukrainian Politics: Power, Politics, and Institutionell Design. Armonk, NY: M. E. Sharpe, 2006, p. 72.

2 Anders Åslund. How Ukraine Became a Market Economy and Democracy, PIIE, 2009, p. 84.

Beispiel unterstützten unsere Partner nicht die Idee, die Staatsausgaben um 10% des BIP zu reduzieren und auch der Vorschlag, Umsetzungsfristen für aufgenommene Verpflichtungen festzulegen, konnte ebenfalls nicht durchgesetzt werden), war das Abkommen doch ausreichend detailliert. Anfang Dezember wurde auch die Vereinbarung über die Ministerkandidaturen erzielt.

Hier möchte ich kurz gedanklich abschweifen. Diejenigen Menschen, die zum ersten Mal mit der ukrainischen Politik zu tun haben, beklagen, dass sich in der Ukraine niemand an Vereinbarungen hält. Ich stoße ebenfalls regelmäßig auf die Unzuverlässigkeit von Verhandlungspartnern.

Zweifellos gibt es auch Ausnahmen. Leider kann man sie an den Fingern einer Hand abzählen.

Man verwendet viel Zeit für Überzeugungsarbeit, hört die Antwort des Gesprächspartners und weißt nicht, was man damit machen soll. Das ist einer der schwierigsten Bestandteile meiner Arbeit. Man muss immer mit einer Reserve planen und berücksichtigen, dass ein „Ja" oft (wie oft weiß man leider vorher nicht) eigentlich ein „Nein" bedeuten.

Entweder man stochert im Nebel, ohne zu wissen, von welchem der Verbündeten Ärger zu erwarten ist, oder man stellt einen garantierten Beschluss mit den Stimmen der Opposition auf, die kaum verdächtigt wird, dass sie der Demokratie oder der europäischen Wahl ergeben sei.

Wie kann man diese geringe Effizienz unserer politischen Klasse erklären?

Noch bis vor kurzem funktionierte in unserem politischen System, das von den Oligarchen kontrolliert wurde, der Mechanismus der negativen Auswahl. Ein typischer Vertreter der politischen Klasse, die auf diese Weise entstanden ist, ist entweder ein Geschäftemacher, der mit Hilfe rechtlicher Hebel selbständig Modelle der eigenen Bereicherung erfindet und umsetzt, oder ein Gehilfe der Oligarchen und Geschäftemacher.

Leider konnten wir bis jetzt keinen massenhaften Zustrom neuer Menschen in die Politik verzeichnen. Es gibt überhaupt wenige qualitative gute Menschen. Wo bleiben die Kandidaten für die Ministerämter? Für die Ämter im Rechtssystem?

Die Revolution und der Krieg haben die Gesellschaft in einen Schockzustand versetzt. Wer hätte noch vor ein paar Jahren vermutet, dass im Zentrum von Kiew Menschen zusammengeschossen werden, dass unser strategischer Partner einen Teil des ukrainischen Territoriums besetzt, dass wir in unserem Land Kriegshandlungen führen müssen? In Stresszeiten erscheinen oft Personen eines besonderen Typs auf der politischen Bühne – häufig sind es emotional labile, nicht ganz adäquate Personen.

Die Gesellschaft fängt es erst jetzt an, sich vom Schock zu erholen. Wenn sie zu sich kommt, werden Politiker einer anderen Qualität gefragt. Ich bin sicher, dass es sie geben wird.

***

Die ersten zwei Monate des Winters 2015 gehören wohl den schwierigsten Zeiten seit dem Beginn der Präsidentschaft Poroschenkos.

Die Eskalation vom Januar, die mit der Unterzeichnung der Minsker Vereinbarungen 2 endete, kam für viele von uns überraschend. Wir erkannten, dass unsere Gruppierung, die den großen Eisenbahnknotenpunkt in Debalzewe kontrollierte, bei einem starken Angriff in einen Kessel geraten konnte. Leider war es eine Gegebenheit – wir konnten den Schlag lindern, aber nicht abwenden. Die schlimmste Zeit war für den Präsidenten der Zeitraum zwischen drei und fünf Uhr morgens. In diesen Stunden berichtete man ihm über die Soldaten, die am vergangenen Tag im Osten gefallen waren.

Obwohl wir Debalzewe aufgeben mussten, war diese Niederlage nicht so schmerzhaft, wie der Kessel von Ilowajsk. Der Gegner konzentrierte seine Kräfte, zog Einheiten heran, die aus russischen Berufssoldaten bestanden. Jedoch war der Rückzug von Debalzewe gut vorbereitet, es gab viel weniger Verluste, als noch vor einem halben Jahr. Wie in der Ilowajsk-Krise spielte die kritische Rolle der Umstand, dass eine der Einheiten ihre Stellung verlassen hatte. Aber zu einer Massenflucht – wie es an einigen Frontabschnitten im August der Fall gewesen war – kam es nicht mehr.

Die Finanzkrise in der zweiten Februarhälfte 2015 unterstrich die Unbeständigkeit der Wirtschaftslage des Landes noch einmal. Ohne Soforthilfe des IWF riskierte die Ukraine große sozial–politische Unruhen. Die Krise demonstrierte auch die ernstzunehmende Diskrepanz zwischen dem erforderlichen und tatsächlichen Tempo der Reformen. Die Regierung der Technokraten sollte den Ereignissen zuvorkommen, nicht ihnen folgen.

Ende Frühling brachte Petro Poroschenko einen neuen starken Akteur auf die ukrainische politische Bühne. Am 30. Mai ernannte er seinen alten Kameraden – den ehemaligen Präsidenten Georgiens, den 47-jährigen Michail Saakaschwili zum Gouverneur des Gebiets Odessa. Diese Entscheidung zeugt davon, wie ernst (und nüchtern) der Präsident die Situation im Lande einschätzte.

Der neue Gouverneur von Odessa sollte das entstandene Krafteverhältnis ändern. Eine große Persönlichkeit wie Saakaschwili (bei all seiner Loyalität gegenüber dem Präsidenten) auf den politischen Schauplatz so zu bringen, war ein mutiger und riskanter Schritt. Andererseits war es ein gut berechneter Schritt: Zwar steht das Gebiet Odessa an Größe und der Bevölkerungszahl hinter Georgien, ist aber durchaus vergleichbar damit. Diese neue Ernennung war auch deshalb bedeutsam, als das Gebiet Odessa die Heimat des Präsidenten ist, der in der Stadt Bolgrad an der Grenze zu Moldova in Südbessarabien geboren wurde.

Für diejenigen, die die Biographie des Präsidenten aufmerksam verfolgten, hatte diese Entscheidung nicht Überraschendes. Persönlicher Mut ist eine der auffallendsten menschlichen Eigenschaften von Petro Poroschenko. Es genügt daran zu erinnern, als er am 1. Dezember 2013 persönlich versuchte, die Zusammenstöße der Protestierenden mit der Spezialeinheit Berkut in der Bankowa-Straße zu unterbinden, oder dass er sich Ende Februar allein nach Simferopol begab, das bereits von russischen Special Forces erobert worden war.

Im ukrainischen Machtsystem symbolisiert die Person eines Gouverneurs die Einheitlichkeit der Exekutive (das Ministerkabinett schlägt die Kandidatur vor und der Präsident bestätigt sie), allerdings verfügt sie nicht über die Befugnisse, die für bedeutsame Reformen ausreichend wären. So sagte eines der Mitglieder des Teams von Saakaschwili scherzhaft: „Ein Gouverneur hat genug Macht, um reich zu werden, aber nicht genug, um etwas wesentlich zum Besten zu ändern".

Zurückblickend muss ich feststellen: Die Hoffnung darauf, dass das Team um Saakaschwili in wenigen Monaten einen Impuls zur regionalen Entwicklung geben wird, war ein bißchen naiv. Trotzdem hat sein Eintritt ins politische Spiel die ukrainische politische Landschaft stark belebt.

Im ersten halben Jahr erreichte der Gouverneur von Odessa ernsthafte Erfolge bei der Bekämpfung der Korruption. Die Umfrage, die im Herbst 2015 unter der Schirmherrschaft des ukrainischen Büros von Transparency International durchgeführt wurde, belegt, dass Wirtschaftskreise das Gebiet Odessa nicht mehr als die Region des Landes mit der höchsten Korruption wahrnehmen. Der Corruption Perceptions Index sank um mehr als das zweifache, stärker, als in allen anderen Regionen der Ukraine.

* * *

Mein Aufgabenbereich als Leiter des Präsidialamtes ist ziemlich umfangreich.

In meiner Arbeit mit der Werchowna Rada gab es zwei Phasen. Bei dem alten Parlament, in dem es keine präsidentenfreundliche Fraktion gab, versuchte ich vor allen Dingen die Präsidentengesetze durchzusetzen. Nachdem das Parlament neu gewählt und ein Verbündeter des Staatspräsidenten zum Parlamentspräsidenten ernannt war, habe ich mich seltener eingebracht – nur, wenn es eine große ungelöste Frage ging, bei der eine Mehrheit nicht offensichtlich war. In solchen Fällen arbeitete ich sowohl mit einzelnen Abgeordneten, als auch mit ganzen Fraktionen. Manchmal musste ich mich sogar mit exotischen oder offen gesagt wenig angenehmen Menschen absprechen. So war es bei der Abstimmung um die Verfassungsänderungen am 31. August 2015. Für uns war es wichtig, dass die Änderungen nicht nur durch die Koalition unterstützt werden, sondern auch durch das Oppositionsbündnis. Das hätte gezeigt, dass zu einer der größten Fragen in der Gesellschaft Konsens besteht. Die Abgeordneten des Oppositionsbündnisses positionieren sich als Interessenvertreter des Südostens des Landes und ihre Unterstützung war wichtig als zusätzliches Signal sowohl für den Westen, als auch für Russland – der Verfassungsprozess in der Ukraine ist inklusiv und berücksichtigt breiteste Interessen.

Die Zusammenarbeit mit der Regierung und dem Ministerpräsidenten ist eine Aufgabe, die nicht formalisiert werden kann. Man muss mit Arsenij Jazenjuk persönlich zusammenwirken, auch mit den ihn umgebenden Personen, mit den Botschaftern oder hochrangigen Vertretern verbündeter Länder, die einen Einfluss auf die Situation haben können. Das Ziel besteht darin, die Einheit der Mannschaften des Präsidenten und des Ministerpräsidenten sicherzustellen.

Der Präsident und der Ministerpräsident sind Verbündete, Mitglieder der Regierungskoalition. Gleichzeitig sind sie politische Konkurrenten.

Manchmal muss man emotionale Wellen glätten. Jemand hätte über jemanden etwas Falsches gesagt. In solchen Situationen ist man gezwungen, sich hinzusetzen und zu überzeugen. Wen man zu einem solchen Gespräch hinzuzieht, hängt von der Situation ab. Soll es in

Anwesenheit des Präsidenten sein oder nicht? Bei einem Glas Wein oder einer Tasse Tee? Mit rationellen oder emotionalen Argumenten?

Im Dezember 2014 stellte der Begründer des Informationsdienstes Stratfor George Friedman in einem Interview für die russische Zeitung Kommersant mit Erstaunen fest, dass in der Kiewer Macht keine Spaltung zu beobachten sei[1]. Solche Beiträge drucke ich aus und lege sie im geeigneten Augenblick auf den Tisch– genauer gesagt, auf zwei Tische. Manchmal auf mehrere Tische.

Können sich der Präsident und der Ministerpräsident ein für allemal einigen: „Wir sitzen in einem Boot, laß uns dies und jenes machen"? Sich einigen kann man zu den meisten Fragen, das ist ja Bestandteil der Politik. Heute sieht die Situation so aus, morgen ändert sie sich und damit verändern sich auch die wesentlichen Bedingungen, die den vorhergehenden Vereinbarungen zugrunde lagen. Es bedeutet, man sich neu einigen.

Wenn zwischen den Mannschaften des Präsidenten und des Ministerpräsidenten ein Konsens besteht und wenn es tatsächlich ein aufrichtiger und bewusster Konsens ist, kann man im Parlament praktisch jeden beliebigen Beschluss erreichen. So ein Konsens besteht zum Beispiel zu militärischen Fragen. Aber bei Personalfragen entstehen oft Probleme. Man verwendet Kraft und Zeit für die Suche nach einem Konsens, aber die Konsensentscheidungen erweisen sich nicht immer als optimal.

Ich glaube, die meisten politischen Kräfte spüren, dass die Situation nicht normal ist. Die jetzige Machtkonstellation stellt die Möglichkeit einer schnellen, effizienten Reformierung des Landes in Frage. Selbst unter der Bedingung, dass der Ministerpräsident, der Präsident und die Parlamentskoalition entschieden als Gleichgesinnte auftreten.

---

[1] Джордж Фридман. „Интересы РФ и США в отношении Украины несовместимы друг с другом". Коммерсант, 19.12.2014: http://kommersant.ru/doc/2636177.

2015 verabschiedete die Werchowna Rada über 50% der Gesetzentwürfe, die vom Ministerkabinett eingebracht wurden. Der slowakische Reformer Ivan Mikloš, mit dem ich diese Frage im Sommer 2015 diskutiert habe, machte kein Hehl daraus, dass er ein derart träges Zusammenwirken der Parlamentsmehrheit mit der Regierung für eine „Katastrophe" hielt. Seiner Meinung nach hätte die Slowakei ohne strenge Koalitionsdisziplin nie den 1. Platz in der Weltrangliste bei der Umsetzung von Reformen einnehmen können (diesen Rang hatte die Weltbank dem Land 2004 verliehen). Verstöße wurden mit den strengen Sanktionen bestraft – bis hin zum Ausschluß aus der Koalition.

Leider funktioniert in der Ukraine dieses Modell nicht. Bei der Erarbeitung des Koalitionsabkommens beriet ich mich mit Juristen, ob die Umsetzung des Inhalts verbindlich umsetzbar gestaltet werden kann. Es stellte sich heraus, dass es keine juristische Konstruktion gibt, die das Abkommen hundertprozentig verbindlich machen kann. Das Abkommen stellt eigentlich eine Absichtserklärung dar, deren Umsetzung ausschließlich im Rahmen des üblichen politischen Prozesses möglich ist.

Die Führer der beiden größten Fraktionen – Volksfront und BPP – verfügen nur über ein Instrument – die Demarche: In einer kritischen Situation können die Koalitionsführer ihren Teilnehmern, die die Umsetzung von Reformen sabotieren, mit vorfristigen Wahlen drohen. Aber diese Waffe kann man ebenso wie eine Nuklearbombe nur einmal einsetzen. Und es steht auch nicht fest, dass derjenige, der sie einsetzt, im Kämpf siegt.

„Halbe Maßnahmen funktionieren nicht", pflegte der georgische Reformer Kacha Bendukidse zu wiederholen. In einem System, wo man für jeden Beschluss jede Menge Abstimmungen benötigt, kommt es manchmal nicht einmal zu halben Maßnahmen. Es ist einfacher, überhaupt nichts zu tun.

Leszek Balcerowicz schrieb darüber, dass Reformer den kurzen Zeitraum ausnutzen müssen, wo eine außergewöhnliche Politik möglich ist.

In der Geschichte der Ukraine gab es einige Fälle, in denen die Regierung versuchte, mit Hilfe einer außerordentlichen Politik Reformen durchzuführen. So war es im Herbst 1992, als der Ministerpräsident Kutschma die Vollmacht erhielt, die Wirtschaft mit Regierungsdekreten zu leiten, so war es 1994, als er zum Präsidenten gewählt wurde, so war es schließlich im Herbst 1998, als Kutschma mit seinen Erlassen die Haushaltsausgaben reduzierte.

Heute hat die Ukraine im Unterschied zum Beginn der 1990er Jahre eine Verfassung, die keine außerordentlichen Maßnahmen zulässt. Für eine Verfassungsänderung braucht man mindestens ein halbes Jahr. Es ist ein ganz anderes Niveau der politischen Diskussion.

In seinem Wahlprogramm erklärte Petro Poroschenko, dass er nicht nach einer Erweiterung seiner Befugnisse streben wird.

Trotzdem bin ich der Meinung, dass eines der Schlüsselprobleme, das im Reformprozess des Landes gelöst werden muss, der Dualismus der Macht ist. Das Parlaments– und Präsidentenmodell ist ineffizient. Die Ukraine kann es sich nicht leisten, sich im Schneckentempo vorwärts zu bewegen, während die zwei „Zweige" der Exekutive versuchen, ihre Interessen auszugleichen. Sehr viel Zeit wird für zermürbende Interessensabstimmungen und das Schlichten von Meinungsverschiedenheiten verwendet, die ausschließlich mit dem Funktionieren der jetzigen Staatsmaschine zusammenhängen, anstelle das Wesen der Reformen zu diskutieren. Manchmal werden nicht einmal die Kandidaten für die ersten Führungsreihe, sondern Verwaltungsbeamte aus der zweiten oder dritten Reihe zum Stein des Anstosses.

Die Schlüsselakteure – der Präsident, das Parlament, die Opposition – müssen politischen Willen an den Tag legen und eine Entscheidung zur Staatsordnung des Landes treffen: entweder ist die Ukraine eine Präsidialrepublik, oder eine Parlamentsrepublik.

Beide Modelle haben ihre Vor– und Nachteile. In der politikwissenschaftlichen Literatur werden ernstzunehmende Argumente zugunsten einer Parlamentsrepublik mit einem starken Ministerpräsidenten angeführt. In den 1990er Jahren bewährte sich dieses Modell in den Ländern Mitteleuropas und des Baltikums, so dass sowohl die Demokratisierung, als auch der erfolgreiche Übergang zur Marktwirtschaft gesichert war. Andererseits demonstrierte Georgien in den 2000er Jahren unter Bedingungen eines starken Präsidenten beeindruckende Erfolge in der Reformierung aller Lebensbereiche. Vor der Ukraine stehen heute nicht weniger große Aufgaben, als es in Georgien vor zehn Jahren der Fall war, deshalb bin ich Anhänger eines Modells mit einer starken Präsidentenmacht. Dieses Modell hat es bereits einmal ermöglicht, ein zutiefst korrumpiertes Land erfolgreich zu reformieren.

„Loshkin ist der Hauptarchitekt bei der Umwandlung unserer Parlaments– und Präsidentenrepublik zu einer Präsidenten– und Parlamentsrepublik", sagte Ende November der Milliardär Ihor Kolomojsjkyj[1]. Das ist gelinde gesagt eine Übertreibung. Der Präsident spielt eine führende Rolle in den traditionellen Bereichen seiner verfassungsmäßigen Verantwortung (Verteidigung, Sicherheit, Außenpolitik). Mit der Wirtschaft befasst sich das Ministerkabinett. Dabei ist die Wiederaufnahme eines schnellen wirtschaftlichen Wachstums unter den Bedingungen der Wirtschaftskrise eine der wichtigsten Aufgaben im Bereich der nationalen Sicherheit.

[1] Соня Кошкина. „Игорь Коломойский: Я не готов к тому, чтобы мне сказали правила, и я стал по ним жить, а Кононенко — нет", lb.ua, 03.12.2015: http://lb.ua/news/2015/12/03/322600_igor_kolomoyskiy_ya_gotov_tomu.html.

Die ukrainische Staatsmaschine muss mehr Dynamik bekommen. Dazu sind weder kolossale Gelder noch besonders komplizierte Reformen nötig. Man könnte alles relativ schnell umsetzen – nur der Wunsch dazu ist erforderlich.

Einer der herausragenden osteuropäischen Reformer, der ehemalige Ministerpräsident der Slowakei Mikulaš Dzurinda, besucht die Ukraine von Zeit zu Zeit und stellt vor unterschiedlichem Publikum die gleiche Frage: „Who is the leader of reforms?" Dzurinda meint mit dieser Frage einen politischen Anführer, der nicht nur für all das Gute die Verantwortung vor dem Volk übernimmt, sondern auch dafür, was den Wählern zunächst nicht gefallen mag: „Ich verfahre so, weil ich es für richtig halte, weil wir dank dieser Schritte besser leben werden".

In den Bereichen der staatlichen Arbeit, für die Petro Poroschenko direkte Verantwortung trägt, im militärischen Bereich und in den internationalen Beziehungen, zeigte er sich als ebensolcher Leader. Die Ukraine stoppte die russische Aggression, sicherte sich die Unterstützung des Westens. Aufgabe der neuen Etappe ist es, eine Beschleunigung der Reformen in allen Lebensbereichen zu erzielen.

Kapitel 5

AUFBAU EINES MODERNEN STAATES

Juli 2014. In Kiew war es unruhig. In der Stadt streiften bewaffnete Gruppierungen in Unformen ohne Erkennungszeichen umher. Der Platz der Unabhängigkeit war mit Zelten vollgestellt und von Barrikaden umringt.

Mehrere hundert Menschen besiedelten den sieghaften Maidan. Ein Teil von ihnen verfolgte keine politischen Ziele, sondern betrieb Schutzgelderpressung und bekämpfte konkurrierende Gruppen. Einige der Anführer übernachteten nicht auf der Straße, sondern in guten Wohnungen in der Stadtmitte.

Eine der ersten Aufgaben der neuen Regierung bestand darin, die Hauptstraße Kiews für den Verkehr freizuräumen. Ich erinnere mich an die nächtlichen Verhandlungen mit dem Ataman einer von Kasaken errichteten über 2 Meter hohen Barrikade auf dem Chreschtschatyk. Sein Spitzname war Mykola der Richter. Seine Leute und er verweigerten kategorisch, ihre Konstruktion auseinanderzunehmen.

„Gegen wen ist die Barrikade? Gegen wen verteidigt ihr euch?“, fragte ich Mykola. Ins Präsidialamt kam er in Sandalen an den bloßen Füssen und in einem Tarnanzug. „Lasst uns den Chreschtschatyk räumen, damit man durchfahren kann“

Die Verhandlungen auf höchster Ebene dauerten bis fünf Uhr morgens. Nach einigen Litern Tee überzeugte ich Mykola, gemeinsam mit seinen Leuten in ein Erholungslager auf der Truchanow-Insel umzuziehen. Wie ich hörte, sind einige von ihnen dann in die Zone der Antiterroroperation gefahren.

Unruhig ist es nicht nur in Kiew. Irgendwelche „patriotische“ Hundertschaften „lösen Fragen“ im Westen und in der Mitte der Ukraine. Im Osten und Süden geht die Gefahr von Diversanten und Separatisten aus.

Die Staatsmaschinerie ist vollständig zusammengebrochen. Der Staat bewältigt nicht einmal seine Grundfunktion – die Gewährleistung von nationaler Verteidigung und Sicherheit.

Auf den ersten Blick ist es eine natürliche Folge der Revolution. So war es in Paris Anfang der 1790er, in Petrograd im Winter 1917 – 1918. Die alte Macht wurde gestürzt, eine neue wurde erst geschaffen. Aber im Unterschied zur Großen Französischen Revolution und zur Oktoberrevolution in Russland waren in der Ukraine 2014 alle Institute da. Geflüchtet waren nur die Entscheidungsträger, aber auch nicht alle. Der Staatsapparat war demoralisiert, doch die Menschen saßen unversehrt in den Arbeitszimmern. Anders gesagt, es lag nicht an der Revolution. Ich glaube, der Kausalzusammenhang war umgekehrt: Grund für die Revolution war der Zusammenbruch des Staates.

Die Weltbank führt seit 1996 eine Datenbank, die die Qualität der öffentlichen Verwaltung widerspiegelt – Worldwide Governance Indicators. Darin werden die Länder nach sechs Kategorien bewertet. Bei fünf Indikatoren aus insgesamt sechs („politische Stabilität und Abwesenheit von Gewalt“, „Leistungsfähigkeit der Regierung“, „staatliche Ordnungspolitik“, „Rechtsstaatlichkeit“, „Korruptionskontrolle“) war die Situation in der Ukraine 2013 schlechter, als 2003. Besonders auffallend war der Rückgang in zwei Bereichen – im politischen System und bei der Bekämpfung der Korruption.

Es ist interessant, dass auch die staatlichen Institute Russlands eine ähnliche Kurve durchlaufen sind. Im Vergleich zum Höchststand, den Russland infolge der liberalen Reformen 2000 – 2003 erreicht hatte, wurde bei fünf von sechs Indikatoren eine Verschlechterung festgestellt. Der einzige Unterschied: In der Ukraine verbesserte sich die Situation mit der Demokratie, in Russland stellte die Weltbank eine geringe Verbesserung im Bereich Rechtsstaatlichkeit fest.

Womit lässt sich die Verschlechterung der institutionellen Situation in den 2000er erklären? Ich glaube, die Hauptursache besteht darin, dass die Transformation des sowjetischen Staates und der Gesellschaft nicht vollendet wurde. Die Ukraine und Russland sind in der postsowjetischen Phase steckengeblieben, unsere sozial-politischen Systeme stellen eine seltsame Mischung von Gegenwart und Vergangenheit dar.

Tiefgreifende soziale Änderungen, die teilweise durch die Revolutionen angetrieben werden, sind kein schneller Prozess.

In England erfolgte eine erste postrevolutionäre „Restauration“ der Neuzeit im XVII. Jahrhundert. Eine zweite, die „Glorreiche Revolution“, war nötig, bevor im Land, welches derzeit führend im Wirtschaftswachstums ist, die Entwicklung begann, die der Nobelpreisträger Douglass North als „Gesellschaft des offenen Zugangs“ bezeichnete und die den Aufbau der liberalen Demokratie und die Industrierevolution möglich gemacht hatte. Auch Frankreich wurde fast ein Jahrhundert lang immer wieder hin und her gerissen zwischen Revolution und Restauration.

Die Tatsache, dass Rückschritte gesetzmäßig sind, bedeutet nicht, dass wir untätig dasitzen sollten. Wir sind verpflichtet, uns aus diesem Sumpf loszureißen.

Wohin führt unser Weg?

Wir müssen eine Gesellschaft gleicher Möglichkeiten aufbauen, in der die politische Elite gegenüber den Bürgern rechenschaftspflichtig ist und in der verschiedene Interessengruppen nicht in der Lage sind, den sozialen und wirtschaftlichen Fortschritt zu unterdrücken. Mit den Worten der Autoren des bekannten Buches „Why Nations Fail" Daron Acemoğlu und James Robinson gesprochen, müssen wir die extraktiven politischen und wirtschaftlichen Institute, die einer Minderheit dienen, durch inklusive ersetzen, die für alle offen sind. Die Schlüsselrolle spielt in dieser Transformation die Vorherrschaft des Rechts, vor dem alle gleich sind, ungeachtet der Beziehungen, Verdienste, des Vermögens und sozialen Status.

In der ukrainischen Gesellschaft und unter unseren westlichen Verbündeten besteht ein Konsens in Bezug darauf, welche Reform am wichtigsten ist. Die im Sommer durchgeführte Meinungsumfrage setzte die Bekämpfung der Korruption (65% der Befragten) und die damit verbundene Reform des Rechtssystems (58%)[1] auf den ersten Platz.

Die Menschen verlangen nach Gerechtigkeit, und die Regierung ist verpflichtet, sie sicherzustellen. Die Mindestaufgabe besteht dabei darin, diejenigen zu bestrafen, die in dieser schwierigen Zeit weiterhin Korruption betreiben. Wenn es dazu nötig sein sollte, Festnahmen live im Fernsehen zu übertragen, wie es bei dem Leiter des staatlichen Katastrophenschutzdienstes Serhij Botschkowskij geschah, der unmittelbar während einer Regierungssitzung festgenommen wurde, so sei es. Wichtig ist, dass diese Fälle auch abgeschlossen werden.

---

[1] Befragung der Stiftung «Demokratische Initiativen" und des soziologischen Dienstes des Rasumkow-Zentrums, vom Juli 2015.

Gleichzeitig ist es erforderlich, die Grundlagen der Korruption zu beseitigen, die Präsenz des Staates in der Wirtschaft und im gesellschaftlichen Leben zu reduzieren. Dabei muss man den Staat dort stärken, wo es sich um seine Grundfunktionen handelt – vor allem im Rechtpflegesystem.

Die Ukrainer empfinden ein tiefes Misstrauen gegenüber den Instituten, die berufen sind, Rechtsstaatlichkeit zu sichern. Laut einer im März 2015 durchgeführten Umfrage stehen die Gerichte, die Staatsanwaltschaft und die Miliz an der Spitze dieser „Anti-Rangliste": 81,4% der Befragten trauen den Gerichten gar nicht oder eher nicht, der Staatsanwaltschaft – 75,9%, der Miliz – 69,2%[1].

Für eine erfolgreiche Bekämpfung der Korruption und die Gewährleistung der Rechtsstaatlichkeit müssen wir das gesamte Rechtsschutz- und Gerichtssystem vollständig erneuern.

Die ersten Schritte wurden in dieser Richtung bereits gemacht. Seit dem Sommer 2015 patrouilliert in den Straßen der größten ukrainischen Städte eine neue Streifenpolizei. Umfragen zeigen, dass dies bis auf weiteres die populärste Reform von allen ist, die nach der Revolution durchgeführt wurden. Sie wird sowohl von den Rechten, als auch von den Linken und Zentristen unterstützt. Das ist nicht verwunderlich. Anstelle der schwabbeligen Milizionäre, die sich nicht um die Erhaltung der Ordnung, sondern vor allem um ihren persönlichen Vorteil gekümmert hatten, sind jetzt in den Straßen der größten ukrainischen Städte junge, schneidige „Männer in Schwarz" zu sehen. Der Hauptunterschied zu ihren Vorgängern besteht darin, dass sie darauf eingestimmt sind, den Mitmenschen zu helfen, nicht sie zu bestrafen oder mit der Androhung von Strafe Bestechungsgelder zu erpressen.

---

1 http://www.razumkov.org.ua/ukr/poll.php?poll_id=1030.

Heute ist es schwer zu glauben, aber die Einführung der Streifenpolizei war im gewissen Sinne eine Improvisation. Im Herbst 2014 rief mich Petro Poroschenko an und beauftragte mich, Kontakt zu Eka Sguladse aufzunehmen. Sie hatte den Präsidenten durch ihren Auftritt in einer der Fernseh-Talkshows beeindruckt. Frau Sguladse war sieben Jahre lang als stellvertretende Innenministerin Georgiens tätig gewesen. Wenn wir sie für uns gewinnen konnten, hätte die Ukraine die Chance, eine der erfolgreichsten und berühmtesten georgischen Reformen nachzubilden – die Polizeireform. Hier gebührt dem Innenminister Arsen Awakow Ehre: Obwohl derartige Ernennungen sein ausschließliches Recht sind, unterstützte er unsere Idee. Schwieriger war es, Eka Sguladse selbst zu überreden, die mit ihren Mann und Sohn in Paris lebte. Im Ergebnis wurde Sguladse zur ersten stellvertretenden Innenministerin und baute in der Ukraine die nationale Polizei auf.

Skeptiker bezweifeln, dass die Polizei ihre anfängliche Qualität beibehalten wird. Die jungen Polizisten, die nicht bestechlich sind und nicht auf ihren persönlichen Vorteil aus sind, sondern der Gesellschaft dienen möchten, sind überall von alten, verrotteten Strukturen umgeben. Käufliche Ermittlungsbeamte, ein Gerichtssystem und die Staatsanwaltschaft, die kein Vertrauen der Gesellschaft genießen… In diesem Zusammenhang möchte ich an die Worte von Karl Popper erinnern, der den Reformprozess damit verglich, wie Freiherr von Münchhausen sich an dem Schopf aus dem Sumpf gezogen hatte. Es scheint unmöglich zu sein, aber ich befürchte, dass wir keine andere Wahl haben. Sich auf den Kampf einlassen, mehrere Reformen gleichzeitig durchführen – das ist der einzige Weg, aus dem Sumpf herauszufinden.

Die Reform des Gerichtssystems ist wohl die schwierigste von allen institutionellen Reformen. Ihr Ziel besteht darin, eine nicht korrumpierte und unabhängige Judikative aufzubauen. Es ist gar nicht einfach, beide Ziele gleichzeitig zu erreichen.

Die georgischen Reformer, die große Erfolge in der Einrichtung der neuen staatlichen Institute erreichten, unternahmen zweimal den Versuch, das Gerichtssystem von Korruption zu säubern und ihre Unabhängigkeit von der Exekutive zu sichern. Aber weder der erste Versuch in der zweiten Hälfte der 1990er Jahre, als in Georgien 70% der Richter ausgetauscht wurden, noch der zweite, als nach der Rosenrevolution ein Zehntel der Richterschaft hinter Gitter kam, führten dazu, dass beide Aufgaben gleichzeitig erfüllt wurden. Das Gerichtssystem in Georgien, wie die Reformer selbst zugeben, ist bedeutend weniger korrupt, aber es steht immer noch unter der Kontrolle der Exekutive. Die Gerichtsprozesse, die nach dem Machtantritt des Parteienbündnisses „Georgischer Traum" begannen und zu vielen Verurteilungen von Vertretern der Reformerteams führten, stellen ein deutliches Beispiel der selektiven Rechtsprechung dar.

Ein anderes Beispiel, das bezeugt, wie schwierig es ist, das Gerichtssystem von Null an aufzubauen, ist Singapur. Eines der erfolgreichsten Länder der Welt musste nach der Erlangung der Unabhängigkeit mehr als ein Vierteljahrhundert ohne eigenen Obersten Gerichtshof auskommen. Als finale Berufungsinstanz diente bis 1994 das Judicial Committee of the Privy Council in London.

Trotzdem ist ein Fortschritt zweifellos möglich. Um sich davon zu überzeugen, reicht es, einen Blick auf den Rule of Law Index des World Justice Project zu werfen.

Die Ukraine nimmt in diesem Ranking den 70. Platz ein (von 102 möglichen) – fünf Positionen vor Russland, eine nach Moldova. Georgien liegt – ungeachtet der kritischen Einstellung der Reformer selbst gegenüber ihren eigenen Erfolgen – auf dem 29. Platz. Georgien hat Italien und Ungarn überholt. Gute Positionen haben im Ranking auch Bulgarien und Rumänien – zwei Länder, die üblicherweise als schwächste Mitglieder der Europäischen Union im institutionellen Sinn betrachtet werden: Rumänien liegt auf Platz 32, Bulgarien auf Platz 45.

Die Strategie zur Reformierung des Gerichts- und Rechtsschutzsystems ist klar. Man braucht einen vollständigen Neustart. Alles andere ist eine Frage der Taktik: Die Reihenfolge der Schritte, die Schaffung einer Koalition, die Minimierung der Kosten.

Als ich Oleksij Filatow zu überzeugen versuchte, auf seine einträgliche Anwaltspraxis zu verzichten und in den öffentlichen Dienst zu wechseln (das Amt des stellvertretenden Leiters des Präsidialamtes interessierte ihn an und für sich nicht), erwiderte er: „Ich bin bereit zu kommen, wenn wir die Gerichtsreform durchsetzen. Sonst ist es für mich einfach uninteressant".

Hierzu muss vielleicht Folgendes geklärt werden: Wenn über die Gerichtsreform gesprochen wird, meinen viele in erster Linie die Bekämpfung der Korruption. Die Gerichtsreform bedeutet jedoch eine Umwandlung der Institute und Verfahren, sodass die ukrainische Rechtsprechung näher an fortschrittliche internationale Standards rückt. Es bedeutet die Abschaffung der in der sowjetischen Vergangenheit verwurzelten Institute, die Verbesserung der Prozesse, die Modernisierung der juristischen Ausbildung etc.

Eine Neuerung der Institute und Verfahren wird es ermöglichen, das System sauberer zu machen, aber die Bekämpfung der Korruption und die Gerichtsreform sind zwei unterschiedliche Dinge. Ohne Erfolge bei der Bekämpfung der Korruption wird keinerlei Reform ein Ergebnis bringen. Die Korruption ist wie ein Fundament, auf dem sich alle anderen Probleme ansiedeln.

Nach Meinung von Oleksij liegt der Grund der Korruption im Gerichtssystem in der raschen Verarmung in den 1990er Jahren. Die Richterinnen und Richter erhielten armselige Gehälter, fällten aber Entscheidungen in Fällen, in denen es um Millionen US-Dollar ging. Innerhalb der Gerichte entstanden Geschäftsgruppierungen, die von unten bis oben sämtliche Entscheidungsfindungen beeinflussten. Später begannen sie sich mit den Politikern zu verbünden und auf die Staatsmaschinerie Einfluss zu nehmen. So entstand ein tief kommerzialisiertes System, an dem viele – wenn auch nicht alle – Richter beteiligt waren.

Um diese Metastasen zu beseitigen, braucht man eine harte Chemotherapie oder eine chirurgische Operation. Die Säuberung des Gerichtssystems, die Schaffung von Filtern, die eine Rückkehr des Systems zum Status quo verhindern – das ist das Grundelement der Reform des Gerichtswesens.

Was stellt das System heute dar? Es gibt vier Gerichtskammern im Obersten Gerichtshof (die Verwaltungs-, Wirtschafts-, Zivil- und Strafkammer) und zusätzlich drei Oberste Fachgerichte, in denen über 300 Richter tätig sind, plus die Gerichte der unterer Instanzen – insgesamt sind im System etwa 8.000 Richterinnen und Richter tätig.

Die Obersten Gerichte sind ein Gebiet der Grautöne. Filatow hat mir nur über einige Richter berichtet, die mit Gerichtsentscheidungen handeln. In der Richterschaft sind ihre Namen mehr oder weniger bekannt. Viele Richter sind weder schwarz noch weiß, bieten sozusagen alle Schattierungen von Grau. Jemand tritt als Anwalt einer der Parteien auf, überspannt oder biegt oder verdreht hier und da ein bisschen und trifft für Geld die gewünschte Entscheidung. Jemand anderes schaut, welche Entscheidung gerecht wäre, und verabredet sich mit der Partei, zu deren Gunsten er die Entscheidung fällen wird, um noch etwas dazu zu verdienen. Unter den Richtern gibt es auch uneigennützige Menschen. Sie fahren mit einem Oberleitungsbus zur Arbeit, kleiden sich mehr als bescheiden an und können irgendwie überleben, weil ihnen ihre Kinder helfen.

Das gleiche Bild beobachten wir auch in den Gerichten unterer Instanzen. Die überwiegende Masse von Richtern versucht dazu zu verdienen, aber sie werden nicht offensichtlich kriminell.

Was soll man da machen?

Es gibt zwei Wege. Der eine Weg wäre, alle Richter sofort zu entlassen und mit Hilfe von Tests und Ausschreibungen neue Richtiger einzustellen. Der andere Weg liegt in der schrittweisen Säuberung der Judikative, wobei über Ausschreibungsverfahren gleichzeitig alte Richter ausgesiebt und neue Richter eingestellt werden.

Der Unterschied besteht nur darin, zu welchem Zeitpunkt das alte Personal entlassen wird – gleich zu Beginn der Übergangsperiode oder im Laufe des Übergangsprozesses.

Gegen die unverzügliche Säuberung sprechen zwei Argumente. Erstens, wenn wir alle entlassen, verstoßen wir gegen zwei fundamentale und vom Europarat unterstützte Grundsätze des Gerichtswesens: gegen die persönliche Verantwortung der Richter und ihre Unabsetzbarkeit. Zweitens kenne ich keine Beispiele, wo ein solcher Ansatz gute Ergebnisse gebracht hätte. Der einzige Fall, auf den man sich manchmal beruft, ist Bosnien und Herzegowina (über den Erfolg dieser Reform bestehen unterschiedliche Meinungen). Dort ging es jedoch um die Neueinstellung von einigen Hunderten von Richtern, bei uns geht es um acht Tausend.

Der Beschluss, alle zu entlassen, ist einfach, er ist für einen weiten Kreis von Menschen verständlich. Jedoch ist es eine heimtückische Parole, denn die alten Gerichte werden weiter arbeiten und die bereits begonnenen Verfahren weiterführen, während die neuen Gerichte aufgebaut werden.

Die Verfechter einer unverzüglichen Säuberung erwidern darauf: „Wir erklären den Richtern, dass sie entlassen sind, aber noch zwei weitere Jahre abarbeiten müssen".

Stellen sie sich einen typischen ukrainischen Richter vor – keinen Engel, aber auch keinen Teufel. Man sagt ihm, dass er in zwei Jahren entlassen wird. Welche Möglichkeiten hat er? Er kann an einer Ausschreibung teilnehmen, um in einem Gericht eine

Stellung zu erhalten. Da er aber das Ansehen seiner Zunft kennt, kann er kaum darauf hoffen, dass dies leicht wird. Deshalb wird er entweder sofort kündigen und zum Beispiel zur Anwaltschaft wechseln, oder er wird alles dran setzen, sich in den zwei verbleibenden Jahren für sein ganzes künftiges Leben zu versorgen. Eine Maßnahme, die auf die Bekämpfung der Korruption ausgerichtet ist, regt sie in Wirklichkeit lediglich an. Die „Grauen" werden schnell schwarz.

Bei einer allmählichen Säuberung des Systems müssen wir parallel Filter schaffen, die eine ständige Säuberung sicherstellen: Ausschreibungsverfahren bei der Amtsernennung, Prüfung der Akten und getroffener Entscheidungen, Prüfung der Einkommens- und Vermögenserklärungen.

Wie schnell können wir das Gerichtssystem neu in Gang setzen? 2016 könnte die Ukraine die vier Oberste Gerichte neustarten, in der zweiten Hälfte 2016 bzw. der ersten Hälfte 2017 dann die Berufungsgerichte. Sämtliche Ernennungen erfolgen ausschließlich über Ausschreibungen.

Wenn wir auf diese Art und Weise handeln, vermeiden wir nicht nur die Kritik der Europäer, sondern auch das Chaos in unseren Gerichten. Es ist ein durchaus legitimes Verfahren, das es ermöglicht, die Reform durchzuführen, ohne dass das Land ohne Rechtsprechung bleibt, selbst wenn sie so unvollkommen ist, wie heute. Die Verfassungsänderungen, die wir vorbereitet haben, werden alle Hindernisse aus dem Weg räumen.

Die Schaffung der Polizei wurde zur Visitenkarte der Reform der Organe des Inneren. Im Gerichtssystem könnte der gesamte mit neuen Personen ausgestattete Oberste Gerichtshof zu einer solchen Visitenkarte werden.

Soviel ich weiß, hätten viele Richterinnen und Richter nichts dagegen, in Rente zu gehen. Das Problem besteht darin, dass sie nach der Abschaffung der speziellen Richterrenten nicht mehr UAH 27.000, sondern UAH 6.000 Rente im Monat erhalten hätten. Wenn die erhöhten Renten wieder eingeführt werden, werden viele Richter, so glaube ich, sich nicht mehr an ihr Amt klammern, zumal sie für die Beibehaltung ihrer Stellungen zahlreiche Beurteilungsverfahren und Prüfungen durchlaufen müssten.

Einige Richter werden ihre Ämter aus disziplinarischen Überlegungen verlassen. Richter, die sich im schwarzen Teil des Farbspektrums befinden, müssen wir mit Hilfe strafrechtlicher Maßnahmen loswerden – sanftere Filter helfen hier kaum. Solche Richter sind Menschen mit hoch entwickelten intellektuellen Fähigkeiten. Sie können ein Millionenvermögen durch die Steuer bringen und auch Prüfungen hervorragend ablegen – vielleicht sogar besser, als ihre ehrlicheren Kollegen.

Auf jeden Fall sollten in den erneuerten Gerichten nur Personen bleiben, die zahlreiche Filter durchlaufen haben.

Ein unbestechlicher Oberster Gerichtshof stellt die notwendige Bedingung der Sanierung des ganzen Systems dar. Welchen Sinn hat es, die Entscheidung in erster oder zweiter Instanz zu kaufen, wenn die Finalinstanz letztendlich doch die rechtmäßige Entscheidung fällt? Die Sinnlosigkeit von Bestechungen der unteren Gerichte wird ein gewaltiges Signal sein und die Existenz einer tadellosen höchsten Instanz wird die Bestechungsversuche von Richtern radikal senken. Wichtig ist auch, dass dies auch eine wirtschaftliche Lösung vom Standpunkt des menschlichen Kapitals aus wäre: Für einen Neustart des Obersten Gerichtshofs braucht man nicht Tausende von Fachleuten – es reichen einige Hundert.

Mit der Korruption soll Schluss gemacht werden, indem man das Problem beseitigt, das sie verursacht hat. Für eine verantwortungsvolle Arbeit muss gebührend gezahlt werden. Das Durchschnittsgehalt der Richter in den Gerichten erster Instanz beträgt etwa UAH

16.000 im Monat, in den Berufungsgerichten – etwa UAH 27.000. Ein Rechtsanwalt in Kiew verdient das Zehnfache, dabei muss er nicht einmal zu den meist verdienenden gehören. Es ist unmöglich, einem Richter USD 600,- im Monat zu zahlen und zu hoffen, dass er Fälle, in denen es um Hunderte Millionen geht, ehrlich entscheiden wird. Das Gehalt im Obersten Gerichtshof muss mindestens USD 10.000,- im Monat betragen. Für dieses Geld kann man keine Villa in Nizza kaufen, aber für einen normalen Menschen ist es ein solides Einkommen, das er nicht verlieren möchte.

All diese Neuerungen ersetzen nicht die Notwendigkeit, korrupte Menschen zu ergreifen und einzusperren. Der Kampf muss in allen Bereichen der Rechtsprechung geführt werden: In den Gerichten, der Rechtsanwaltschaft, den Ermittlungsbehörden, der Staatsanwaltschaft. Sie sind wie kommunizierende Gefäße – es gibt kein kristallklares Gerichtssystem, wenn daneben eine korrumpierte Staatsanwaltschaft oder unsaubere Rechtsanwaltschaft besteht.

In der Wahrnehmung der Bürger sind die Staatsanwaltschaft und die Miliz, in der der Großteil der Ermittlungen konzentriert ist, nicht weniger korrupt, als das Gericht[1]. Hier bedarf es einer ebenso gründlichen Säuberung. Dazu haben wir das Antikorruptionsbüro geschaffen und das Gesetz über die Einrichtung des Staatlichen Ermittlungsbüros verabschiedet. Ich halte es für richtig, die Idee der georgischen Reformer zu nutzen und den für die Bekämpfung der Korruption zuständigen Behörden zu erlauben, Bestechung auch zu

[1] Nach den Angaben des Kiewer Internationalen Instituts für Soziologie zählten die Ukrainer 2015 die Staatsanwaltschaft und die Miliz zu den fünf am meisten korrupten Machtorganen – neben den Gerichten, der bereits aufgelösten Staatlichen Autoinspektion und den medizinischen Einrichtungen. Vgl. http://www.kiis.com.ua/?lang=ukr&cat=news&id=586&page=1.

provozieren. Es wird das Risiko für die korrupten Beamten enorm erhöhen: Ein käuflicher Richter oder Staatsanwalt wird es sich tausendmal überlegen, ob er sich bestechen lässt oder nicht.

Filatow meidet die Öffentlichkeit. Diese Haltung bringt vielleicht keine Vorteile, aber im Falle der Gerichtsreform ist sie wahrscheinlich richtig.

Der Führer einer anderen Reform, der Reform der Staatsanwaltschaft – der 34-jährige stellvertretende Generalstaatsanwalt David Sakwarelidse – steht im Gegenteil im Mittelpunkt der Aufmerksamkeit. Wie auch Sguladse tauchte er im Herbst 2014 in meinem Blickfeld auf. Gemeinsam mit seinem ehemaligen Chef, dem Ex-Generalstaatsanwalt Georgiens Surab Adeischwili half er, die Gesetze über die Einrichtung des Antikorruptionsbüros zu entwickeln. Vor dem Umzug nach Kiew und dem Erhalt der ukrainischen Staatsbürgerschaft war David vier Jahre lang als erster stellvertretender Generalstaatsanwalt Georgiens tätig. Er war auch Parlamentsabgeordneter.

Im Herbst 2014 brachte die Werchowna Rada auf Anregung des Präsidenten die Änderungen in das Gesetz über die Staatsanwaltschaft ein und entzog ihr die Funktion der allgemeinen Aufsicht. Die alte Norm gestattete es den Staatsanwälten, aus beliebigen Gründen in die Tätigkeit beliebiger Organisationen einzugreifen. Das war ein enormer Anreiz für Korruption. Mehrere Jahrzehnte lang wurde bereits über die Notwendigkeit dieser Änderung gesprochen, aber Petro Poroschenko erwies sich als erster Präsident, der der Einschränkung seiner Macht zustimmte und die Befugnisse der ihm unterstellten Staatsanwaltschaft beschnitt.

Es war notwendig, eine Person zu finden, die die Reform dieses korrupten und äußerst fest zusammengefügten Systems übernehmen würde. Zu einer solchen Person wurde Sakwarelidse.

Was die „Ausstattung" mit Staatsanwälten pro Kopf der Bevölkerung anbelangt, so befindet sich die Ukraine unter den

Weltrekordlern. Wenn wir die Aufgabe gestellt hätten, dieses Verhältnis, sagen wir, auf das georgische Niveau zu bringen, würden bei uns anstatt der 18.500 Staatsanwälte (so viele waren es Mitte 2015) nur 3.500 bleiben. In der ersten Reformphase stand die Aufgabe, die Anzahl der Staatsanwälte auf 10.000 Personen herabzusetzen. Ich bin sicher, dass man in Weiteren diese Menge mindestens um die Hälfte reduzieren kann. Umso mehr, dass wir bereits das Nationale Antikorruptionsbüro haben, das gemeinsam mit dem Staatlichen Ermittlungsbüro (es soll bis Ende 2016 seine Arbeit aufnehmen) der Staatsanwaltschaft einen wesentlichen Teil der Funktionen entzieht.

Das System leistet verzweifelten Widerstand. Der alte Kader der Staatsanwaltschaft unterschätzte zuerst die Gefahr, die von Sakwarelidse ausging, aber im Sommer 2015, als er den Ernst seiner Absichten demonstrierte, begann ein Kampf auf Leben und Tod.

Zur Trennlinie wurde die Verhaftung der sogenannten „diamantenen Staatsanwälte“. Am 5. Juli nahm die von Sakwarelidse gegründete Abteilung zur Korruptionsbekämpfung in der Staatsanwaltschaft mit Unterstützung der Sonderabteilung des Sicherheitsdienstes den stellvertretenden Staatsanwalt des Gebiets Kiew und den ersten stellvertretenden Leiter der Hauptabteilung Ermittlungen der Generalstaatsanwaltschaft wegen Erpressung fest. Zum ersten Mal wurden so hohe Amtsträger der Staatsanwaltschaft zur Zielscheibe der strafrechtlichen Verfolgung. Wie Sakwarelidse in einem der Interviews sagte, gibt es niemanden mehr in der Staatsanwaltschaft, der unantastbar wäre.

Als Erwiderung leitete die alte Staatsanwaltsgarde ein Strafverfahren gegen Sakwarelidse selbst ein. Der Vorwurf lautete Besetzung eines staatlichen Gebäudes (die Kämpfer der Spezialeinheit Alpha hatten die Arbeitszimmertür eines der Verdächtigen eingeschlagen). Der Präsident musste die „Kollegen“ von Sakwarelidse zurechtweisen. Im Sommer wiederholte sich diese Geschichte mehrmals.

Parallel versuchen einige Staatsanwälte der alten Schule den Präsidenten zu überzeugen, dass ein Neustart des Rechtsschutzsystems nichts Gutes bringen kann. Eine unabhängige und nicht korrupte Staatsanwaltschaft würde für die Präsidentenmacht eine Gefahr darstellen. In der neuesten ukrainischen Geschichte gab es tatsächlich Fälle, wo Staatsanwälte einem Präsidenten in den Rücken gefallen sind.

Wie paradox es auch klingen mag, aber ich bewerte den Widerstand des Systems als ein positives Zeichen. Er zeugt davon, dass die Veränderungen anfangen haben.

Wie berechtigt ist die Kritik am Generalstaatsanwalt Viktor Schokin, den die Menschen wohl als den wichtigsten Gegner der Reformen sehen?

Alles ist relativ.

Nach dem Sieg des Maidan war der Vertreter von Swoboda Oleh Machnizkyj amtierender Generalstaatsanwalt. Korrupte Beamten aus der Janukowytsch-Zeit verfolgen? Verbrechen gegen den Maidan untersuchen? Weder in der einen, noch in der anderen Richtung machte die Staatsanwaltschaft unter Machnizkyj Fortschritte.

Bald nach dem Sieg in den Präsidentschaftswahlen tauschte Petro Poroschenko Machnizkyj gegen einen anderen aktiven Maidan-Teilnehmer, Generalleutnant Vitaly Jarema, aus. Leider konnte er die Erwartungen ebenfalls nicht erfüllen – weder die der Gesellschaft, noch die des Präsidenten.

Die Laufbahn im Innenministerium machte Jarema zu einem Fremden in der Generalstaatsanwaltschaft: Die Staatsanwälte haben immer von oben herab auf die Miliz geschaut. Die Mitarbeiter der Staatsanwaltschaft hatten auch einen anderen Grund, sich nicht zu sehr anzustrengen. Im Herbst 2014 war unter vielen Beamten die

Überzeugung verbreitet, dass die neue Regierung nicht lange an der Macht bleiben würde. Wozu dann das Risiko?

Vor diesem Hintergrund sah der 62-jährige Schokin, der im Februar 2015 zum Generalstaatsanwalt ernannt wurde, ziemlich vorteilhaft aus. Ich glaube übrigens, dass er einer der besten Vertreter des alten Systems war. Er weiß genau, dass es unmöglich ist, auf alte Art und Weise weiterzuleben. Deshalb unterstützte er die Idee, Sakwarelidse als seinen Stellvertreter einzusetzen (Jarema war kategorisch dagegen).

Die Staatsanwaltschaft kann man nicht einfach ohne weiteres auflösen, wie es die georgischen Reformer 2004 mit der Staatlichen Autoinspektion gemacht hatten: Ihr ist ein gesonderter Abschnitt in der Verfassung gewidmet. Meiner Meinung nach hat der Präsident keine andere Wahl, als die Reform der Staatsanwaltschaft persönlich zu kontrollieren. Ich sehe keinen einfacheren und kürzeren Weg zur Transformation dieser Institution.

Ein neues System von Grund auf zu schaffen ist viel einfacher, als ein altes, gut verschanztes System neu zuzuschneiden. Ein gutes Beispiel ist die Aufstellung des Nationalen Antikorruptionsbüros (NABU). Einer der Hauptkandidaten für das Amt des Direktors war der Amerikaner Bohdan Vitvitsky, der viele Jahre lang als Assistent des Bundesstaatsanwalts in den USA tätig war.

Vitvitsky ähnelt einem ukrainischen Staatsanwalt so wenig, dass einige ihn als „Außerirdischen" bezeichneten. Na schön. Je mehr „Aliens" wir in das System einbringen, desto besser. Der Mangel an lokalen Erfahrungen ist hier eher ein Vorteil als ein Nachteil.

Ich rechne mich übrigens auch dieser Kategorie zu. Wir sind die Reizfaktoren, die den Organismus verändern sollen. Wir stellen Fragen, die den Systemvertretern dumm vorkommen, in der Tat es aber ermöglichen, die Dinge auf neue Weise zu betrachten.

„Warum so?“

„Weil es so sein muss“.

„Warum muss es so sein?“

„So funktioniert es seit zwanzig Jahren“.

„Steht das im Gesetz so geschrieben?“

„Das müssen wir prüfen“.

Wir haben es geprüft.

„Im Gesetz steht es nicht geschrieben, aber wir haben eine Anordnung“.

„Haben Sie die Anordnung selbst geschrieben?“

„Im Prinzip ja“.

„Können wir sie ändern?“

„Im Prinzip können wir das“.

„Das heißt, wir können es doch anders machen?“

„Aber wir haben es noch nie so gemacht“.

Und so geht es auf Schritt und Tritt.

Ich bin sicher, Vitvitsky würde eine Auswahl kompetenter und anständiger Ermittler garantieren. Das Monitoring der Ermittlungen wäre seinerseits qualifiziert und unvoreingenommen (die amerikanischen Ermittlungstechnologien sind auch in der Ukraine durchaus anwendbar). Selbst wenn im Ermittlungsverlauf Fehler begangen würden, entscheidet über die Schuld oder die Unschuld nicht das NABU, sondern das Gericht.

Leider erwies es sich als unmöglich: Zum Zeitpunkt der Ausschreibung war Vitvitsky 67 Jahre alt, während der Leiter der Behörde höchstens 65 Jahre alt sein durfte. Das Gesetz für einen bestimmten Kandidaten zu ändern hätte bedeutet, die Büchse der Pandora zu öffnen. Wenn die Altersbeschränkungen für das NABU abgeschafft werden, warum sollten sie für die Staatsanwaltschaft und den Sicherheitsdienst SDU bestehen bleiben? Wenn man sie für die Staatsanwaltschaft und den SDU abschaffen kann, dann müsste man sie auch für den öffentlichen Dienst abschaffen, und wenn da, dann auch für die staatlichen Unternehmen.

Ich bin stolz darauf, wie das Präsidialamt die Arbeit der Ausschreibungskommission organisiert hatte, die den Leiter des Antikorruptionsbüros ausgewählt hat. Es war transparent, öffentlich, unabhängig. Der Präsident äußerte einen einzigen Wunsch: Die Auswahl möglichst schnell durchzuführen, damit niemand das Gefühl hätte, die Regierung würde die Sache verzögern und Sabotage betreiben.

Die Kommission prüfte 160 Kandidaten. Ins Finale kamen vier. Zum NABU-Direktor wurde der 35-jährige Artem Sytnyk, der bereits große Arbeitserfahrungen als Ermittlungsbeamter und Rechtsanwalt hatte. Eine wichtige Rolle spielt in seinem Team der 40-jährige Giso Uglawa, in der Vergangenheit stellvertretender Generalstaatsanwalt Georgiens.

Das Antikorruptionsbüro soll zum Hauptinstrument der Säuberung der Machtstrukturen werden. Zu seiner Kompetenz gehört die Untersuchung von Handlungen höchster staatlicher Entscheidungsträger: Ministerpräsidenten, Regierungsmitglieder, Gouverneure, Oberbürgermeister, Staatsanwälte und Richter sowie – last but not least – der ehemaligen Präsidenten. Zum Anfang Oktober 2015 hatte das Büro 70 Ermittler der 242 im Stellenplan vorgesehenen eingestellt. Anfang November ernannte Viktor Schokin den 30-jährigen Nasar Cholodnyzkyj, einen Profi mit tadelloser Reputation, zum Antikorruptionsstaatsanwalt, der die NABU-Ermittler beaufsichtigte. Zu seinem Stellvertreter wurde der 31-jährige "Cyborg" Maksym Hryschtschuk – so nennt man in der Ukraine die Teilnehmer der heldenhaften Verteidigung des Flughafens von Donezk. Die Maschine zur Bekämpfung der Korruption war somit bereit, in Betrieb genommen zu werden.

Wir ziehen uns weiterhin an den Haaren aus dem Sumpf. Es läuft schwer, aber ich bleibe optimistisch.

Die Bekämpfung der Korruption ist wohl das einzige Mittel, die Volksunterstützung für die jetzige Regierung zu sichern. Die Wirtschaftsreformen, selbst wenn es gelingt, sie zu forcieren, werden nicht sofort Früchte tragen.

Man wirft uns häufig vor, dass wir den Menschen schlecht erklären, wie und wohin wir uns bewegen. Die Inhaftierung von Beamten und Direktoren staatlicher Unternehmen, die zu weit gegangen waren, stellte eines der effektivsten Mittel dar zu zeigen, dass das “Leben auf neue Art und Weise“ tatsächlich begann.

Kapitel 6
„SPECIAL FORCES DER REFORMEN"

Die Ergebnisse der Parlamentswahlen am 26. Oktober 2014 entsprachen nicht den Hoffnungen der Präsidentenmannschaft. Noch im September zeigten die meisten Umfragen, dass das Bündnis von Petro Poroschenko BPP sicher führt und mit 35 – 40% der Wählerstimmen rechnen kann. Seine nächsten Rivalen hatten zwei- bis dreimal weniger Stimmen. Würde der Abstand so bleiben, bekämen wir die Möglichkeit, ein eingespieltes und auf Reformen ausgerichtetes Ministerkabinett aufzustellen.

Die Wähler haben anders entschieden. Zur wichtigsten Überraschung der Wahlen wurde der Erfolg unserer Verbündeten – der Volksfront unter der Führung des Ministerpräsidenten Arsenij Jazenjuk. Seine Parteiliste sammelte 22,14% der Stimmen. Ich bin der Meinung, dass die entscheidende Rolle im Erfolg der Kampagne der Volksfront der an die Ukrainer gerichtete gelungene Slogan „Einen Präsidenten habt ihr schon gewählt, wählt jetzt den Ministerpräsidenten" gespielt hatte.

Das Bündnis BPP wurde mit 21,8% der Wähler die zweitstärkste Kraft. Unter Berücksichtigung der Sieger in den Einmandatswahlkreisen bildete die politische Kraft des Präsidenten auch so die größte Parlamentsfraktion (150 Abgeordnete von 423), aber ihre Positionen in der neuen Regierungskoalition waren nicht so stark, wie wir gehofft hatten.

Diese Ergebnisse kann man unterschiedlich deuten. Manche kritisierten die politischen Berater, die für die Wahlkampagne des Bündnisses BPP verantwortlich gewesen waren, andere sagten, dass die Ukrainer, die sich an der konsolidierten Macht zu Zeiten von Janukowytsch satt gesehen hätten, jetzt nicht mehr alle Eier in einen Korb gelegt hätten. So oder so wurde das neue Parlament zum proeuropäischsten in der Geschichte der Ukraine. Als dritte Kraft wurde die rechtszentristische Partei Selbsthilfe gewählt, die durch den Oberbürgermeister von Lwiw Andriy Sadowyj gegründet wurde und zig neue Menschen in ihre Liste mit aufgenommen hatte – Aktivisten, Geschäftsleute, Kommandeure der Freiwilligenbataillone. Als „dritte Kraft" hat die Mittelklasse der Großstädte die Selbsthilfe aktiv unterstützt, was ihr 11% der Stimmen und 33 Abgeordnetenmandate brachte. Zusammen mit zwei anderen Mitgliedern der künftigen Koalition – der Radikalen Partei von Oleh Ljaschko und der Partei Batkiwschtschyna (Vaterland) von Julija Tymoschenko – erhielten die proeuropäischen Kräfte 303 Sitze von 423 im Parlament, d. h. die Verfassungsmehrheit.

Wie sollte die neue Regierung sein? Meine Position bestand darin, dass das Kabinett überwiegend aus Technokraten bestehen sollte, die die nötigen Reformen durchführen würden, ohne sich um Popularitätsquoten zu scheren. Nach Beispielen musste man nicht lange suchen. Als Italien Ende 2011 an der Schwelle einer Finanzkrise stand, wurde dort eine technokratische Regierung mit Mario Monti an der Spitze gebildet, dessen Programm ohne Umschweife „Italien retten" hieß. Das Kabinett von Monti führte harte Sparmaßnahmen ein, was es ermöglichte, die Kreditwürdigkeit des Landes wiederherzustellen, und initiierte einige Strukturreformen – des Rentensystems, des Arbeitsrechts, der Energiewirtschaft.

Verglichen mit der Situation in Italien vor drei Jahren war das Ausmaß der Reformen, die man im Herbst 2014 zur Rettung der Ukraine umsetzen musste, viel ernsthafter. Desto größer war der Bedarf an einem Kabinett, das in der Tat bereit war, die unbeliebten, aber erforderlichen Reformen zu ergreifen.

In einer Beratung unter Beteiligung des Präsidenten wurde meine Idee, Technokraten als Minister einzusetzen, zusammen mit einer weiteren Idee von mir gebilligt: Ausländer für das Kabinett zu gewinnen. Das sollte zu einer zusätzlichen Garantie werden, dass die neuen Minister keine persönlichen Interessen verfolgten und nicht korrupt waren.

Der symbolische Sieg der Volksfront in den Wahlen bedeutete, dass wir keine hundertprozentige technokratische Regierung bekommen würden. Der Vorsitzende einer Partei, die nach den Listen die Stimmenmehrheit erhalten hatte, konnte begründeten Anspruch auf das Amt des Premierministers erheben.

Für mich war das kein Problem. Jazenjuk und ich kennen einander seit langem. Wir pflegten einen offenen Umgang: Wir konnten es uns leisten, alles auszusprechen, was wir dachten. Jazenjuk besitzt eine wichtige positive Eigenschaft, die ihn vor dem Hintergrund der überwiegenden Mehrheit anderer ukrainischen Politiker auszeichnet. Wenn man mit ihm etwas fest und klar vereinbart, hält er immer sein Wort.

Auch zu inhaltlichen Fragen sollte es keine Probleme geben. Die führenden Parteien der Koalition – das Bündnis von Petro Poroschenko und die Volksfront – waren Rechtszentristen, die fast gleiche ideologische Positionen vertraten. Der wichtigste Faktor, der sie trennte, war rein persönlicher Art. Verbündete in einer Koalition, Rivalen während der Wahlen – alles, wie in jeder anderen Mehrparteiendemokratie.

Anfang November wandte ich mich mit der Bitte an die Personalagenturen, Kandidaten für die Ämter der Minister und ihrer Stellvertreter zu finden. Alle anderen Mittel für die Suche nach starken Persönlichkeiten hielt ich zu dieser Zeit bereits für erschöpft.

Bis zum November hatte ich schon gewisse Erfahrungen bei der Lösung von Personalfragen gesammelt.

Als ich in die Regierung gekommen war, hatte ich dort eine gewisse Anzahl effizienter Staatsmanager angetroffen. Diese Menschen waren imstande, eine bestimmte Anzahl von Aufgaben zu erfüllen, die vom Staat festgelegt worden waren. Leider waren viele von ihnen zutiefst korrupt. Ein solcher Staatsbediensteter kommt mit einem fertigen Businessplan in den öffentlichen Dienst, in dem festgesetzt ist, wie viel er sich monatlich in die eigene Tasche steckt und welchen Bonus er abschließend bekommt.

Die Ausnahmen aus dieser Regel – effiziente, aber nicht korrupte öffentliche Bedienstete – kommen selten vor. Zu diesen Ausnahmen gehört die Leiterin der Hauptverwaltung für Staat und Recht im Präsidialamt Shanna Pawlowna Doktorowa. Ihre Verwaltung entwickelt die Entwürfe für Gesetze, die der Präsident in die Werchowna Rada einbringt, erarbeitet die Entwürfe für Erlasse, führt die juristische Begutachtung der Gesetze vor ihrer Unterzeichnung durch. Sie ist seit 1992 im Präsidialamt tätig. Eine Spezialistin, die einmalig ist, was Verantwortungsbewusstsein, Anständigkeit, Besonnenheit und Professionalität betrifft. Ich habe einen straffen Zeitplan, ihrer jedoch ist noch straffer. Sie kann an einem Dokument auch bis fünf oder sechs Uhr morgens arbeiten. Doktorowa hatte für alle Präsidenten gearbeitet und ihre Stellung nie für ihre persönliche Bereicherung ausgenutzt.

Zu meinem Erstaunen hat man mir den ganzen Sommer über immer wieder Bewerbungen von Personen vorgelegt, die im öffentlichen Dienst arbeiten wollten. Diese Arbeit wird schlecht bezahlt und ist mit vielen Risiken verbunden. Personen, die bereit waren, den Personalhunger des Staates stillen zu helfen, konnte man in vier Gruppen aufteilen.

Die zahlreichste bestand aus Fürsprechern, die darum baten, die eine oder andere Stelle mit einem „guten Menschen“ zu besetzen. Manchmal wurden die Bitten mit einer Andeutung auf „Dankbarkeit“ begleitet. Selbstverständlich nahmen sie alle ohne Ausnahme diese Stellen als Möglichkeit wahr, gut daran zu verdienen. Sie haben wirklich nicht verstanden, warum die Verwaltung ihren Vorschlägen keine Aufmerksamkeit schenkte. Versuche zu erklären, dass Ämter nicht mehr gehandelt werden, riefen bei ihnen lediglich Mißtrauen hervor.

Zur zweiten Gruppe gehörten die Romantiker und Patrioten, die ihre Leistungen aus rein idealistischen Erwägungen anboten. Leider reichte ihre Qualifizierung häufig nicht aus, die Stelle zu besetzen, auf die sie Anspruch erhoben.

Noch kleiner war die Gruppe der nicht korrupten Berufsbeamten, die unter der neuen Macht auf eine Beförderung hofften.

Die größten Erwartungen verband ich mit der vierten Gruppe, die fast kein aktives Interesse äußerte, als es darum ging, für den Staat zu arbeiten. Ich meine die Topmanager und die Geschäftsleute aus dem Privatsektor, möglichst mit einer westlichen Ausbildung. Die Kommunikation mit solchen Kandidaten musste ich überwiegend selbst initiieren.

Diese Gruppe war den drei vorhergehenden ganz und gar nicht ähnlich. Viele ihrer Vertreter wollten unter keinen Bedingungen in den öffentlichen Dienst. Die Topmanager hatten Verpflichtungen gegenüber den Arbeitgebern, die Unternehmensbesitzer – gegenüber den Beschäftigten. Manche hatten Bedenken aufgrund der persönlichen Sicherheit: Die neuen Minister und Leiter der staatlichen Unternehmen mussten gegen mächtige Interessen antreten und unsere Rechtsschutzorgane waren nicht imstande, ihnen Schutz zu bieten.

Im Sommer 2015, als die Schlacht um die Wiederaufnahme der Regierungskontrolle über Ukrnafta und Ukrtransnafta (Haupteigner beider Unternehmen ist der Staat) im vollen Gang war, verprügelten Unbekannte das Mitglied des Aufsichtsrates von Ukrnafta Petro Stoljar, und dem Geschäftsführer von Ukrtransnafta Roman Sydorak legte man einen Trauerkranz vor die Wohnungstür.

Die Unfähigkeit der Ordnungskräfte, die für den Staat arbeitenden Manager zu schützen, zeugt noch einmal davon, dass die Korruption nicht nur zur Verrottung, sondern zur völligen Disqualifizierung der ukrainischen Rechtsschutzbehörden geführt hatte. Viele gingen ausschließlich in die Miliz, die Staatsanwaltschaft oder den Sicherheitsdienst, um sich persönlich zu bereichern, nicht aber um der Öffentlichkeit zu dienen. Die erfolgreichen „Rechtsschutzunternehmer" machten auch schneller Karriere, als einfache „Arbeitstiere". Wir werden noch lange die Ergebnisse dieser negativen Selektion auslöffeln müssen.

Schließlich formulierte ich für mich die Strategie der „Infizierung" des Staatsapparats mit neuen Personen.

Managern, die aus der Wirtschaft in den öffentlichen Dienst kommen, fällt sofort die schreckliche Ineffizienz innerhalb des Apparats auf. Ein Mensch mit einer unternehmerischen Ader ist auf schnelle Veränderung eingestimmt und akzeptiert keine Einschränkungen. Den Veteranen des öffentlichen Dienstes dagegen fällt nicht einmal auf, dass man etwas verändern muss. Ihre Lieblingssätze sind: „Das darf man nicht", „So macht man das nicht", „Wir machen das, aber nicht jetzt".

Ein typisches Beispiel ist die Einführung des elektronischen Dokumentenumlaufs im Präsidialamt. Die Alteingesessenen erklärten mir sofort, dass man Dokumente nur in Papierform zum Abzeichnen schicken darf. Nach Recherchen stellte es sich heraus, dass keine juristischen Hindernisse für die Einführung des neuen Verfahrens bestehen, aber für die Staatsbediensteten ist es bequemer, auf die alte Art und Weise zu arbeiten. Umso mehr, dass eine auf den ersten Blick rein technische Angelegenheit wie der Dokumentenumlauf auch mit Korruption zu tun haben kann. Die Zurückhaltung eines Erlasses über eine Ernennung oder Entlassung, wenn der Wert dieser Frage mit Millionen US-Dollar beziffert werden kann – was wäre wünschenswerter für einen Bürokraten mit einem armseligen Gehalt? Je trüber, je komplizierter die Verfahren, desto komfortabler ist es für den Apparat, desto gefragter ist er, desto mehr Möglichkeiten hat er, zu verdienen.

***

Auf der Liste, die die Headhunter vorlegten, standen über 300 Namen. Die Mitarbeiter meines Teams und des Bündnisses von Petro Poroschenko interviewten über 200 Kandidaten. Mit mehreren Dutzenden Kandidaten sprach ich persönlich.

An der Besprechung der von mir vorgeschlagenen short-list nahmen der Präsident und der Ministerpräsident teil. Manchmal schlossen sich diesen Diskussionen der Sekretär des Rates für nationale Sicherheit und Verteidigung Oleksandr Turtschynow und der künftige Parlamentspräsident Wolodymyr Hroisman an. Nach der Besprechung der Vor- und Nachteile wurden die Entscheidungen kollegial getroffen.

Nach einem Gespräch mit mir ging der Kandidat, der das Auswahlsieb passiert hatte, zu einem Gespräch mit dem Ministerpräsidenten, der das Vetorecht hatte.

Die neuen Minister bekamen die Aufgaben vom Ministerpräsidenten gestellt.

Wohl am schwierigsten war es, einen Kandidaten für das Amt des Finanzministers zu finden. Eines der stärksten Mitglieder des vorherigen Kabinetts, der 54-jährige Oleksandr Schlapak hatte fest beschlossen, zu gehen. Wer konnte ihn ersetzen? Wir dachten an die Kandidatur des 62-jährigen Ihor Mitjukow. Er war bereits von 1997 bis 2001 Finanzminister und hatte einen großen Beitrag zur makroökonomischen Stabilisierung geleistet. Viktor Pinsenik, ein Veteran der ukrainischen Wirtschaftsreformen, stand nicht auf der shortlist. Wir nahmen an, dass unsere Koalitionspartner strikt gegen ihn sein würden.

Schließlich blieben wir bei der Kandidatur von Natalie Jaresko. Natalie, eine Amerikanerin ukrainischer Herkunft, kehrte Anfang der 1990er Jahre in ihre historische Heimat zurück, als sie zur Leiterin der Wirtschaftsabteilung der US-Botschaft in Kiew wurde. In den 2000er gründete sie das Verwaltungsunternehmen Horizon Capital, das über 350 Mio. USD in die ukrainische Wirtschaft investierte. Die tadellose Reputation, die direkten und vertrauensvollen Kontakte zu den amerikanischen und europäischen Behörden, die Arbeitserfahrung mit großen Geldbeträgen – all das sprach für sie. Wir glaubten, dass die Arbeitserfahrungen im State Departement der neuen Ministerin helfen kann, die wichtigste Aufgabe zu erfüllen – ein großes Paket internationaler Hilfen zu schnüren und die Außenverschuldung des Staates gegenüber kommerziellen Geldgebern zu restrukturieren.

Als ich Jaresko vorschlug, sich Gedanken über eine Mitarbeit im neuen Ministerkabinett zu machen, stellte ich sie vor eine schwere Wahl. Es war ersichtlich, dass sie absolut nicht in den öffentlichen Dienst zurückkehren oder sich mit Einschränkungen ihrer Freiheiten abfinden wollte.

Vor unseren Augen hatten wir das Beispiel von Valerija Hontarewa, die im Sommer an die Spitze der Nationalbank der Ukraine kam und erbitterten Angriffen seitens der Gruppen ausgesetzt war, deren Interessen sie berührt hatte. Hontarewa erfüllte ihre Aufgabe ehrenvoll – trotz des kolossalen Widerstands. Die neue Mannschaft der Nationalbank NBU säuberte das Finanzsystem entschlossen von

Zombie-Banken und Banken, die sich auf unterschiedlichste illegale Geschäfte spezialisiert hatten – vom illegalen Verflüssigen von Finanzmitteln bis zur Geldwäsche illegaler Einnahmen. In 23 Monaten entzog die NBU 60 von 180 Banken, die zum 1. Dezember 2014 existierten hatten, die Lizenzen. Eine Schlüsselrolle spielte dabei noch ein weiterer „Volontär“ in der NBU – der 50-jährige Oleksandr Pissaruk, der von 2010 bis 2014 für die Geschäfte der holländischen ING-Bank in Mittel- und Osteuropa zuständig gewesen war. Nachdem seine Mission – die Säuberung des Bankensystems – abgeschlossen war, gab Pissaruk, wie er es auch versprochen hatte, den Posten des ersten stellvertretenden Vorsitzenden der NBU auf.

Das andere Verdienst der NBU bestand in der Erreichung der makroökonomischen Stabilität. Zugegeben, erst einmal einer zerbrechlichen, aber hier hängt vieles nicht nur von der Zentralbank ab, sondern auch von der Regierung.

Was das Ausmaß der Aufgaben und die Stärke der politischen und Finanz- und Industriegruppen anbetrifft, die an keinen Veränderungen interessiert waren, war das Amt des Finanzministers genauso ein Abschussposten, wie das Amt des Vorsitzenden der Zentralbank, die fast keine Gold- und Devisenreserven zur Unterstützung der nationalen Währung hatte. Andererseits begriff Natalie Jaresko als leidenschaftliche Patriotin der Ukraine, dass ihre Absage dem Land schaden konnte.

Jaresko erhob eine grundsätzliche Bedingung: Für sie war es wichtig zu wissen, dass der Präsident und der Premier ein Team bildeten. In keinem Fall wollte sie in eine Situation geraten, wo zwischen den Führungspersönlichkeiten der Exekutive ein Streit entsteht, in dem sie für eine der Seiten Partei ergreifen müsste.

Auf unsere Anregung kamen noch zwei Geschäftsmänner in das neue Ministerkabinett, die mit Anlagegeschäften zu tun hatten. Der 36-jährige Andriy Pywowarskyj, der viele Jahre lang im Unternehmen Dragon Capital tätig gewesen war und 2013 – 2014 die breit aufgestellte Holding Kontinium geführt hatte, wurde zum Leiter des Infrastrukturministeriums[1].

Für den Posten des Ministers für Gesundheitswesen schlug ich Sandro Kwitaschwili vor, der in Georgien das gleiche Ministerium in einem Zeitraum geleitet hatte, als die Branche radikal reformiert wurde. Der georgische Ex-Premier Lado Gurgenidse, Mitverfasser des berühmten Akts der wirtschaftlichen Freiheit, hatte ihn mir empfohlen. Dieses Gesetz war die Krönung der georgischen liberalen Reformen und verankerte die Garantien einer verantwortungsvollen makroökonomischen und Finanzpolitik. Als sich die Gelegenheit ergab, fragte ich Michail Saakaschwili, was er von Sandro halten würde. Michail unterstützte die Empfehlung von Gurgenidse.

Um den neuen Kabinettsmitgliedern Handlungsfreiheit zu gewähren und ihnen die Aufstellung ihrer Teams zu ermöglichen, wurden die Vollmachten der Minister erweitert. Sie bekamen das Recht der entscheidenden Stimme bei allen Ernennungen innerhalb ihres Kompetenzbereichs. Das Ministerkabinett behielt lediglich das Vetorecht für Personalvorschläge des Ministers, der in diesem Fall nach einem neuen Kandidaten suchen musste. Es wurde beschlossen darauf zu verzichten, den Ministern Stellvertreter von verschiedenen politischen Kräften zuzuweisen.

---

[1] Im Dezember 2015 erklärte Pywowarskyj, dass er die Regierung verlässt. Seine Mannschaft hat eine höchst seriöse Arbeit geleistet. Allein die Privatisierung der Ukrsalisnyzja – eines Eisenbahnmonopols, das mehr als 20 Jahre lang ein Zwischending zwischen einem Ministerium und einer mürben, schlecht verwalteten Holding war, – müsste erwähnt werden. Auf der Erfolgsliste des Ministeriums für Infrastruktur unter Pywowarskyj stehen die entschlossene Deregulierung der Hafenwirtschaft und das Schaffen von Ordnung im Straßenverkehrswesen.

Meine Berater im Bereich der Öffentlichkeitsarbeit gaben den Technokraten in der Regierung den Spitznamen „Special Forces der Reformen". Wenn ich die Arbeit der Minister im Januar 2016 beurteile, kann ich sagen, dass einige von ihnen eine wahrhaftig ausgezeichnete Arbeit leisteten.

Leider wurde die Idee, die Regierung ohne Rücksichtnahme auf Quoten aufzustellen, nur teilweise umgesetzt. Einen Teil der Ämter verteilte man doch nach Parteiquoten. Ich schlug zum Beispiel vor, das Ministerium für Jugend und Sport aufzulösen, man beschloß aber, es zu belassen, um den Koalitionspartnern einen Ministerposten zu geben.

Im Ergebnis erhielten wir weder eine technokratische, noch eine politische Regierung per Definition. Ein Teil der Minister waren politische Figuren, ein Teil – Technokraten, jeder handelte auf seine eigene Art und Weise. Einer der Minister opponierte z.B. hartnäckig gegen eine Erhöhung der Erdgastarife, ohne die wir jedoch weder einen normalen Energiemarkt, noch Energieeffizienz erreichen werden. Der technokratische Flügel der Regierung leistete ihm Widerstand und beharrte darauf, dass die Verbraucher ohne marktwirtschaftliche Tarife keine Anreize erhalten, Gas einzusparen, Zähler zu installieren oder auf effizientere Energiequellen umzusteigen.

Als die Regierung gebildet wurde, herrschte in der Koalition das Verständnis, dass es im Ministerkabinett zwei Vize-Ministerpräsidenten geben sollte. Der eine würde für die Koordinierung der Bemühungen im Bereich der europäischen Integration zuständig sein, der andere für die Wirtschaftsreformen. Unter den Bedingungen eines Zeitmangels – die neue Regierung musste das Budget für 2015 einbringen, das Parlament es verabschieden – kam es einfach nicht zu diesen Ernennungen. Leider blieben diese beiden Ämter auch im Weiteren unbesetzt.

Ihrerseits haben die Technokraten unter den Ministern ihre Aufgabe auch zu eng verstanden.

Anfang Juni 2015 hatte ich ein Gespräch mit Ivan Mikloš, dem Autor der radikalen, aber – und das war enorm wichtig – erfolgreichen slowakischen Reformen. Mich interessierte seine Meinung, warum die Reformen in der Ukraine stagnieren, was man in unserer Regierung „drehen" müsste, um noch entschiedener voranzukommen.

Mikloš kannte unsere Probleme nicht nur vom Hörensagen. Ab dem Frühjahr war er Berater von Abromavičius und Jaresko und kam regelmäßig nach Kiew. Seine Diagnose kann man kurz wie folgt formulieren: Den ukrainischen Reformen fehlt die Führung. In der Regierung fehlt eine Person, der als Führungspersönlichkeit bei den Umwandlungen wahrgenommen würde, der davon überzeugt wäre, dass die Reformen um jeden Preis durchgeführt werden müssen. Nicht, weil der IWF darauf besteht, sondern weil es für die Ukraine erforderlich ist. So eine Persönlichkeit muss auf eine offene Konfrontation mit den Opponenten gefaßt sein und darf keine Angst vor den Medien haben.

„Als ich Vize-Ministerpräsident war", sagte Mikloš, „sprach ich einmal in zwei oder drei Tagen im Fernsehen. Ich zog es vor, keine Pressekonferenzen zu veranstalten, sondern an Talk-Shows teilzunehmen. So kann man der Zuhörerschaft besser vermitteln, was man ihr sagen will".

Ich konnte nur mit den Schultern zucken. Unsere technokratischen Minister, die aus der Wirtschaft kamen, haben sich nicht auf die Rolle eines öffentlichen Verwaltungsbeamten vorbereitet, geschweige denn auf die Rolle eines Politikers. Um Reformen muss man kämpfen, auch öffentlich – ich hoffe, dass diese Schlussfolgerung bei der Reorganisation des Ministerkabinetts im Frühling 2016 berücksichtigt wird.

***

Wenn ich zurückblicke, stelle ich mir manchmal die Frage, wie der ukrainische Staat das erste, das schwierigste Jahr nach dem Maidan überhaupt standhalten konnte. Ich glaube, wir haben das ausschließlich dem guten Willen, Mut und Patriotismus unserer Menschen in den Ordnungsstrukturen und Behörden und den Freiwilligen, die sie unterstützt haben, zu verdanken.

Meine Unternehmens- und Verwaltungserfahrungen sagen mir, dass für eine schnelle Änderung des Landes starke Leitungspersönlichkeiten erforderlich sind. Sie können aber im Staatsapparat nicht um Größenordnungen weniger verdienen, als sie im Privatsektor verdient hätten. Vielleicht um 30% oder auch 50% weniger, aber nicht um das Fünfzigfache. Sonst fragen sie sich, was sie dort eigentlich sollen.

Minister mit einem Gehalt von einigen Hunderten US-Dollar sind ebensolche Freiwillige, wie diejenigen, die an der Front helfen. Jaresko, Abromavičius und Pywowarskyj, die zuvor im Finanzsektor tätig gewesen waren, hatten Ersparnisse. Doch selbst sie können es sich kaum leisten, zwei, drei Jahre lang unentgeltlich zu arbeiten. Der Rücktritt von Pywowarskyj im Dezember 2015 ist eine zusätzliche Bestätigung dafür.

Damit starke Leitungspersönlichkeiten normal verdienen, ist es erforderlich, die Spielregeln zu ändern. Die Schlüsselfrage dabei ist, welche Funktion die Staatsbediensteten des ukrainischen Staates umsetzen sollen.

Einer der ersten Schritte in dieser Richtung müsste eine radikale Reform aller Dinge sein, die mit staatlichem Eigentum zu tun haben. Einige Ministerien sind wie Branchenholdings, die die Tätigkeit einer Vielzahl von Unternehmen leiten. Das markanteste Beispiel ist das Infrastrukturministerium, das für Betriebe mit einer Mitarbeiterzahl von 800.000 Personen zuständig ist. Wir müssen bis zu 90% aller staatlichen Unternehmen möglichst schnell privatisieren. Um das tun zu können, müssen sie unverzüglich aus der Unterstellung der Ministerien herausgenommen und dem Fonds für Staatsvermögen zum Verkauf übergeben werden. Während der Besprechung des Koalitionsvertrages habe ich darauf bestanden, dass diese Aufgabe 2015 umgesetzt werden muss.

Der Verkauf dieser enormen Menge staatlichen Eigentums wird die Ukraine nicht nur von einer der wichtigsten Quelle von Ineffizienz befreien (ich bin sicher, dass nicht einmal der vollkommenste Staat eine so große und uneinheitliche Wirtschaft verwalten könnte). Die Staatsunternehmen sind zudem eine der wichtigsten Korruptionsquellen. Kein Antikorruptionsbüro wäre in der Lage, da ohne Privatisierung durchgreifen – es würde hinten und vorne an Personal fehlen. Egal, wie gut das Gesetz über den öffentlichen Dienst auch sein mag, ohne Privatisierung bekommen wir trotzdem einen Apparat, der sich mit dem Gleichen beschäftigen wird, wie früher – mit Korruptionsmodellen, wenn auch vielleicht in einer etwas anderen Konstellation.

Der Staat sollte nur wenige strategische Unternehmen behalten, deren Tätigkeit mit der Gewährleistung der nationalen Sicherheit zusammenhängt. In diesen Unternehmen sollte man ein modernes Management einführen – mit unabhängigen Aufsichtsräten, mit einer transparenten Berichterstattung, mit einer qualitativen Auswahl der Generaldirektoren und anderen Topmanager. Die Leiter solcher Unternehmen sollten genauso viel verdienen, wie ihre Kollegen in osteuropäischen Unternehmen ähnlichen Niveaus. Es ist lächerlich, wenn das Gehalt des Vorstandsvorsitzenden des größten Unternehmens des Landes Naftogas UAH 26.000 beträgt (und so war es in den Jahren 2014 und 2015). Dann hat sich das Ministerkabinett auf Anregung des Ministers für Wirtschaftsentwicklung Abromavičius entschlossen, das Vergütungsniveau der Vorstandsvorsitzenden von Staatsunternehmen allmählich an das Marktniveau anzugleichen.

Der radikale Abbau des staatlichen Sektors in der Wirtschaft ist eine der Kampffronten mit den Oligarchen, die unter anderem infolge des Zusammenspiels mit den „Wirtschaftsfunktionären“ im öffentlichen Dienst und der monopolistischen Ausbeutung staatlichen Vermögens verdienen. Privatwirtschaft und Staat müssen getrennt werden.

Das zweite Element der Reform des staatlichen Sektors ist die Dezentralisierung. Möglichst viele Funktionen müssen an die örtlichen Gemeinden übergeben werden. Ein gutes Beispiel stellen der Bau und die Instandsetzung von Straßen dar. Auf der zentralen Ebene sollte man lediglich die Verantwortung für die nationalen Straßen belassen, alles andere kann auf die kommunale Ebene übertragen werden. Die Gemeinden könnten das von den Autofahrern erhobene Geld selbst verteilen und entscheiden, was für sie besser wäre – eine neue Straße zu bauen oder das Geld fürs Flicken der Löcher in der alten auszugeben. Wenn in Kiew die Entscheidung getroffen wird, ob z.B. im Gebiet Riwne Schlaglöcher geflickt werden sollen, dann ist diese Entscheidung im besten Fall ineffizient, im schlechtesten Fall korrupt.

Hier hängt übrigens viel davon ab, ob das Parlament einverstanden sein wird, die Verfassungsänderungen für eine Dezentralisierung zu unterstützen.

Die Privatisierung und die Dezentralisierung werden den Staatsapparat von überflüssigen Funktionen befreien. Dadurch können viele Tentakel der Korruption abgehackt werden. Danach wird die Ukraine viel weniger Staatsbedienstete brauchen, als jetzt (nach den Angaben des Staatlichen Statistikdienstes waren es zum Anfang 2016 insgesamt 380.000).

Heute ist schon klar, dass der Abbau des staatlichen Sektors mehr Zeit in Anspruch nehmen wird, als wir im Herbst 2014 angenommen haben. Die Situation mit den Gehältern der Staatsbediensteten ist katastrophal, sie muss möglichst schnell entschieden werden – innerhalb von zwei-drei Monaten, nicht Jahren. Der optimale Weg besteht darin, den Leitern der Ministerien und Ämter die Entlassung alter und die Einstellung neuer Mitarbeiter zu vereinfachen. Trotz Personalabbau sollte der Gehaltsfonds unveränderlich bleiben. Das wird nicht alle Probleme lösen, aber es wird ermöglichen, die Gehälter um das zwei- oder dreifache zu erhöhen.

Um in der ersten Zeit, innerhalb von einem oder zwei Jahren, die Arbeit von besonders wertvollen Mitarbeitern zu bezahlen, halte ich es für sinnvoll, einen Sonderfonds für Geldgeber einzurichten. Aus den Gesprächen mit Vertretern der Soros-Stiftung weiß ich, dass man dort bereit ist, an der Finanzierung einer solchen Initiative teilzunehmen. Das gleiche Programm, das 2004 – 2005 in Georgien umgesetzt wurde, hat sich absolut bewährt.

Dass eine radikale Personalreform ohne Verlust der Verwaltungsqualität möglich ist, ist keine Phantasie, sondern ein durchaus erreichbares Ziel. Das sieht man am Beispiel der Nationalbank der Ukraine NBU. Nach der Ernennung von Hontarewa wurde die Führungsebene der NBU vollständig durch Profis aus dem kaufmännischen Sektor erneuert. Einer der Motoren dieser Reform, der 37-jährige erste stellvertretende Vorsitzende der NBU Wladyslaw Raschkowan, der früher als Vorstandsmitglied der UniCreditBank tätig war, betonte in einem der Interviews, dass die neue Mannschaft beschlossen hatte, auf das System der Einstellung auf Lebenszeit zu verzichten: „Die Zentralbank muss ein professionelles System darstellen, aus dem eine Person nach 5-7 Jahren Arbeit in den kaufmännischen Sektor zurückkehren kann“[1].

Zum September 2015 ging die Mitarbeiterzahl der Zentralbank von 11.800 auf 7.700 zurück. Bis Ende des Jahres plante die NBU noch weitere 2.400 Mitarbeiter zu entlassen, von über 20 Territorialverwaltungen sollen nur vier bestehen bleiben.

---

[1] Юрий Марченко, Владислав Рашкован. «Мы будем гордиться, что жили в Украине именно в это время», 15 октября 2015 года. http://changers.platfor.ma/vlad-rashkovan/.

Das Beispiel der Nationalbank, die sich nicht über Personalhunger beschweren kann, zeigt, wie wichtig ist es, den Mitarbeitern anständige Gehälter zu zahlen. Das Einkommen für Berufsanfänger in der NBU beträgt etwa UAH 10.000 im Monat (vor Steuern). Referatsleiter bekommen UAH 20.000, Unterabteilungsleiter – UAH 35.000, Abteilungsleiter – von UAH 40.000 bis UAH 80.000, stellvertretende Vorsitzende der NBU – 100.000 im Monat. Die neue Führung liquidierte das verworrene System von Zulagen und Ergänzungszahlungen (das Gehalt eines NBU-Mitarbeiters bestand aus bis zu 11 Bestandteilen). Jetzt besteht das Einkommen eines Mitarbeiters zu 75% aus einem Festgehalt und zu 25% aus variablen Komponenten.

Ich glaube, dass man zukünftig auch das Einkommen anderer Staatsbediensteten auf dieses Niveau bringen sollte. Die Gehälter der Mitarbeiter der Staatsbank entsprechen dem Kriterium, das der georgische Reformer Kacha Bendukidse im Herbst 2014 vorgeschlagen hatte: Ein stellvertretender Minister und ein Abgeordneter sollten ein ausreichendes Gehalt bekommen, um einen Hypothekenkredit aufzunehmen und eine Drei-Zimmer-Wohnung in Kiew kaufen zu können – etwa USD 3.000 im Monat.

***

Das zweite Ministerkabinett unter der Führung von Arsenij Jazenjuk erfüllte nicht alle Erwartungen. Der Minister für Gesundheitswesen z.B. war nicht in der Lage, ein Team zu bilden und die Reformen in seinem Bereich anzuführen.

Trotzdem bin ich der Meinung, dass eine „Infizierung“ des Systems mit neuen Menschen – Geschäftsleuten und Ausländern – weiter geführt werden muss.

Je mehr neue Personen (darunter auch Ausländer) im System der Staatsmacht der Ukraine vertreten sein werden, desto besser. Und das in unterschiedlichsten Positionen. Ihre Aufgabe ist es, globale

Sichtweisen in den Staat einzubringen, ein absolut neues, ergebnisorientiertes Herangehen an den öffentlichen Dienst.

Vorläufig haben wir leider keinen einzigen richtigen Ausländer in der Regierung. Diejenigen, die man bei uns so nennt – Jaresko, Kwitaschwili, Abromavičius – wurden noch vor der Abstimmung ihrer Kandidaturen in der Werchowna Rada zu Staatsbürgern der Ukraine. Die Tatsache, dass eine US-Staatsbürgerin, ein Staatsbürger Litauens, die Staatsbürger Georgiens ukrainische Pässe erhielten, war ein wichtiges Signal für die internationale Gemeinschaft und für die Ukrainerinnen und Ukrainer, die aufgrund wirtschaftlicher Schwierigkeiten über eine Ausreise nachdachten.

Ich halte es für richtig, Ausländern für eine bestimmte Zeit zu ermöglichen, in hohen Ämtern zu arbeiten – vielleicht nicht als Minister, sondern als stellvertretende Minister – selbst ohne ukrainischen Pass. Die Experten sollten Zeit haben, sich umzuschauen, bevor sie endgültig über den Erwerb der ukrainischen Staatsbürgerschaft entscheiden.

Das Gerede darüber, dass es in der Ukraine genug eigene Fachleute gäbe und es keinen Sinn machen würde, „Fremdenlegionäre“ einzuladen, ist unvermeidlich, besonders in einem politisch so konkurrierenden System, wie dem unseren. Leider habe ich die Erfahrung gemacht, dass diese Behauptungen wenig mit der Wirklichkeit zu tun haben. Im Herbst 2014 zogen wir die besten Headhunter auf unserem Markt heran, aber in den von ihnen vorgeschlagenen Listen gab es nur wenige qualitative gute einheimische Kandidaten. Von den wenigen, die unseren Kriterien von Professionalismus und Anständigkeit entsprachen, hatten nicht alle den Wunsch, in den öffentlichen Dienst zu gehen. Nachdem sie sich nach dem Gespräch Bedenkzeit genommen hatten, antworteten einige von ihnen mit einer Absage.

Die im Frühjahr 2015 begonnenen Ausschreibungen für Leitungsämter großer staatlicher Unternehmen bestätigten noch einmal den enormen Personalhunger der Ukraine. Die kompetente Ausschreibungskommission, die zur Hälfte aus Vertretern unserer westlichen Partner bestand – darunter auch der EBRD und der Weltbank – verwendete zwei Monate auf die Suche nach einer Person für die Funktion des Generaldirektors der Ukrainischen Eisenbahn, konnte aber niemanden finden. Keiner der Kandidaten hat gepasst.

Und so war es auf allen Ebenen. Im gleichen Frühling hatten wir etwa 200 freie Stellen für die Funktion des Vorsitzenden der staatlichen Landkreisverwaltungen zu besetzen. Man sollte meinen, dass es in jedem Landkreis mindestens einen starken und nicht korrupten Manager geben sollte. Vielleicht sind sie auch vorhanden, aber unter den jetzigen Bedingungen wollen sie nicht in den öffentlichen Dienst gehen.

Das markanteste Beispiel der „Infizierungsstrategie“ war die Ernennung von Michail Saakaschwili Ende Mai 2015 zum Gouverneur des Gebiets Odessa. Die Idee des Präsidenten bestand darin, zu zeigen, was eine Führungspersönlichkeit, die auf schnelle und echte Veränderungen eingestellt ist, aus einer einzelnen Region machen kann. Gleichzeitig bekamen wir so eine Initiativgruppe, die Reformen durchsetzte, aber nicht von oben nach unten, sondern von unten nach oben. Sie identifizierte die Probleme „am Boden“ und trat für die Änderung von Gesetzen ein, die den Menschen und der Wirtschaft das Leben schwer machten.

Wenn man einen kranken Organismus mit gesunden Zellen „ansteckt“, ist ihr Sieg nicht vorausbestimmt, doch der entstehende Kampf verleiht den Reformen eine ganz neue Dynamik. Solche „Erregerherde“, wie die erneuerte Gebietsverwaltung von Odessa, sollte es in der Ukraine möglichst viele geben.

Ein weiterer Ort dieser Art ist das Gebiet Dnipropetrowsk. Der Gouverneur Walentyn Resnytschenko arbeitet viel weniger eindrucksvoll, als die georgische Landungstruppe in Odessa, aber trotzdem effektiv. In einer der Beratungen mit Beteiligung des Präsidenten warf Resnytschenko, der von 1996 bis zum Verkauf der UMH Group eine der Schlüsselfiguren meines Teams gewesen war, Saakaschwili vor, er würde es zu sehr lieben, Abkürzungen zu nehmen, ohne das geltende ukrainische Recht zu beachten. Diese Meinung und selbst auch eine gewisse Eifersucht Resnytschenkos kann man verstehen: Ohne viel Aufsehen zu erheben haben die Dnipropetrowsker gute Fortschritte im Bereich transparentes öffentliches Beschaffungswesen und beim Aufbau von e-Government gemacht.

Ich sehe nichts Verwerfliches in der Konkurrenz zweier unterschiedlicher Reformerteams. Ein ähnlicher Wettkampf um schnellere, tiefere und radikalere Umwandlungen im eigenen Bereich fand von 2004 bis 2010 zwischen den Reformern in Georgien statt. Meiner Meinung nach sprechen die Ergebnisse Bände.

Kapitel 7
OLIGARCHENDÄMMERUNG

Das oligarchische System ist zum Untergang verdammt – in der Politik, wie in der Wirtschaft. Das war mir von Anfang an klar. Die Sieger der Orangen Revolution 2004 haben es nicht geschafft, gerechte Spielregeln festzulegen und die Privilegien einzelner Spieler zu beseitigen. Die Ukraine blieb ein geschlossenes Land – sowohl für ausländisches Kapital, als auch für die eigenen Bürger. Zu den privilegierten Spielern gehören übrigens nicht nur die, die als Oligarchen bezeichnet werden, nicht nur die ersten zehn reichsten Ukrainer aus der Forbes-Liste. Ganze Bereiche der politischen Klasse, Leiter staatlicher Betriebe, mittlere Geschäftsleute, die auf Kosten von Korruptionsmodellen und staatlicher Präferenzen leben, setzen auf diese „Abgeschlossenheit".

Das Scheitern von Juschtschenko machte eine Revanche der Koalition der Oligarchen unter der Führung von Viktor Janukowytsch möglich, aber auch sie war unfähig, das Land zu regieren.

Die Erhaltung der Oligarchenherrschaft würde eine Wiederholung der Fehler von 2005 – 2009 bedeuten, und die Folgen wären einfach fatal.

Ich ging davon aus, dass es keinen Sinn macht, auch nur irgendeine „Antioligarchenstrategie“ zu entwickeln. Es war einfach nur wichtig, marktwirtschaftliche Reformen durchführen – die Spielregeln ausgleichen, die Vergünstigungen und Privilegien für die wenigen „Auserwählten“ zu beseitigen. Mache die Augen auf und handel: Erstens, zweitens, drittens, viertens...

Hier ein typisches Beispiel.

Ins Präsidialamt kommt ein ukrainischer Milliardär.

„Geben sie uns Aufgaben. Wo können wir helfen? Was können wir machen?“

Unsere Antwort war ungefähr: „Uns braucht man nicht zu helfen. Hilf dem Land“.

Dieser Punkt muss erklärt werden. Was bedeutet „Hilf dem Land“? Es bedeutet, ehrlich seine Steuern zu zahlen, zu investieren, auf Privilegien zu verzichten, die die Konkurrenz behindern und Anreize für eine produktive wirtschaftliche Tätigkeit verzerren.

Im August 2014 kam mir ein Video eines der russischen Hardliners Sergej Dorenko unter die Augen. Darin war die Quintessenz des russischen Ansatzes enthalten: In der Ukraine herrschen habsüchtige Oligarchen, man braucht nur etwas abzuwarten und sie werden über sich selber herfallen.

Ein Krieg jeder gegen jeden ist nicht das bestes Szenario, besonders wenn dein Land von außen angegriffen wird. Ich bin ein friedlicher Mensch, ich bevorzuge es, mit Hilfe von Überzeugung zu handeln. Das oligarchische System ist für mich unannehmbar. Aber die Ablehnung des Systems bedeutet nicht, dass seine markantesten Vertreter mit beliebigen Mitteln aus dem wirtschaftlichen Leben gedrängt werden müssen.

Die „Entoligarchisierung“ wurde ab Herbst 2014 zur staatlichen Politik. Sie ist nicht auf den Kampf gegen das Großkapital ausgerichtet, sondern auf den Aufbau einer neuen Wirtschaftsordnung – einer transparenten, marktwirtschaftlichen, ohne privilegierten Zugang zu den staatlichen Ressourcen. Der Staat darf nicht mehr als Hauptquelle der Bereicherung dienen, egal, auf welchem Wege dies erfolgte – über die Ausbeutung des staatlichen Vermögens, den Aufbau monopolistischer Konstruktionen, die Maximalprofite ermöglichen, oder auch über die Ausnutzung politischer Verbindungen. Wenn damit Schluss gemacht wird, bleiben in der Ukraine keine Oligarchen mehr, aber es wird reiche und sehr reiche Menschen geben, die in die Wirtschaft investieren und ehrlich ihre Steuern zahlen. Der Staat wird ihnen seinerseits gerechte Spielregeln zu Hause und Unterstützung auf den Außenmärkten bieten.

* * *

Die Menschen, die man in der Ukraine als Oligarchen bezeichnet, stellen ein Produkt der Epoche des Umbruchs dar. Sie spielten eine wichtige und bei weitem nicht immer nur negative Rolle in der neuesten Geschichte unseres Landes.

Die Ukraine war Anfang der 1990er Jahre ein Fragment eines Imperiums. Die Transformation der Wirtschaft verlief in einem Land ohne starke staatliche Strukturen, ohne Recht, ohne Gesetze. Das ganze Eigentum gehörte dem Staat. Es war klar, dass es in private Hände übergehen sollte, aber unter welchen Bedingungen und zu welchem Preis, das konnte niemand nachvollziehbar sagen. Das war der Zeitpunkt, wo die „räuberischen" Geschäftsleute auf die Bühne der Geschichte traten. Das Eigentum – alle die Metallurgie- und Chemiewerke, die Raffinerien, die zu den Riesen der sozialistischen Industrie gezählt hatten – lagen praktisch auf der Straße. Im Ergebnis fielen sie einer kleinen Gruppe der erfolgreichsten, arbeitsfähigsten, aggressivsten Geschäftsleute zu.

Der Verfasser des besten Buches zur neuesten Wirtschaftsgeschichte der Ukraine Anders Åslund unterscheidet drei Generationen der ukrainischen Oligarchen[1].

---

[1] Anders Åslund. How Ukraine Became... p. 107.

Die Herausbildung der ersten Generation wurde 1994 abgeschlossen. Dazu gehörten die Geschäftsleute, die dem ersten Präsidenten der Ukraine Leonid Krawtschuk nahe standen – der Kohlemagnat Juchym Swjahelsjkyj, der Erdölhändler Wadym Rabynowytsch, der Erdgashändler Ihor Bakaj. Nachdem Krawtschuk die Präsidentschaftswahlen an Leonid Kutschma verloren hatte, hat es nur Bakaj geschafft, unter einem Patronat zu bleiben. Mit Kutschma kam die zweite Generation der „räuberischen" Geschäftsleute. Zum mächtigsten Oligarchenclique wurde Mitte der 90er die Gruppe um Pawlo Lasarenko, in der am auffallendsten der Energiekonzern Vereinigte Energiesysteme der Ukraine (EESU) unter der Führung von Julija Tymoschenko war. Für eine gewisse Zeit hatte die EESU ein Monopol auf den Handel mit russischem Erdgas, wodurch der Konzern viele Metallurgiewerke unter informelle Kontrolle nehmen konnte. Die zweitstärkste Gruppe bildeten der Besitzer des legendären Fußballklubs Dynamo Kiew Hrygorij Surkis und der zukünftige Leiter des Präsidialamtes Viktor Medwedtschuk. Eine ernstzunehmende wirtschaftliche Macht erwarb Kutschmas Berater Oleksandr Wolkow. Er verdiente mit dem Handel von Erdöl- und Erdölerzeugnissen. Inzwischen gewannen weit von der Hauptstadt entfernt die Donetzker an Kraft. Später wurden sie mit den Namen von Rinat Achmetow und Viktor Janukowytsch assoziiert. In den 1990er Jahren waren es noch Personen wie Jewhen Schtscherbanj und Achatj Bragin[1].

Lasarenko, der von 1996 bis 1997 Ministerpräsident war, war nicht einfach der größte Oligarch – er war der Super-Oligarch

---

[1] Beide Führer der ersten Generation der «Donetzker" starben eines gewaltsamen Todes. Bragin wurde im Oktober 1995 zusammen mit seinen Leibwächtern während eines Fußballspiels durch eine Granate getötet. Der Volksabgeordnete Schtscherbanj wurde im November 1996 im Flughafen Donezk erschossen.

schlechthin und strebte danach, die Wirtschaft des ganzen Landes zu kontrollieren. Lasarenko hatte es beinahe geschafft, dieses Modell umzusetzen. Später hat es Janukowytsch erneut versucht.

Der „Vater" der dritten Oligarchengeneration war Präsident Kutschma. Für ihn bildeten „seine Geschäftsleute" einen der Hebel, mit denen der Staat die Wirtschaft steuern konnte. Man konnte „seinen Kapitalisten" in die Bankowa einladen, ein Glas Tee oder etwas Härteres anbieten und vertraulich sagen: „Hör mal, versetz dich in unsere Lage. Lass uns doch gemeinsam den Landmaschinenbau auf die Beine bringen…" So schreibt Kutschma in seinen Memoiren „Nach dem Maidan"[1]. Oder: „Verstehst du, mein Freund, wir brauchen Geld für den Wiederaufbau des historischen Städtchens Baturyn. Für den Bau eines Kinderkrankenhauses… Kläre doch bitte diese Frage irgendwie, das ist notwendig für die Ukraine!" Und dann bleibt „deinem" Kapitalisten nichts anderes übrig. Er wird nicht nur für sich selbst, sondern auch für die Ukraine arbeiten. Mit einem Inder könnte man so nicht reden".

Als Kutschma das neue Wirtschaftssystem aufbaute, handelte er in voller Übereinstimmung mit einem der wichtigsten Leitsätze des ukrainischen Establishments – auf keinen Fall darf das Land an Ausländer verkauft werden. Das war nicht nur ein Spiel um Sympathien zu gewinnen – in der Tiefe ihres Herzens war die ukrainische Elite tatsächlich darauf eingestimmt, keine „Fremden" ins Land zu lassen. Diese Strategie wurde aktiv umgesetzt. So haben 1995 – 1998 die Ordnungsbehörden und ein Teil des Staatsapparats alles daran gesetzt, keine kriminellen Gruppierungen aus Russland in die Ukraine zu lassen. Wenn Texas schon geplündert wird, dann durch Texaner.

---

[1] Леонид Кучма. После Майдана. Записки президента. 2005—2006, Киев; Москва, 2007, с. 636.

Die Quellen der heutigen Korruption, ohne die sich die Oligarchen nie so lange als Herren der Lage empfunden hätten, sind ebenfalls in den 1990er Jahren verwurzelt. Der geheime Gesellschaftsvertrag zwischen der Machtspitze und der Bürokratie, darunter auch den Richtern und Staatsanwälten, lautete: Wir rauben im großen Stil und ihr könnt dafür bei euch alles machen, was ihr wollt. Wir werden euch in Ruhe lassen. Aber laßt uns auch in Ruhe. Gott bewahre euch davor, irgendeinen Privatisierungsfall zu untersuchen. Alles andere – bitte, bedient euch.

Die jetzigen Oligarchen haben dieses System nicht kreiert, sie haben einfach gelernt, es effektiv zu nutzen. Schließlich war es der Mangel an starken Rechtsinstituten, der eine Generation der ukrainischen Oligarchen nach der anderen das Licht der Welt erblicken ließ. „Selbst heute fehlt in der Ukraine ein adäquates Gesellschaftsrecht, das Eigentum ist schwach geschützt", schrieb Åslund 2008. „Das Gerichtssystem funktioniert schlecht, gerichtliche Entscheidungen werden noch schlechter vollstreckt. Die Folge davon sind ein schwaches Unternehmensmanagement und unterentwickelte Finanzmärkte... Deshalb sind Geschäftsleute, die in ihren Händen die Besitzrechte an den Betriebe konzentrierten, erfolgreicher, als diejenigen, die mit vielen Minderheitsaktionären zu tun haben müssen"[1].

Zum goldenen Zeitalter der Oligarchen wurde die Regierungszeit von Viktor Juschtschenko. Unter Kutschma existierten von den Oligarchen unabhängige Staatsvertikalen – der Steuerdienst, die Eisenbahn, die Miliz. Unter Juschtschenko, der viel geringere Befugnisse als sein Vorgänger hatte, gab es eigentlich niemanden, der den Oligarchen seitens des Staates Widerstand leisten konnte. Die Oligarchen hatten einen wesentlichen Teil des politischen Systems des Landes in Besitz genommen.

---

[1] Anders Åslund. How Ukraine... p. 111.

2005 – 2008 waren Jahre eines Wirtschaftsbooms. Die Kapitalisierung praktisch aller Aktiva stieg rasch an, wodurch die finanzielle und politische Stärke der Oligarchengruppen nur noch gestärkt wurde.

Der Wendepunkt kam im Herbst 2008. Die globale Finanzkrise versetzte der ukrainischen Wirtschaft und den Industriekapitänen einen mächtigen Schlag. Die Auswirkungen spüren die Oligarchen-Imperien noch jetzt. Sie haben standgehalten, wie ein Boxer nach einem Knock-down, und in den Jahren 2011 – 2012 sogar eine späte Blütezeit erlebt. Aber es war die Blüte vor dem endgültigen Verfall.

Ein Oligarch ist seiner Natur nach wie ein Raubtier. Als das Eigentum praktisch auf der Straße lag, haben sich die Stärksten und Wendigsten die größten Stücke ausgesucht – die sowjetischen Industrieriesen. In vielen Fällen konnten sie diese Betriebe aufrechterhalten, den Export organisieren, die Kosten senken. Aber im globalen Wettbewerbskampf gelten ganz andere Regeln, als in einer Übergangswirtschaft. Die Schwerindustrie, die die Kapitalquelle für die Oligarchen war, wurde immer weniger attraktiv. In den letzten Jahrzehnten hat China so viele Metallurgiewerke gebaut, dass man sich sinnvoller Weise fragen musste, ob die ukrainischen Stahlwerker überhaupt noch einen Platz auf dem globalen Markt finden werden?

Die Veränderung der Weltkonjunktur stellte die Fähigkeit der Oligarchen in Frage, ihre Unternehmen effizient zu verwalten und mit einer langfristigen Ausrichtung zu arbeiten. Die meisten unserer „Raubtiere" erwiesen sich außerstande, ihre Beute zu verdauen. Das kann man ihnen kaum vorwerfen. Wenn man seine ersten großen Aktiva, die einen phänomenalen Gewinn abwerfen, zu einem lächerlichen Preis erworben hat, dann wird man höchstwahrscheinlich auch weiterhin auf die gleiche Art und Weise handeln.

***

Ich habe einmal die Version gehört, der Präsident hätte mich als wichtigsten Kommunikator mit den Oligarchen eingestellt. Das stimmt natürlich nicht. Mein Pflichtenkreis ist viel breiter. Aber die Arbeit mit den größten Wirtschaftsvertretern des Landes gehörte ursprünglich dazu. In den ersten Monaten der Präsidentschaft von Petro Poroschenko ging es überwiegend um die Situation im Osten des Landes.

Der 52-jährige Miteigentümer der Gruppe Privat Ihor Kolomojsjkyj spielte eine wichtige Rolle in der Abwehr der russischen Aggression im Osten. Am 2. März ernannte der amtierende Präsident der Ukraine Oleksandr Turtschynow ihn zum Gouverneur des Gebiets Dnipropetrowsk. Dnipropetrowsk wurde zu einem Stützpunkt des Widerstands gegen den Separatismus. Der neue Gouverneur unterband schnell und hart sämtliche Aktionen der antiukrainischen Gruppen und begann, Verbände zur Verteidigung der Region zu bilden. Nach dem Beginn der Antiterroroperation wurde in Dnepr (so nennen die Bewohner ihre Stadt) das logistische Zentrum für die gesamte östliche Gruppierung der ukrainischen Armee aufgestellt.

Die Meinungsverschiedenheiten mit dem Dnipropetrowsker Team begannen an die Oberfläche zu kommen, als die „Entoligarchisierung" auf die Tagesordnung der Zentralregierung gesetzt wurde.

Ich erinnere mich an ein Gespräch mit Kolomojsjkyj, der kategorisch gegen die Verabschiedung eines Gesetzes eintrat, das seinen Einfluss im größten Erdölunternehmen des Landes Ukrnafta (der Erlös betrug im Jahre 2014 – UAH 27,9 Mrd. – etwa USD 2,5 Mrd.) einschränken würde. Das Kontrollaktienpaket der Ukrnafta war im Besitz des Staates, vertreten durch Naftogas. Aber die tatsächliche Kontrolle über das Unternehmen hatten noch bis vor kurzem Kolomojsjkyj und seine Partner, die etwa 43% seiner Aktien besaßen.

Es gibt keine armen Erdölproduzenten und -händler, aber Ukrnafta war ein typisches Beispiel eines armen Erdölunternehmens. Jahrelang konnte der Staat keine Dividenden erhalten. Man schrieb, dass der Generaldirektor des Unternehmens, der Belgier Peter van Hecke, der dort bis zum Sommer 2015 tätig war, zusätzliche Zahlungen bekommen hätte[1].

Die Wiederaufnahme der staatlichen Kontrolle über das Unternehmen gehörte zu den leitenden Gedanken des Koalitionsabkommens, das durch die Sieger der Parlamentswahlen im Dezember 2014 abgeschlossen wurde.

Die Einstellung der Regierung sah im Dialog mit Kolomojsjkyj folgendermaßen aus. Es gibt zwei Partner – den Staat und einen Privatgeschäftsmann, der über 40% der Aktien des staatlichen Unternehmens besitzt. Der Staat, der über das Kontrollpaket verfügt, sollte die Möglichkeit haben: a) eine Aktionärsversammlung einzuberufen; b) das Management auszuwechseln.

Die Befürchtungen von Kolomojsjkyj sind leicht zu verstehen. Neben dem Anteil an der Ukrnafta hatte die Gruppe Privat auch andere Aktiva im Öl- und Gasgeschäft. Die Gruppe besitzt die einzige in der Ukraine noch funktionierende große Ölraffinerie. Was geschieht, wenn der Staat (egal, was wir in diesem Fall unter diesem Begriff verstehen mögen) inadäquate Manager in die Ukrnafta bringt, die der Gruppe Privat den Sauerstoff abdrehen und beginnen, das Unternehmen selber zu plündern?

Die Regierung schlug Kolomojsjkyj vor, er möge davon auszugehen, dass der Staat und seine Gruppe zwei normale, gesetzesgehorsame europäische Partner seien. Die Tatsache, dass der Staat als Haupteigen-

---

[1] «Лобби в «Укрнафте»: Коломойский доплачивал иностранным топ-менеджерам», РБК-Украина, 14.09.2015, https://www.rbc.ua/rus/news/kolomoyskiy-platil-inostrannym-top-menedzheram—1442214788.html.

tümer keine Vollversammlung der Aktionäre einberufen kann, hat einen schlechten Einfluss auf das gesamte Investitionsklima in der Ukraine. Es würde der Eindruck entstehen, als ob dieses Recht auch allen anderen Besitzern von 50%+1 Anteilen in Unternehmen entzogen würde.

Am 19. März 2015 setzte die Regierung den Manager des Unternehmens Ukrtransnafta ab, den man mit Kolomojsjkyj in Verbindung brachte: den Monopolbetreiber der Ölfernleitungen, die zu 100% dem staatlichen Naftogas gehörten. Etwa um 22 Uhr rief Kolomojsjkyj mich an und sagte: „Mit mir sind 150 Menschen, wir fahren zur Ukrtransnafta um den Chef loszueisen, da herrscht Chaos".

Ich wusste bereits, dass es im Unternehmen stürmisch zugeht. Einer der Volksabgeordneten hatte mir erzählt, dass er am Gebäude der Ukrtransnafta ein halbes Hundert kräftiger Kerle mit Tennisschlägerhüllen gesehen hatte, in den Maschinenpistolen getragen werden.

Kolomojsjkyj's Tonfall schwang gewisse Tollkühnheit mit. Kurz nach unserem Gespräch beleidigte er öffentlich den Reporter des Radio Liberty.

Als Kolomojsjkyj in dieser Nacht im Präsidialamt erschien, war er immer noch sehr aufgeregt, aber weder in seinen Worten, noch in seinem Verhalten bemerkte ich eine eindeutige Überzeugung in der Richtigkeit seiner Handlungen. Entweder kratzte die Beleidigung des Reporters an seinem Gemüt oder er verstand, dass die Situation im Ganzen den Rahmen des Anständigen verlassen hatte. Wahrscheinlich hat er zu diesem Zeitpunkt einfach nicht begriffen, dass die Zeit revolutionärer Gewalt vorbei war. Es war ein Signal, dass der Staat das Gewaltmonopol zurückeroberte.

Im Verlauf mehrerer Gespräche wurde Kolomojsjkyj direkt gesagt, dass er nicht auf dem Posten des Gouverneurs bleiben könne. Wenn er wieder in die Wirtschaft zurückgeht, wird der Staat ihn sowohl in der Ukraine als auch außerhalb unterstützen – wie jeden anderen ukrainischen Geschäftsmann. Niemand hatte vor, ihm das rechtmäßig erworbene Eigentum wegzunehmen. Sollten sein Team und er aber beschließen, mit Gewalt um die Macht zu kämpfen, so müssten sie auch für die Folgen haften.

Ich glaube, dass die diplomatische Methode damals ihre Wirksamkeit bewies. Wir entspannten die Lage für einige Monate. Das neue Gesetz über die Aktiengesellschaften ermöglichte es, das Management der Ukrnafta auszuwechseln. Im Sommer fand der Aufsichtsrat des Unternehmens einen neuen Generaldirektor, den erfahrenen Engländer Mark Rollins. Im Herbst begann Ukrnafta, seine Schulden gegenüber dem Staat zu tilgen.

Ende Sommer erreichten mich Signale, dass die Dnipropetrowsker Mannschaft dabei war, alles auf eine Karte zu setzen. Es hieß, Kolomojsjkyj hätte sich mit den „jüngeren" Fraktionen der Regierungskoalition, mit Rinat Achmetow und jemandem in der Regierung verabredet und würde einen Machtwechsel anstreben. Personen, die man mit Kolomojsjkyj in Verbindung brachte, gründeten die ultrapatriotische Partei „Ukrop" und begannen, mit Massenaktionen die Situation aufzuschaukeln.

Als ich die Wahrscheinlichkeit dieser Entwicklung analysierte, fragte ich mich, ob den Teilnehmern dieses Spiels bewußt ist, dass sie – selbst wenn es ihnen gelingt, die Regierung abzusetzen – die gesamte Existenz des Landes in Frage stellen. Chaos ist ein günstiges Milieu für dynamische und aggressive Gruppen, aber in der Situation einer fehlender Macht und Anarchie kann man nicht voraussagen, wer zum Jäger und wer zum Opfer wird.

Während der Verschärfung der Verhältnisse im Frühjahr sagte ich Kolomojsjkyj mehrmals, dass er sich entscheiden müsse, wohin er gehöre – in die Regierung oder in die Wirtschaft. Viele gewannen damals den Eindruck, Kolomojsjkyj hätte geglaubt, dass er ein selbständiges, von niemandem abhängiges Machtzentrum im Lande wäre.

Worin besteht die Ursache dieser Veränderung von Kolomojsjkyj, der sich nie vorher für die Politik interessiert hatte? Weder er, noch andere Vertreter aus der Gruppe Privat waren früher an der Macht gewesen. Ich nehme an, dass die Dosis Adrenalin, die sie erhalten hatten, als sie das Frontgebiet geleitet hatten, in keinem Vergleich mit dem stand, was ihnen die Wirtschaft geboten hatte. Es scheint mir, Kolomojsjkyj war es in der Wirtschaft etwas zu langweilig geworden.

Die Ukraine ging ohne besondere Exzesse durch den Herbst 2015. Ich hoffte, Kolomojsjkyj hätte eingesehen, dass man die Ukraine nicht telefonisch von Genf aus verwalten kann. Bedeutet es, dass er sich damit abgefunden hatte, dass die Zeit der Oligarchen vorbei war? Kommt Zeit, kommt Rat.

***

Vor Beginn der Meuterei im Donbass galt der 49-jährige Rinat Achmetow als der maßgebendste Mann in der Region. Als reichster Mensch der Ukraine (2015 schätzte Forbes sein Vermögen auf USD 6,7 Mrd.), investierte Achmetow viel in den Ausbau seiner Reputation unter seinen Landsleuten. Das beeindruckendste Beispiel dafür ist das von ihm in Donezk erbaute supermoderne Stadion Donbass-Arena. Im Unterschied zum Flughafen Donezk wurde die Arena im Verlauf der Kriegshandlungen fast nicht beschädigt. Trotzdem konnte auch Achmetow mit seiner Autorität den Krieg nicht stoppen.

Die Grundlagen des Reichtums von Achmetow sind die Montanholding Metinvest und die Energieholding DTEK. Das sind die größten nichtstaatlichen Unternehmen der Ukraine mit einem Gesamtumsatz von USD 10,6 Mrd. im Jahre 2014.

2013 – 2014 erwirtschaftete die DTEK fantastische Gewinne: Die Zuneigung der Regelungsbehörde gestattete es dem Unternehmen an hohen Stromtarifen zu verdienen und den Dispatchern des

Strommarktes an der hohen Auslastung der Kraftwerke. Das ist ein klassisches Beispiel für „state capture", in der Wirtschaftsliteratur oft beschrieben. Die Schlüsselrolle haben hier die politischen Beziehungen Achmetows, eines der Hauptsponsoren der Partei der Regionen, gespielt.

Unter anderen Themen haben Achmetow und ich auch die Reformen in der Energiewirtschaft besprochen. Ist die Holding DTEK ein Monopol oder nicht? Wir brauchten die Antwort auf diese Frage nicht, um dem Unternehmen Monopolismus vorzuwerfen, sondern um neue Spielregeln festzulegen, die alle Marktteilnehmer gleichstellen würden. Wenn die DTEK ein Monopolist ist, dann müssen europäische Regulierungsnormen Anwendung finden. Wenn nicht, dann ist die ganze Fragestellung nicht relevant.

Obwohl der Anteil der Holding DTEK in der Stromerzeugung gesunken war (von 30,1% im Jahre 2013 auf 24,8% in der ersten Hälfte 2015) räumte das Antimonopolkomitee im Dezember 2015 ein, das die Tätigkeit der Holding DTEK Merkmale einer dominierenden Marktstellung aufweisen würde[1].

Die Aufgabe des Staates besteht darin, eine gerechte Preisbildung auf dem Strommarkt zu ermöglichen. Das Prinzip ist einfach. Wir suchen nach gleichen Unternehmen in den Ländern mit einer guten Regulierung und holen dieses Modell in unser Land. Wird die DTEK genauso viel abwerfen, wie in den Zeiten von Janukowytsch? Wenn die Spielregeln gerecht sind – in Gottes Namen! An ehrlichen Einkünften vergreift sich niemand. Aber man kann keine disproportionalen Gewinne auf Kosten anderer Akteure erhalten – ob es Atomkraftwerke oder andere Energieerzeuger sind.

---

[1] Антимонопольний Комітет України. Презентація результатів комплексного дослідження ринків електричної енергії та енергетичного вугілля. Київ, 24.12.2015, с. 14, 17.

Ohne „state capture" funktionieren oligarchische Businessmodelle schlecht, wenn überhaupt. Aber in der ukrainischen Wirtschaft sind noch ominösere Modelle vertreten. Eine der größten Quellen der Korruptionseinnahmen in der Ukraine war immer der Erdgashandel. Wegen der vielfachen Differenz in den Gastarifen für die Bevölkerung und die Unternehmen erwies sich die Versuchung, an der Spanne zwischen den hohen und niedrigen Preisen für eine und dieselbe Ware zu verdienen, als unüberwindlich. Dieses Geschäft assoziierten viele mit dem Namen von Dmytro Firtasch – eines weiteren Sponsors der Partei der Regionen. Aber es wäre falsch, alles auf eine Person abzustellen. Schließlich prägte bereits in den 1990er Jahren ein Politikwissenschaftler den schönen Satz: „Alle großen Vermögen in der Ukraine wurden mit dem Gashandel verdient".

Im Vergleich zu dem, wie der Gashandel auf regionaler Ebene erfolgt, scheint das Geschäftsmodell von DTEK ein Muster an Korrektheit zu sein.

Hauptakteure auf dem Gaseinzelhandelsmarkt sind die so genannten „Oblgas" – die Gebietsgasunternehmen. Hier eines der noch vor kurzem am meisten verbreiteten räuberischen Modelle: Das Gasunternehmen berichtet, dass es z. B. eine Milliarde Kubikmeter Gas an die Bevölkerung geliefert hätte. Tatsächlich wurde nur die Hälfte geliefert, aber es ist unmöglich, das festzustellen: Die Bevölkerung hat praktisch keine Verbrauchszähler, die einen Nachweis über den Verbrauch von Gas bringen könnten. Die Differenz kann man zu einem Preis verkaufen (oder unentgeltlich liefern, sollten die Betriebe dem Verkäufer gehören), der vielfach höher ist, als für die einfachen Bürger. Die Gewinnrate (eigentlich die Diebstahlrate, denn die Gastarife für die Bevölkerung werden vom Staat subventioniert) beträgt Hunderte Prozente.

Die Vereinheitlichung der Gastarife versetzte diesem Modell im Frühling 2015 einen vernichtenden Schlag. Dort, wo der Markt funktioniert, können Oligarchen gar nicht erst entstehen.

***

Man kritisiert uns dafür, dass wir uns zu sehr mit den Oligarchen abgeben. Man sollte sie einfach an einem Tisch versammeln und verkünden, dass ab heute ein neues Leben beginnen würde, die Vergangenheit sei vergessen und vergeben, aber für neue Spielchen würden wir sie zur Rechenschaft ziehen, und zwar streng.

Wenn das alles so einfach wäre!

Jeder großer Geschäftsmann, der über eigene Ressourcen verfügt, hat eigene Interessen, eigene wunde Punkte. Wenn wir über allgemeine Regeln sprechen, hat niemand Einsprüche. Ja, wir wollen nach den zehn Geboten leben, keine Fragen. Wenn man aber zum Kern der Sache vordringt... Für Pintschuk, zum Beispiel, ist im Unterschied zu Achmetow die Frage der Festsetzung der Tarife für Wärmeenergie nicht von grundsätzlicher Natur. Kolomojsjkyj interessiert sich am meisten für die Frage der Kontrolle über Ukrnafta, die Firtasch völlig gleichgültig ist. Ihn sorgt mehr, ob seine Unternehmen, die das Gas an die Bevölkerung verkaufen, auch weiterhin unentgeltlich die staatlichen Gasverteilungsnetze nutzen können.

Die Idee eines runden Tischs, an dem sich der Staat mit den Oligarchen verabredet, „auf eine andere Art zu leben", ist schön, aber unrealistisch. Für jeden von ihnen hat „auf eine andere Art" eine ganz unterschiedliche Bedeutung.

Gut, wird man mir erwidern. Es gibt doch auch etwas, was die Oligarchen vereint. Sie besitzen zum Beispiel die größten Fernsehsender, die in ihren Händen gegebenenfalls die Rolle eines „Informationsknüppels" spielen können: 1+1 bei Kolomojsjkyj, Ukraina bei

Achmetow, Inter bei Ljowotschkin und Firtasch, Viktor Pintschuk hat gleich einige Fernsehsender.

Warum kann man nicht zumindest in diesem Bereich anfangen, auf neue Art zu leben? Die Eigentümer der Fernsehsender könnten ein Moratorium für den Einsatz der ihnen gehörenden Informations-Massenvernichtungswaffen vereinbaren. Und der Präsident, der es öffentlich abgelehnt hatte, den Fünften Kanal zu verkaufen, könnte dieses Gentlemen‘s Agreement initiieren.

Den Vertreter dieser Meinung würde ich empfehlen, die Sachen nüchtern zu betrachten. Wer soll sich mit wem verabreden? Der Präsident mit den Oligarchen? Es wäre auch juristisch nicht korrekt – der Präsident hat kein Recht, die Unternehmen zu beeinflussen, die ihm gehört haben. Sie wurden einem Trust übergeben. Auch politisch ist es aussichtslos. Stellen sie sich die Welle vor, die nicht nur unsere Opponenten, sondern auch unsere Verbündeten schlagen werden.

Und noch etwas. Was sollte man als eine Verletzung dieser Vereinbarung betrachten, wo liegt die Grenze? Welche Haftung ist vorgesehen? Wer erhebt Sanktionen? Die Antworten auf diese Fragen sind ganz und gar nicht offensichtlich. Das urteile ich nicht nur vom Hörensagen. Als wir die Forbes herausgegeben haben, riefen mich hin und wieder Personen aus unseren Publikationen an und beschwerten sich über Kommentare, behaupteten, dass die Journalisten Auftragsartikel geschrieben hätten. Ich wusste, dass es dabei nicht um die Käuflichkeit der Journalisten ging. Wir lesen alle gern über andere, aber ein unabhängiger Blick auf das geliebte Ich kann oft verletzen oder zur Raserei bringen.

Die „Entoligarchisierung“ wird in den Medien ohne Gentlemen’s Agreement erfolgen. Die Zeit der Überprofite in der Ukraine geht zu Ende. Sobald der Geldstrom versiegt, verlieren sowohl die „Investitionen“ in die Fernsehsender, als auch der Unterhalt ganzer Abgeordnetengruppen im Parlament ihren Sinn. Wenn die Oligarchen ihre Subventionen für die Fernsehsender zu reduzieren beginnen, werden diese auch ihre Popularitätsquoten verlieren, und auch ihr Einflussgrad wird sinken.

Für den vollständigen Abbau des oligarchischen Systems müssen einige Prozesse zu Ende geführt werden.

Erstens müssen die Spielregeln in der Wirtschaft verändert und die Einhaltung dieser Regeln sichergestellt werden. Dazu müssen die Gerichts- und Rechtsschutzsysteme reformiert werden. Vor allem müssen verdeckte Subventionen beseitigt werden, die an die Oligarchen infolge einer Unterbewertung (wie im Fall der Eisenbahn) oder einer Überbewertung der Tarife (wie im Fall der Energiewirtschaft) fliessen. Eine großangelegte Privatisierung wird neue Investoren ins Land bringen und das „Verhandlungspotential" der Oligarchen senken. Zweitens muss die Rolle des Geldes im politischen System reduziert werden. Hier spielt das Gesetz über die staatliche Finanzierung der politischen Parteien eine wichtige Rolle. Drittens müssen die Medien in eine eigenständige Wirtschaftsbranche umgewandelt werden. Wie viel Zeit das in Anspruch nimmt? Ich glaube, in einem oder in zwei Jahren werden diese Prozesse unumkehrbar sein.

Das ganze Jahr 2015 über haben wir die gröbsten Verzerrungen beseitigt. Es handelte sich überwiegend um Rechtsvorschriften, die den oligarchischen Charakter des Wirtschaftssystems verankert hatten. Der nächste Schritt ist die Privatisierung, die die Oligarchen von der Verwaltung des staatlichen Eigentums trennt. Manchmal besitzen sie Minderheitspakete an einträglichen Unternehmen und sträuben sich mit allen Kräften gegen den Verkauf der staatlichen Anteile. Wozu zusätzliches Geld ausgeben, wenn du auch so das Management kontrollierst und im eigenen Interesse Einnahmen aus der Verwaltung des staatlichen Anteils erzielen kannst? Transparente Versteigerungen und der Verkauf dieser Unternehmen und Anteile an den

Meistbietenden – so sieht die optimale Strategie zur Lösung dieses Problems aus.

Wir sehen, mit wie vielen Schwierigkeiten die neuen Spielregeln festgelegt werden. Werden sich die Oligarchen damit abfinden, dass die Regeln ab einem bestimmten Zeitpunkt für alle gleich sind? Da jeder von ihnen eine eigene, höchst spezifische Symbiose mit dem Staat eingegangen ist, wird der Verzicht auf die Privilegien für jeden Oligarchen einseitig sein. Und hier entsteht für die verbleibenden Oligarchen in der Ukraine ein Dilemma: Die Waffen strecken und dabei riskieren, dass dieses Nachgeben als Signal zum Angriff wahrgenommen wird – entweder seitens des Staatsapparats oder seitens der Konkurrenten – oder bis zum Äußersten für seine Privilegien kämpfen.

Ich hoffe, die Oligarchen werden die richtige Wahl treffen. Richtig für sich und für die Ukraine.

Kapitel 8
UKRAINISCHE WIRTSCHAFT: WAS LIEF FALSCH

Wie kann man die Wirtschaft neu starten? Das ist heute die wichtigste Frage auf der Tagesordnung. Und es geht dabei nicht nur um die schwere Wirtschaftskrise in den letzten beiden Jahrzehnten.

Wenn wir es nicht schaffen, den Rückstand zu unseren Nachbarn in Bezug auf unser Lebensniveau zu verringern, dann verdammen wir im besten Fall die Generation der 20- bis 30jährigen zum Dahinvegetieren in einem Land, in dem Populisten schalten und walten. Im schlechtesten Fall gefährden wir die Existenz der Ukraine selbst, die zudem durch einen aggressiven Nachbar belagert wird, der viel mächtiger ist, sowohl wirtschaftlich, als auch militärisch.

Das Niveau der Wirtschaftsentwicklung wird zur Schlüsselfrage der nationalen Sicherheit.

Während ich an diesem Buch gearbeitet habe, fand zeitgleich im Land eine scharfe Diskussion zum Thema Steuerreform statt. Ich halte diese Reform für eine der wichtigsten. Ohne Senkung der Steuerlast, ohne Vereinfachung der Regeln der Steuererhebung wird die Regierung außerstande sein, Bedingungen für ein schnelles und nachhaltiges Wachstum zu sichern. Vor dem Staat steht die Aufgabe, den Krieg gegen die Wirtschaft einzustellen, die Geschäftspraktiken zu normalisieren, die Ukraine zu einem der attraktivsten Länder der Welt für Direktinvestitionen umzugestalten.

Anfang 2015 unterzeichnete die Ukraine ein neues Abkommen mit dem Internationalen Währungsfonds. In den letzten 23 Jahren war das schon das neunte Programm, was an und für sich bereits die Anfälligkeit unserer Wirtschaft für regelmäßige Krisen belegt. Im Unterschied zu den drei vorherigen Programmen wurde dieses nicht eingefroren, nachdem der Fonds die erste Kredittranche zur Verfügung gestellt hatte. Die Regierung und das Parlament erfüllen die Bedingungen des Abkommens sorgfältiger, als früher. Das Wesen des Abkommens kann kurz mit der Formel „Geld im Austausch gegen Reformen" ausgedrückt werden. Trotzdem kann ein schlechtes Kreditverhalten nicht in einem oder zwei Jahren berichtigt werden. Das ist noch ein Argument zugunsten der Radikalisierung der Reformen.

Von meinen Opponenten, die auf den Korridoren der Macht verkehren, hörte ich mehrmals, dass jetzt nicht die richtige Zeit für radikale Reformen wäre.

„Erinnern Sie sich, wie schwer die Krise Anfang der 1990er war, und wir haben sie trotzdem ohne radikale Reformen überlebt", sagen sie. „Wir werden uns auch diesmal aus der Klemme ziehen".

Dieser Standpunkt ist leider sehr verbreitet. Meine Opponenten vergessen dabei zwei Momente.

Erstens hatte die Verzögerung der schmerzlichen Reformen in den 1990er Jahren zu enormen sozialen und politischen Verlusten geführt. Wenn die ukrainischen Regierungen eine entschlossenere und konsequentere Wirtschaftspolitik betrieben hätten, wäre der Rückgang des Lebensstandards nicht so groß, man hätte viele menschliche Dramen und Tragödien vermeiden können. Falls die Erfahrungen der 1990er überhaupt anwendbar sind, so ausschließlich als negative Erfahrungen, wie man etwas nicht tun sollte. Zu einem der Nebenergebnisse des ukrainischen Gradualismus wurde die Vorherrschaft von Oligarchen in der ukrainischen Wirtschaft und in der Politik von Populisten und Partei-Cliquen.

Zum zweiten ist die jetzige Krise nicht einfach ein Rückgang aufgrund der Transformationen beim Übergang von einem Entwicklungsmodell zu einem anderen. Die Ukraine wurde zum Opfer einer Aggression von außen. Der Ausgang des Krieges hängt davon ab, wie schnell die Ukraine Quellen für ein Wirtschaftswachstum mobilisieren kann.

Die politischen Kräfte, die nach dem Sieg des Maidan an die Macht kamen, haben ein letztes Gelegenheitsfenster: den Winter und Frühling 2016. Ohne Beschleunigung der Reformen bleibt die Ukraine in der Risikozone stecken. Im Herbst 2014 mahnten Experten, dass der Ukraine, wenn sie nicht ihr Staatsbudget in Ordnung bringt, eine scharfe Finanzkrise droht. Im Februar 2015 wurde diese Prognose bestätigt. Auf dem Höhepunkt der Panikstimmung sank der Wechselkurs der nationalen Währung um das Zweifache. Ohne Unterstützung des IWF hätte der Absturz der Hrywnja ins Bodenlose gehen können. Es wäre zum Zusammenbruch des Bankensystems und zur Lähmung der Staatsfinanzen gekommen.

Es wäre sehr unschön, wenn als Motor für die Reformen in der Ukraine auch weiterhin Krisen dienen würden. Dieser Weg birgt die Gefahr eines Kollapses des politischen Systems und der Diskreditierung des Maidan-Erbes.

* * *

Das Jahr 2015 beendete[1] die Ukraine in der misslichen Lage des nach Moldova ärmsten Landes in Europa. Laut Einschätzung des amerikanischen analytischen Zentrums Heritage Foundation ist die Ukraine gleichzeitig auch am wenigsten wirtschaftlich frei unter allen europäischen Ländern.

---

[1] Nach der IWF-Prognose wird das BIP pro Kopf der Bevölkerung gemäß dem laufenden Dollarkurs nach den Ergebnissen 2015 USD 2 109,- betragen (World Economic Outlook Database, October 2015 Edition).

Einer der Verfasser dieses Buches scherzte einmal düster, dass die Ukraine ein Land mit einem ständig wachsenden Potential sei. Leider wuchs ihr Potential 2014 – 2015 wieder bedeutsam, wenn man als Potential den Rückstand zu den Nachbarländern definiert.

Die Ukraine befindet sich im Teufelskreis unvollendeter Reformen. Um diesen Kreis zu durchbrechen, ist es erforderlich, die Krankheit genau zu diagnostizieren, die die Ukraine zu einem der Außenseiter des internationalen Wirtschaftswachstums gemacht hat.

Die neueste Wirtschaftsgeschichte der Ukraine kann man in drei Phasen aufteilen. Die erste dauerte von 1992 bis 2003, es war eine Periode des tiefen Rückgangs während der Transformationen und der nachfolgenden Regeneration. Die zweite umfaßte die Jahre von 2004 bis 2013. Das war das „verlorene Jahrzehnt", die Zeit einer Degradierung der Basisinstitute des Staates. Die Institute der Dritten Republik verfielen vor dem Hintergrund des Rohstoffbooms der 2000er Jahre und des Aufschwungs nach der tiefen, aber nicht langandauernden Krise von 2008 (2009 verzeichnete die Ukraine den stärksten Rückgang in der Welt, ihr BIP sank um 15,1%). Das BIP pro Kopf der Bevölkerung, berechnet nach Kaufkraftparität, stieg in diesem Jahrzehnt um 68%.

Die Krise 2014 – 2015 warf das Einkommen der Bürger auf das Niveau der Jahre 2005 – 2006 zurück und zeigte, dass das Wachstum des vorherigen Jahrzehnts auf einem unsicheren Fundament erfolgte. Die Mindest-Aufgabe in der neuen Phase besteht darin, das Land spätestens 2017 auf den Weg eines dynamischen, sich beschleunigenden und nachhaltigen Wirtschaftswachstums zu bringen. Das darf kein Wachstum sein, welches lediglich durch den Wiederaufbau und die Auslastung bereits bestehender Kapazitäten, die derzeit wegen fehlender Nachfrage stillstehen, erfolgt. Grundlage des neuen Wachstumsmodells muss ein massiver Zufluss ausländischer Direktinvestitionen bilden.

Sehen wir uns eine Momentaufnahme des Weges an, den die Ukraine in 21 Jahren ihrer Unabhängigkeit bzw. in den ersten beiden

Phasen ihrer neuesten Wirtschaftsgeschichte zurückgelegt hat. In der Datenbank des IWF World Economic Outlook sind 166 Länder vertreten, zu denen Angaben von 1992 bis 2013 vorliegen. Ordnet man sie nach dem Wachstumstempo der Wirtschaft (unter Berücksichtigung der Kaufkraftparität), belegt die Ukraine den letzten Platz von 166. In zwei Jahrzehnten stieg das BIP unseres Landes um 23%. Es ist selbst für die Industrieländer Europas ein extrem niedriges Tempo: Die Wirtschaft Deutschlands wuchs im gleichen Zeitraum um 96%, die Frankreichs um 110%. Der Osteuropameister im Wachstumstempo Polen steigerte sein BIP um 264%.

Wie sehen halbherzige Reformen aus

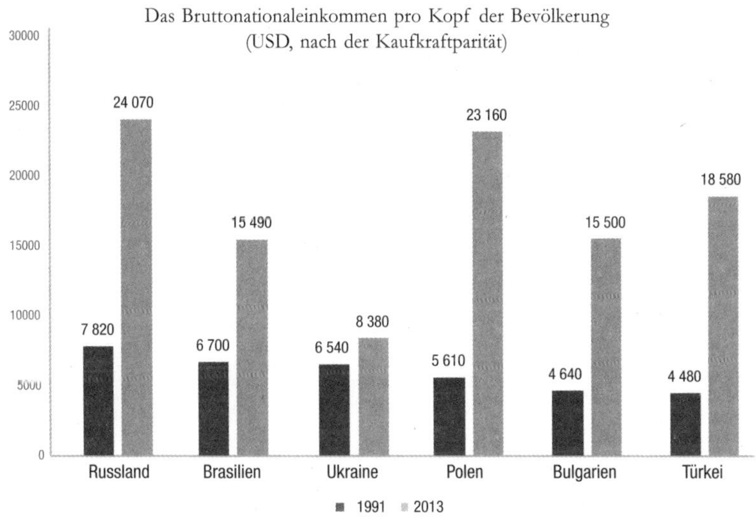

Quelle: Weltbank

Ich bin sicher, dass diese traurige Situation in einem anderen europäischen Land zum Mittelpunkt des politischen Lebens würde. In der Ukraine jedoch rangiert sie lediglich am Rande der Aufmerksamkeit. Warum ist das so? Ich glaube, ich hätte einige Erklärungen.

Wie extrem langsam das ukrainische Wirtschaftswachstum auch sein mag – in der späten Sowjetunion war die Situation noch schlechter. In 20 Jahren – von 1973 bis 1992 – verzeichnete das BIP in der Ukraine einen Anstieg von nur 20%[1]. Der Wohlstand der Bürger wuchs in jenem Zeitraum noch langsamer, als die anämische sowjetische Wirtschaft: Das BIP pro Kopf der Bevölkerung stieg in der Ukraine in den beiden letzten Sowjetjahrzehnten lediglich um 12%. Der Wohlstand der Menschheit insgesamt wuchs in diesem Zeitraum um das Zweieinhalbfache (+ 27%), in unserem Nachbarland Türkei z. B. um das Vierfache (+54%).

In 21 Jahren ihrer unabhängigen Existenz erreichte die Ukraine ein Wachstum des Lebensniveaus pro Kopf der Bevölkerung, welches für die Türkei in den Jahren von 1973 bis 1992 charakteristisch war. Das Wachstum des BIP pro Kopf der Bevölkerung von 48% in den Jahren 1993 bis 2013 erfolgte einerseits vor dem Hintergrund eines wesentlichen Rückgangs der Bevölkerungszahl, der in erster Linie durch die Arbeitsmigration verursacht worden war, und in zweiter Linie durch den natürliche Rückgang (von 1992 bis 2013 verminderte sich die Bevölkerung der Ukraine um mehr als sechs Millionen Menschen, oder um 12%). Zweitens gibt es Gründe für die Annahme, dass unter Berücksichtigung qualitativer Faktoren (mehr Auswahlmöglichkeiten, kein Anstehen mehr, Überfluss an Konsummitteln) der Wohlstand stärker gewachsen ist, als es die offiziellen Statistiken zeigen. Hier lediglich einige Details, die diese These veranschaulichen. Der Verzehr von Gemüse pro Kopf der Bevölkerung stieg von 1991 bis 2011 um 58%, von Obst – um 47%. Die Wohnfläche pro Person vergrösserte sich um 31% – hier ist der Rückstand gegenüber anderen Ländern mit einer Übergangswirtschaft entweder nicht vorhanden, oder er ist nicht so auffällig, wie im Vergleich zur Entwicklung des BIP. Emissionen von Schadstoffen in die Luft sanken

---

[1] Angus Maddison project. http://www.ggdc.net/maddison/maddison-project/home.htm, unter Berücksichtigung des Bevölkerungswachstums.

um 51% – bedeutender als in Russland (38%), aber geringer als in Lettland (71%)[1].

Die Dritte ukrainische Republik war kein „Wirtschaftstiger", aber der Zerfall des sowjetischen Imperiums ermöglichte es den Ukrainern, aus dem Schatten einer ineffizienten militarisierten Wirtschaft herauszutreten, in der der Grundsatz „Kanonen statt Butter" galt. Der verhältnismäßige Rückstand im Vergleich zu den anderen Ländern (der Anteil der Ukraine am globalen BIP sank von 1993 bis 2013 um das Zweieinhalbfache von 1% auf 0,4%) wurde durch das Wachstum des Lebensstandards im absoluten Zahlen ausgeglichen.

Es ist bekannt, das das System nationaler Statistiken, in dem das Bruttoinlandsprodukt einer der Schlüsselindikatoren ist, wenig geeignet für die Beurteilung des Lebensniveaus und des Produktionsvolumens in Kommandowirtschaften ist. Aufgrund fehlender freier Preise wiesen diese Wirtschaften bei ihrem Zusammenbruch tiefste Strukturverzerrungen auf. Im Sozialismus war die Tätigkeit der Betriebe im wesentlichen Maße nicht auf die Erzeugung, sondern die Vernichtung von Werten gerichtet. Dazu gehörten sowohl die unzähligen ewigen Bauvorhaben, als auch die verschwenderischen Praktiken in der Verarbeitungsindustrie (die Rohstoffe, aus denen Fertigerzeugnisse hergestellt wurden, kosteten auf dem Weltmarkt manchmal mehr, als diese Erzeugnisse selbst, wenn man sie nach den Weltmarktpreisen bewertet hätte). Vor allem gehörten dazu auch die Ausgaben für die Unterhaltung der weltweit größten Streitkräfte und Rüstungsindustrie.

Neben Belarus und Russland gehörte die Ukraine zu den drei wichtigsten Produktionsstätten des sowjetischen militär-industriellen

---

[1] Andrei Schleifer, Daniel Treisman, Normal Countries: The East 25 Years After Communism, pp. 16—18. Zitiert nach: https://scholar.harvard.edu/files/shleifer/files/normal_countries_draft_sept_12_annotated.pdf.

Komplexes. Nach einigen Schätzungen gab die Sowjetunion Ende der 1980er Jahre für den Verteidigungsbedarf etwa 25% ihres BIP aus[1]. Der Zerfall des sowjetischen Imperiums und die Notwendigkeit, die Staatsfinanzen zu stabilisieren, führten in allen drei slawischen Republiken zur Reduzierung der Verteidigungsausgaben auf 1 -3% des BIP. Die Erben der UdSSR wollten nicht mehr gegen die ganze Welt Krieg führen und brauchten diese unsinnige Last der Verteidigungsausgaben nicht. In den Statistiken des ukrainischen BIP widerspiegelte sich dieser sinnvolle Verzicht auf das Verbrennen kostbarer Ressourcen – materieller und menschlicher – im Schlund des Wettrüstens. Den Kritikern der liberalen Reformen lieferte es den Grund zu den Behauptungen, dass die Marktwirtschaft auf dem postsowjetischen Gebiet nicht funktioniert hätte, obwohl sie eigentlich nicht die realen Zahlen kommentierten, sondern das, was man üblich als statistisches Artefakt bezeichnet[2].

Kurzum, die Ukraine entwickelte sich in den ersten beiden Jahrzehnten ihrer Unabhängigkeit nicht so dynamisch, wie die überwiegende Mehrheit der Länder der Welt, aber dynamischer, als in den letzten Jahren des Bestehens der UdSSR. Die Dritte Republik war – bei all ihren Mängeln und Widersprüchen – wahrscheinlich die erfolgreichste Periode der ukrainischen Geschichte seit dem ersten Weltkrieg.

Die Ukraine stand nicht aufgrund des niedrigen Wachstumstempos vor der Gefährdung ihrer Existenz. Ich gehe davon aus, dass nach zwei oder drei friedlichen Zyklen im Lande neue politischen Kräfte entstanden wären, die in der Lage wären, den unternehmeri-

---

[1] Андерс Ослунд. Строительство капитализма. Рыночная трансформация стран бывшего советского блока. Москва: «Логос», 2003, с. 208.

[2] Diese Position verteidigt Anders Åslund überzeugend.

schen Geist und die Kreativität der gesellschaftlichen Kräfte freizusetzen – mit einem Wort, die Modernisierung der Ukraine an allen Fronten anzugehen.

Zum Hauptproblem der Dritten Republik wurde die Tatsache, dass sich die Wirtschaft unseres wichtigsten potentiellen Gegners viel dynamischer entwickelte. Wenn 1992 das BIP pro Kopf der Bevölkerung in Russland 75% über der Ukraine lag, so waren es 2013 bereits 151%. Welche bedrohlichen Folgen diese verhältnismäßige Erstarkung Russlands haben würde, begriffen die Ukrainer erst dann, als es schon zu spät war. Die ukrainischen Politiker, die vor den aggressiven Plänen Kremls warnten, waren nicht in der Lage, eine überzeugende Lösung für unser Hauptproblem vorzuschlagen – das Problem des verhältnismäßigen Rückstands infolge einer weniger effizienten und konsequenten Wirtschaftspolitik.

***

Wenn politischer Kampf den konzentrierten Ausdruck wirtschaftlicher Interessen darstellt, so ist im Falle der Dritten Republik auch die umgekehrte Behauptung richtig: Die Wirtschaft ist die Fortsetzung der Politik mit anderen Mitteln. Die Mission der jetzigen Reformer-Generation besteht darin, die Wirtschaft und die Politik in verschiedene Ecken des Rings zu bringen, die Entscheidungen in der Rechtsprechung, der Regulierung und der Wirtschaft zu entpolitisieren.

Die ukrainische Unabhängigkeit ist ein Ergebnis der politischen Vereinbarung zweier ideologischer Gegner – der Nationalkommunisten und der Nationaldemokraten. Weder die einen, noch die anderen waren auf die wichtigste Herausforderung der Unabhängigkeit vorbereitet, die nach dem Zerfall der Planwirtschaft entstand – auf den Aufbau einer Marktwirtschaft, in der die Regierung und das Eigentum getrennt sind.

In Polen hatte man die Mannschaft von Leszek Balcerowicz, in Tschechien – den charismatischen Ministerpräsidenten Vaclav Klaus. Im Herbst 1991 übernahm die Mannschaft von Jegor Gaidar die Verantwortung für die Wirtschaftsreformen in Russland.

Die Ukraine, die über Jahrhunderte als Geber menschlichen Kapitals für mehrere Imperien fungierte, war nicht in der Lage, ein eigenes Reformerteam vorzuzeigen.

Diese Tatsache wird durch folgende Szene gut illustriert. Im Herbst 1992 wandte sich Leonid Kutschma, der sich darauf vorbereitete, das mit außerordentlichen Vollmachten ausgestattete Amt des Ministerpräsidenten anzutreten, mit den Worten an die Abgeordneten der Werchowna Rada: „Sie sagen uns, welche Gesellschaft aufgebaut werden soll, und wir bauen sie auf".

Kutschma war bereit zu entschlossenen Handlungen, aber ihm und seiner Umgebung fehlte es an Kenntnissen, denn ein Direktor eines Rüstungsbetriebs in der Sowjetunion hatte dieses Wissen eben nicht. Er konnte nicht wissen, wie die Marktwirtschaft funktioniert oder wie man die Planwirtschaft auf eine marktwirtschaftliche Schiene bringt.

Gerechterweise muss man sagen, dass es zu jenem Zeitpunkt zur zweiten Frage weltweit keinen Konsens gab. Der Streit zwischen den Anhängern schneller Reformen (die Opponenten nannten solche Reformen „Schocktherapie") und den Gradualisten dauerte die ganzen 1990er Jahre.

Erst heute wissen wir, dass eine marktwirtschaftliche Transformation möglich ist. Wir wissen auch: Je schneller und entschlossener die Reformer handeln, desto schneller wird das Wirtschaftswachstum erneuert, desto niedriger sind die sozialen und politischen Verluste des Übergangs.

Die Ukraine wiederholte die Entwicklungskurve anderer postkommunistischen Länder.

Zuerst kam ein tiefer Rückgang, der mit der Beseitigung der wichtigsten Verzerrungen und mit der Integration in die Weltwirtschaft zusammenhängt. Die Rüstungsbetriebe wurden aufgrund mangelnder Nachfrage stillgelegt, Betriebe, die Verbrauchsartikel wie Fernsehgeräte, Autos oder Möbel fertigten, waren nicht nur auf den Außenmärkten, sondern auch auf dem sich für Importe öffnenden Binnenmarkt nicht wettbewerbsfähig.

Dem Rückgang und der Durchführung der marktwirtschaftlichen Reformen folgte ein regeneratives Wachstum, das in der Ukraine ziemlich stürmisch verlief. Auf dem Höhepunkt in den Jahren 2003 – 2004 stieg unser BIP jeweils um 9,3% und 12,1%.

Zum wichtigsten Unterschied der Ukraine wurde, dass der Rückgang hier länger dauerte, als in den meisten anderen postkommunistischen Ländern. Das kann überwiegend durch den kritischen Mangel an menschlichem Kapital erklärt werden – in der Ukraine fehlte es an einer Mannschaft von Reformern. Der erste Versuch einer makroökonomischen Stabilisierung, ohne die es unmöglich ist, in ein Wachstum überzugehen, wurde erst 1994 gemacht – im dritten Jahr der Unabhängigkeit. Für diese drei Jahre Untätigkeit zahlte das Land einen hohen Preis. Zum Scheitelpunkt der Hyperinflation im Jahre 1993 stiegen die Verbraucherpreise um 10 156%.

Im Ergebnis der halbherzigen Reformen wuchs die Schattenwirtschaft und es entstand eine ganze Klasse von Unternehmern, die sich nicht auf dem Sieg im marktwirtschaftlichen Wettbewerb konzentrierten, sondern auf dem Kampf um Renten.

In der ersten Hälfte der 2000er schien es, dass sich das wiedergutmachen lässt. Der internationale Wirtschaftsboom, der durch preiswerte Kredite angetrieben wurde, zog alle mit sich. Auch die Ukraine.

2004 erlebte die Ukraine einen Präsidentenwechsel. Der in der zweiten Amtsperiode regierende Leonid Kutschma setzte auf den

Gouverneur von Donezk Viktor Janukowytsch. Als dieser an die Spitze der Regierung kam, aber nicht über alle Machthebel verfügen konnte, denn Präsident Kutschma wachte eifersüchtig über sie, nutzte Janukowytsch ein in der ganzen Welt erprobtes Mittel: Er blähte die Haushaltsausgaben auf, um sich die Liebe der Wähler zu kaufen. Zur Geisel dieses Kurses wurde auch sein wichtigster politischer Opponent, Viktor Juschtschenko, der durch die Orangen Revolution an die Macht kam.

„Der Plan des Ministerpräsidenten, der zum Präsidentschaftskandidaten wurde, bestand darin, den Bürgern des Landes einen raschen Anstieg ihres materiellen Wohlstands zu bieten, der seinen persönlichen Entscheidungen zu verdanken war", schreibt der Historiker Stanislaw Kuljtschyzjkyj. „Natürlich gab es im Budget des Jahres 2005 keine Ressourcen, um die von Janukowytsch aufgestellte Latte für Einkommen aufrechtzuerhalten. Die Verwaltung von V. Juschtschenko war zusammen mit der Parlamentsopposition gezwungen, diese Höhe aufrechtzuerhalten und das gestiegene Niveau der Löhne, Gehälter und Renten real zu untermauern[1]".

2004 schnellten die Staatsausgaben um 2,6% des BIP in die Höhe, im Jahr 2005 um weitere 2,5%. Das lag nicht nur daran, dass der neue Präsident Juschtschenko nicht gegen den Strom schwimmen wollte. Die neue Ministerpräsidentin Julija Tymoschenko war bereit, für ihre eigene Popularität die makroökonomische Stabilität zu opfern.

Die Situation von 2004 wiederholte sich vor den nächsten Präsidentschaftswahlen. 2008, als Tymoschenko erneut als Ministerpräsidentin tätig war, stiegen die Staatsausgaben um 3,3% des BIP und erreichten 45,4% des BIP. Die Wahlperiode 2004 – 2009 führte dazu,

---

[1] Станіслав Кульчицький. Помаранчева революція. Київ: «Генеза», 2005, с. 61.

dass in der Ukraine wieder ein „vorzeitiger Sozialstaat" errichtet wurde, von dessen Last die Reformer ihre Länder in den 1990er Jahren befreit hatten.

Die Wähler würdigten übrigens auch dieses Mal nicht die Freigiebigkeit der Ministerpräsidentin. Im zweiten Wahlgang der Präsidentschaftswahlen, die im Februar 2010 stattfanden, verlor Tymoschenko gegen Janukowytsch, der neben ihr als ein gemäßigter Politiker wahrgenommen wurde.

Der vierte Präsident versuchte, den sozialistischen Umverteilungsgrad (2013 betrugen die Staatsausgaben 48% des BIP) mit einer Neuverteilung des Eigentums und einer vorsichtig ausgedrückt ineffizienten Verwendung des Staatsbudgets zu verbinden. Um die hohen Staatsausgaben aufrechtzuerhalten, stockte die Regierung Janukowytschs Kreditaufnahmen aus dem Ausland auf und verpulverte den Löwenanteil der Gold- und Devisenreserven. 2013 bestand kein Zweifel mehr an der Unvermeidlichkeit einer Finanzkrise. Die Frage bestand nur darin, wann die Explosion erfolgt – vor oder nach den Präsidentschaftswahlen, die Anfang 2015 stattfinden sollten.

* * *

Es ist leicht, den Geist des Populismus aus seiner Flasche herauszulassen. Ihn wieder zurückzubringen ist eine Aufgabe für ein politisches Genie. Noch nicht einmal jetzt gelingt es uns, den Populismus, der am Ende der Regierungszeit von Kutschma über die ukrainische politische Arena hereinstürmte, wieder an den Rand zu drängen, obwohl Wirtschaft und Verteidigungsfähigkeit des Landes durch ihn untergraben wurden.

Kacha Bendukidse hat in seinem Vortrag vor Studenten der Kiew-Mohyla-Akademie im Frühjahr 2014 den Mechanismus der Populismus-Spirale wie folgt beschrieben: „Sie wählen fortwährend nicht die beste Regierung, sondern die, die am meisten verspricht.

Und die Versprechen werden folgendermaßen erfüllt: Sie erhöhen die Steuern, denn sie haben ja versprochen, die Renten zu erhöhen, sie steigern das Maß an Bürokratie, denn ... sie wollen irgendwie ihre Anhänger unterstützen. Sie erhöhen die Energiesubventionen, sie betreiben eine wahnwitzige Sozialpolitik. Das alles sind „weapons of wealth destruction", Waffen zur Vernichtung von Reichtum".

Zwei Jahre nach dem Sieg des Maidan kann man offen sagen, dass die politischen Kräfte, die auf der Revolutionswelle an die Macht kamen, nicht damit gerechnet haben, dass die vor ihnen stehenden Probleme sich als so riesengroß erweisen werden.

Die mangelnde Bereitschaft der politischen Klasse, das Land zu reformieren, führte meines Erachtens dazu, dass die Wirtschaftsbehörden mindestens zwei Gelegenheitsfenster übersehen haben. Im März 2014, auf der Welle der postrevolutionären Euphorie, sowie im November 2014, nach der Wahl des neuen Parlaments, wäre es möglich und erforderlich gewesen, schmerzhafte und umfassende Reformen in Gang zu setzen. Ich respektiere das zweite Kabinett von Arsenij Jazenjuk für die äußerst schmerzlichen Maßnahmen, die es traf – angefangen von der Kürzung der Energiesubventionen bis hin zu den Versuchen, im staatlichen Sektor Ordnung zu schaffen. Ausgehend von der Kompliziertheit der Situation waren diese Maßnahmen allerdings offensichtlich zu wenig, um positive Erwartungen aufleben zu lassen. Davon zeugen die Umfragen bei Unternehmern und die Popularitätsquoten der führenden Parteien. In der Gesellschaft wachsen Müdigkeit und Enttäuschung. Die Popularität der Populisten und der Rechten steigt wieder.

Mit dem Zwischenergebnis – einer Senkung des BIP im Jahre 2014 um 6,8% und nach vorläufigen Schätzungen um 11% im Jahre 2015 – kann niemand zufrieden sein. Dass wir dank des IWF-Programms eine makroökonomische Stabilisierung erreichen konnten ist ein wichtiges Ergebnis, aber die Stabilisierung muss die Grundlage für ein Wirtschaftswachstums bilden und nicht das Endziel sein. Eine zerbrechliche Stabilität unter Beibehaltung übermäßiger Staatsausgaben, einer Devisenkontrolle, eines Bankensystems, das nicht in der Lage ist, Kredite zu gewähren, führt eher zu einer politischen Krise und nicht zur Beschleunigung des Wirtschaftswachstums.

Eines der Symptome für zunehmende politische Schwierigkeiten besteht darin, dass die Populisten erneut versuchen, die Tagesordnung in ihre Gewalt zu bekommen. Der Rückgang wird von steigenden Tarifen, Inflation und wachsender Arbeitslosigkeit begleitet. Der populistische Instinkt rät die Preise einzufrieren und den Spekulanten zu drohen… Die Ukraine hatte das schon mehrmals durchlaufen. Die „Gutartigkeit" der Politiker kann einen gewissen kurzfristigen Effekt bringen, aber eine Rückkehr zu den Methoden der Kommandoverwaltung wird zu einer Katastrophe führen.

Wenn ich die Populisten höre, erinnere ich mich an meine Kuba-Reise. Das heruntergewohnte Havanna – die Hauptstadt des Defizits: hundert Meter lange Menschenschlangen nach Speiseeis zu staatlichen Preisen, keine Möglichkeit, Zahnpaste zu kaufen… Nein, das geht überhaupt nicht.

Im Juli 2015 hatte ich die für die Wirtschaft zuständigen Kollegen aus dem Präsidialamt gebeten, ein Konzept zur Beschleunigung der Reformen zu entwickeln. Einen Monat später lag auf meinem Tisch das „executive summary" von etwas, das für die Ukraine einen „Plan B" darstellen könnte (unter „Plan A" verstehe ich das Koalitionsabkommen von 2014, das ein gemäßigtes Reformtempo vorgesehen hatte und die Interessen der wichtigsten politischen Akteure berücksichtigt hatte). Der Titel lautete „Strategie des wirtschaftlichen Durchbruchs":

> „Die ersten Zeichen davon, dass wir die Talsohle des Wirtschaftsrückgangs hinter uns haben, dürfen uns nicht in die Irre führen.

Die Ukraine hat immer noch keine vollwertige makroökonomische Stabilisierung erreicht. Die nationale Währung genießt kein Vertrauen, der Bankensektor wird nach wie vor künstlich beatmet und laut den Prognosen des Wirtschaftswachstums für die nächsten Jahre werden wir den Rückgang von 2014 – 2015 in absehbarer Zeit nicht kompensieren können. Die Ukraine ist heute das am meisten korrumpierte Land (nach den Angaben von Transparency International), das zweitärmste Land nach Moldova (Maßstab ist das BIP pro Kopf der Bevölkerung anhand aktuellem Wechselkurs) und das am wenigsten wirtschaftlich freie Land Europas.

Ohne Vertiefung und Radikalisierung der Reformen wird die Ukraine die historische Chance kaum nutzen können, die der Sieg des Maidan ermöglichte. Die Enttäuschung der Bürgerinnen und Bürger über die europäische Wahl ist eine Bedrohung für die gesamte Existenz der Ukraine.

Der Reformprozess, der im März 2014 gestartet wurde, muss beschleunigt werden. Nur das wird es ermöglichen, das Vertrauen zur Ukraine wiederherzustellen – sowohl seitens der Weltgemeinschaft, als auch seitens ihrer eigenen Bürger. Die „Ukraine-Müdigkeit“ (Ukraine fatigue) in den Reihen der ukrainischen Verbündeten, die Enttäuschung innerhalb des Landes können nur durch radikale Reformen auf ganzer Front bewältigt werden, deren Ziel darin besteht, die makroökonomische Stabilität zu erreichen und das Wirtschaftsleben allumfassend zu liberalisieren. Die politische Freiheit, die auf dem Maidan erobert wurde, muss mit der radikalen Befreiung von dem Joch eines korrupten und ineffizienten Staates fortgesetzt werden.

Die anspruchsvollen Ziele, die in der „Strategie 2020“ angeführt sind, vor allem die Steigerung des Wohlstands der Bürger, sind ohne den Beginn eines schnellen und nachhaltigen Wirtschaftswachstums nicht erreichbar. Motor dieser Entwicklung können nicht Staatsausgaben sein. Abgesehen davon, dass der Staat einfach kein Geld für Investitionen hat, lehrt die 24-jährige Erfahrung der ukrainischen Unabhängigkeit, dass eine Erhöhung der Staatsausgaben zu einer Verlangsamung des Wachstums und zu den ungesunden Verzerrungen in der Wirtschaft führt.

Das schlechte Kreditverhalten und der Konflikt im Osten sind nicht nur eine Herausforderung, sondern auch eine Chance. Die Ukraine muss sich schneller reformieren, als selbst die erfolgreichsten Wirtschaften Mitteleuropas, sonst wird sich der Abstand von den Nachbarn vergrössern. Das Verständnis für diese einfache Tatsache sollte das Verantwortungsgefühl aller Bereiche der ukrainischen Regierung, der politischen Klasse und der Zivilgesellschaft stärken.

Den Motor für ein ukrainisches Wirtschaftswunder können nur Privatinvestitionen darstellen. Ohne konzentrierten Zufluss ausländischen Kapitals, und dies nicht nur in Form von Geld, sondern auch von Talenten, Erfolgsrezepten und Technologien, wird eine Rückkehr der Ukraine nach Europa und eine Annäherung des Lebensstandards der Ukrainer an den der Europäer ein Traum bleiben. Um den Weg der Annäherung an die entwickelte Welt zu beschreiten, muss die Ukraine ihren Bürgern und der Welt demonstrieren, dass sie mit der Vergangenheit radikal gebrochen hat. Der ukrainische Staat muss auf den Anspruch auf schöpferische Funktionen verzichten und sich auf die Verteidigung der nationalen Souveränität und der Aufrechterhaltung der gerechten Spielregeln in der Wirtschaft und im gesellschaftlichen Leben konzentrieren.

Für die Entfaltung unternehmerischer Tätigkeit muss die Ukraine die einfachste Gerichtsbarkeit in Mittel- und Osteuropa aufbauen – mit minimaler Regulierung und möglichst einfachen Regeln für Exporteure und Importeure. Künstliche Hindernisse für den Zufluss von Kapital im Bereich der Devisenregulierung, auf dem

Markt für Grund und Boden und im Bauwesen müssen möglichst schnell abgebaut werden.

Die Organe der öffentlichen Verwaltung sind oft unfähig, schnelle und effektive Entscheidungen zu treffen, wie sie für die Vorwärtsentwicklung des Landes erforderlich sind. In die Tätigkeit der staatlichen Institutionen sollte man aktiver Mechanismen einführen, die sich im marktwirtschaftlichen Sektor bewährten haben, wie eine Orientierung auf das Ergebnis und nicht auf den Prozess, auf die Verbraucherzufriedenheit und nicht auf das Berichtswesen, auf eine schonungslose Kürzung der Ausgaben, die nicht mit den lebenswichtigen Funktionen des Staates zusammenhängen. Das wird es ermöglichen, Talente für den öffentlichen Dienst zu gewinnen, die bereit sind, gewissenhaft zu arbeiten, und ihnen eine würdige Arbeitsvergütung zu sichern.

Der massive Zufluss von Privatinvestitionen ist ohne makroökonomische Stabilität unmöglich, die ihrerseits ohne fiskalische Konsolidierung nicht erreichbar ist. Die Staatsfinanzen dürfen nicht durch eine höhere Steuerlast in Ordnung gebracht werden, sondern durch ein wesentlich niedrigeres Niveau der Umverteilung des Nationaleinkommens über den Haushalt. Im Jahr 2014 überschritten die Staatsausgaben unter Berücksichtigung der Zuzahlungen für Naftogas und ohne Berücksichtigung der Kosten zur Rettung des Bankensystems 53% des BIP. Aufgrund der Korruption und der schreienden Ineffizienz stellt diese Höhe der staatlichen Ausgaben keine Investition in die Zukunft, sondern eine Auszehrung der Leistungskräfte des Volkes dar. In den Jahren 2016 – 2017 soll das Niveau der Staatsausgaben in der Ukraine auf 37% des BIP gesenkt werden. Ohne fiskalische Konsolidierung erwartet die Ukraine im besten Fall ein Finanzkollaps, im schlechtesten – der Verlust der Unabhängigkeit.

Die Reduzierung der Ausgaben muss durch die Steigerung ihrer Effektivität begleitet werden. Das wichtigste Reformprinzip der Staatsfinanzen lautet: Für weniger Geld mehr gesellschaftliche Güter in den Bereichen Gesundheitswesen, Bildung und sozialer Schutz. Im Bereich des sozialen Schutzes muss die Einteilung in Kategorien durch ein personenbezogenes System ersetzt werden: Die Steuerzahler helfen denen, die nicht für sich selbst sorgen können und am meisten Unterstützung benötigen. Allen anderen sichert der Staat das Recht auf die vollständige Umsetzung ihrer Fertigkeiten und Begabungen, indem er für gerechte Spielregeln und gleiche Möglichkeiten sorgt.

Eine Verringerung der Lasten des Staates wird es ermöglichen, die Steuerlast auf die Bürger und Unternehmen zu reduzieren, 30% bis 50% der inoffiziellen Wirtschaftstätigkeit aus dem grauen Sektor herauszuholen, eine Wettbewerbsatmosphäre für ausländisches Kapital zu schaffen. Der wichtigste Verzerrungsfaktor im Steuersystem besteht in seiner Kompliziertheit und der übermäßigen Belastung des Lohn- und Gehaltsfonds, die nicht dem Grad der Wirtschaftsentwicklung entspricht. Das Ziel der Steuerreform ist es, die Steuererfassung möglichst zu vereinfachen und den nominalen Steuersatz für Arbeitseinkünfte von derzeit 50% und mehr auf 20% zu senken. Für die Armen soll der Einkommenssteuersatz bis auf null reduziert werden.

Eine Amnestie für Steuerrechtsverletzungen wird es gestatten, einen Strich unter die Periode zu ziehen, als das Nichtzahlen der Steuern eine Norm des Geschäftsgebarens und häufig das einzige Mittel war, ein Geschäft vor dem Ruin zu retten. Diese Rechtshandlung wird den „kalten Krieg" zwischen Staat und Unternehmen, zwischen Steuerzahler und der verantwortungslosen Bürokratie der „alten Ukraine" beenden.

Damit diese Entwicklung unumkehrbar wird, müssen staatliche Garantien gegeben werden, dass es nicht zu einer Erhöhung der Steuerlast kommen wird (in die Verfassung muss eine Norm aufgenommen werden, dass die Einführung neuer Steuern oder die

Erhöhung alter ausschließlich über ein Referendum möglich ist). Steuerzahler, die sich nicht den neuen Regeln unterwerfen, müssen andererseits streng und ohne Ausnahmen geahndet werden".

Konzeptuell teile ich die meisten dieser Überlegungen. Eine Konzentration des Staates auf diejenigen Bereiche, wo seine Präsenz absolut erforderlich ist, öffnet riesige Wirtschaftssektoren für unternehmerische Initativen.

Das dritte und wohl das letzte Fenster der Möglichkeiten in diesem politischen Zyklus für eine Beschleunigung der Wirtschaftsreformen wird sich im Winter 2015 – Frühling 2016 schließen.

Kapitel 9

KAMPF UM REFORMEN

Am späten Abend des 8. Dezember 2015 bestätigte der Nationale Reformrat die endgültige Variante der Steuerreform, die vom Finanzministerium vorgeschlagen worden war. Diesem Beschluss ging ein vielmonatiger Kampf voraus.

In der breiten, außerst polarisierten Diskussion um die Reform stoßen zwei Ansätze aufeinander.

Das Finanzministerium war sich seiner Verantwortung für die makroökonomische Stabilität bewußt, es verteidigte eine gestufte, dabei ziemlich tiefgreifende Rebalancierung des Steuersystems. Das Steuermanöver des Finanzministeriums sah die Verlagerung des Akzents von den Direktsteuern auf die indirekten, die Reduzierung der Einkommenssteuer und des einheitlichen Sozialbeitrags, sowie die Erhöhung der Akzisen vor.

Eine breite Koalition von Experten, Unternehmern und Zivilaktivisten schlug viel radikalere – und schnellere – Änderungen vor. Zu ihrer Sprecherin wurde die Vorsitzende des Parlamentsausschusses für Steur- und Zollpolitik Nina Jushanina. Der Entwurf des Steuergesezubuches, der durch diese Mannschaft entwickelt wurde, brachte eine Gruppe ins Parlament ein, die aus mehr als 100 Abgeordneten bestand.

Das Hauptproblem dieses Entwurfs hing damit zusammen, dass die entschlossene Reduzierung der Steuersätze durch die adäquate Ausgabensenkung nicht begleitet wurde. Der Internationale Währungsfonds sah darin mit Recht ernstzunehmende Risiken und äußerte sich strikt gegen den „inoffiziellen" Entwurf.

Mitte Sommer bat ich den Vertreter des Präsidenten in der Regierung Oleksandr Danyljuk zu analysieren, wie die Vorbereitung und Umsetzung der Reformen läuft, die fürs Jahr 2015 vorgesehen waren. Es stellte sich heraus, dass die wichtigste, die Steuerreform, durchrutscht. Allerdings legte das Finanzministerium, unter dessen Führung eine zielorientierte Arbeitsgruppe seit vier Monaten gearbeitet hatte, keine sichtbaren Materialien vor. Bald sollte der Budgetprozess beginnen, deshalb beunruhigte uns solche Konstellation.

Keine Fortschritte entdeckten wir auch im Bereich der Liberalisierung des Steueradministrierens – ich meine nicht einen Platz in „Doing Business", sondern eine reale Verbesserung für die unternehmerische Tätigkeit. Ende Juli berief der Präsident eine Beratung zur Abstimmung der Positionen ein. Anwesend waren der Ministerpräsident, die Finanzministerin, der Berater der Ministerin Ivan Mikloš (der Schöpfer der erfolgreichen Steuerreform in der Slowakei), der Leiter des Fiskaldienstes und Nina Jushanina.

Die Führerschaft, die sie in der Entwicklung des alternativen Steuergesetzbuches übernommen hatte, war kein Zufall. Jushanina versteht und fühlt gut das reale ukrainische Unternehmertum. Es besteht doch nicht nur aus den Unternehmen, die in die American Chamber of Commerce oder in die European Business Association aufgenommen worden waren. Das ukrainische Business besteht aus Dutzenden und Hunderten von Klein- und Mittelunternehmern, die etwas andere Probleme bewegen, als transnationale Riesen und einheimische Großunternehmen.

Die Erwiderung der Finanzministerin entsprach den Erwartungen: Wir müssen alles sorgfältig analysieren und ab dem neuen Jahr das neue Steuergesetzbuch einführen.

„Wir haben eine Reihe von Initiativen, die mit den Steuersätzen nicht verbunden sind“, sagte ich. „Zum Beispiel, die Zusammenführung bestimmter Steuern, die Vereinfachung der Steuererklärungen. Es vermindert die Einkünfte nicht und erhöht die Ausgaben nicht. Es geht überhaupt nicht ums Geld, es geht darum, wie man Geschäfte am komfortabelsten betreiben kann. Was hindert uns, die Änderungen des bestehenden Gesetzbuches bereits im September anzunehmen, die keine Haushaltsprobleme verursachen?“

Die Frage blieb in der Luft hängen. Einige Wochen später veröffentlichte Mikloš einen Programmartikel[1]. Gegen die meisten Thesen war nichts einzuwenden. Mikloš schrieb darüber, dass sich der Radikalismus in der Steuerreform auf eine feste Grundlage stützen muss. Eine Reform, die eine krasse Steuersenkung vorsieht, führt im ersten Jahr am ehesten zur Verminderung der Haushaltseinnahmen. Die Ukraine ist nicht berechtigt, die zerbrechliche makroökonomische Stabilität zu gefährden, die zum Sommer 2015 erreicht worden war. Die makroökonomische Stabilität ist so viel wie Luft, den Mangel daran spürt man, erst wenn man in eine Stadt kommt, die vom Smog bedeckt ist. Es ist unmöglich, die Einnahmen radikal zu senken, ohne die Ausgaben zu senken. Sonst kommt ein Finanz-Tschernobyl.

---

[1] Іван Міклош. Процес реформ потребує часу, або Що таке радикальна податкова реформа. Українська правда. 14.08.2015. http://www.pravda.com.ua/articles/2015/08/14/7077860/

Gleichzeitig sah ich im Text von Mikloš eine direkte Polemik mit meiner Idee: Die Reformen, die keine Einwände verursachen, im Regime der Realzeit durchzuführen, ohne zu versuchen, alle richtigen Maßnahmen in einem Dokument zusammenzuführen, – in diesem Fall im neuen Steuergesetzbuch. Das Ergebnis würde nicht sofort ersichtlich, aber man sollte sich nicht zu sehr beeilen.

Es fiel mir schwer, mich mit einer so langsamen Herangehensweise abzufinden. Die Reformer aus Mitteleuropa hatten eine viel komfortablere Situation: Sie hatten keinen Krieg und die Wähler waren bereit, die Schwierigkeiten zu dulden, – um ins europäische Zuhause zurückzukehren. Unsere Gesellschaft verlangte aber nachdrücklich nach schnellen Reformen und schnellen Ergebnissen. Die Menschen warfen uns vor, dass die Reformen nicht laufen oder zu langsam laufen. Der Vertrauenskredit, den die neuen Führungspersönlichkeiten des Staates erhalten hatten, nahm zusehends ab.

Im Juli 2015 befragte die Stiftung für demokratische Initiativen die Ukrainer über ihre Einstellung gegenüber den Reformen[1]. Auf die Frage „Wieviel wurde bereits von dem getan, was die Macht zu dieser Zeit tun sollte?" antworteten fast drei Viertel der Befragten (73% – wenn man schon so genau sein möchte) „Nichts" (48,4%) oder „Es wurde etwa 10% getan". Die Bereitschaft der Bürgerinnen und Bürger, materielle Mißstände zu dulden, die mit der Durchführung der Reformen zusammenhingen, sank im Vergleich zum Dezember 2014 um 7,4% auf 36,4%.

Konnte man sich vor diesem Hintergrund erfahrene Reformer aus Mitteleuropa ruhig anhören, die sagten: „Alles in Ordnung. Es wurde viel geleistet und im Prinzip müsste man sorgfältiger, vorsichtiger vorgehen"? Wir haben einen Krieg, wir haben ein rie-

[1] „Реформи в Україні: громадська думка населення". http://dif.org.ua/ua/publications/press-relizy/reformi-v-ukselennja.htm.

sengroßes Verlangen nach schnellen Ergebnissen, wir haben eine schwache politische Strukturierung – und das alles droht mit einer tiefgreifenden sozialpolitischen Krise.

Ich bin überzeugt: wir müssen viel schneller und viel radikaler herangehen, als es sich unsere Freunde in Mitteleuropa erlauben konnten. Sie hatten eine viel „schonendere“ Situation, die es ermöglichte, fließende Veränderungen vorzunehmen. Wenn wir mit der gleichen Geschwindigkeit handeln, werden die Ukrainerinnen und Ukrainer genug Zeit haben, von den Reformen enttäuscht zu werden, bevor ihre Früchte heranreifen. Dann erfolgt die Revanche der antieuropäischen Kräfte.

Die passendsten Orientierungsziele sind für die Ukraine erfolgreiche Länder der ehemaligen Sowjetunion, vor allem Georgien. Man muss die Erfahrungen Estlands unbedingt berücksichtigen, auch bei Russland kann man viel lernen, das im Unterschied zu uns einen festen Rahmen der makroökonomischen Politik schaffen konnte.

Mir imponiert der Ansatz von Bendukidse: wenn du siehst, dass etwas zu tun ist, – tue das. Es ist besser, eine Reform durchzuführen, als zu viel Zeit (und das Vertrauen der Gesellschaft) zu verbrauchen, um sie bis zur Vollkommenheit zu bringen. Better done than perfect.

Die ukrainische Macht braucht die Legitimität. Wenn es Entscheidungen gibt, die offensichtlich sind und die man im September treffen kann, muss man das im September tun. Dann können wir den Unternehmern sagen: „Ab dem vierten Quartal habt ihr eine Steuererklärung weniger. Statt drei Steuern habt ihr nur eine“.

Das Schlüsselproblem des ukrainischen Besteuerungssystems war immer die übermäßige Belastung des Lohn- und Gehaltsfonds. 2015 betrug die Belastung des durchschnittlichen Lohns (tax wedge), nach der Schätzung der Analytiker des Investitionsunternehmens „Dragon Capital“, etwa 43% – etwas weniger als in Finnland (das BIP pro Kopf der Bevölkerung nach der Kauffähigkeitsparität ist dort mehr als ums fünffache höher als in der Ukraine), etwas höher als in Tschechien (das BIP ums vierfache höher)[1]. Ich bin mit den Behauptungen einiger offiziellen Personen von uns nicht einverstanden, dass das Steuersatzniveau das ukrainische Unternehmertum weniger beunruhigt, als die Qualität der Steueradministrierung. Im Winter und im Frühling 2013 – 2014, als ich eine kurze Erholungsperiode hatte, sah ich mir die Businesspläne in verschiedenen Wirtschaftsbereichen an. Die damals bestandene Steuerbelastung der Löhne und Gehälter machte viele Tätigkeiten in der Ukraine praktisch unmöglich. Damit lässt sich die Nachfrage nach den Leistungen der Unternehmen erklären, die das Buchgeld zum Bargeld machten, damit die Unternehmer die Löhne und Gehälter „in den Briefumschlägen" zahlen konnten.

Anfang Herbst präsentierte das Finanzministerium seinen Reformplan. Die wichtigste Neuerung bestand in der Reduzierung des einheitlichen Sozialbeitrags (ESB) von 41% auf 20%. Nach der Idee des Finanzministeriums sollten der ESB und die Einkommenssteuer 2018 zu einem Satz von 20% zusammengeführt werden. Wie man eine so radikale Senkung der Arbeitssteuern ausgleichen sollte, konkretisierte das Finanministerium übrigens bis auf weiteres nicht.

Die Verminderung der Steuersätze für die Einkünfte der Bürger ist nicht eine rein technische Aufgabe. Es ist die wichtigste

---

[1] 2015 bestand die Belastung der Löhne und Gehälter in der Ukraine aus folgenden Steuern: die Einkommenssteuer mit einem Satz von 15% (für Löhne und Gehälter bis zu UAH 12.180 oder USD 550,- im Monat) und 20% (fürs Einkommen über UAH 12.180 im Monat), die Militärabgabe (1,5%), der einheitliche Sozialbeitrag, wo einige Dutzende Sätze je nach der Berufsrisikoklasse berechnet wurden, – in einer Bandbreite von 36,8% bis 49,7%).

Strukturreform, die mit dem Abschluss eines neuen Gesellschaftsvertrags unmittelbar zu tun hat: die Steuersätze sind gemäßigt, aber sie werden ausnamslos von allen gezahlt. Die Unternehmen, die früher in einer „Grauzone" gearbeitet hatten, bekommen die Möglichkeit, sich „weißzuwaschen", was ihre globale Wettbewerbsfähigkeit positiv beeinflusst. Die Besteuerungsbedingungen – die zu den besten in Europa gehören werden – sollen das schlechte Kreditverhalten des Landes kompensieren, internationale Großinvestoren heranziehen und selbstverständlich ein ermutigendes Signal den ukrainischen Investoren schicken.

Für den Erfolg solcher Reform reicht allein die Senkung der Steuersätze definitiv nicht aus. Es ist erforderlich, zwei weitere Bedingungen zu erfüllen: den Unternehmern die Unveränderlichkeit der Steuerregeln für die absehbare Zeit garantieren (ich bestehe darauf, dass die Ukraine ein Gesetz verabschieden soll, das dem georgischen Akt der Wirtschaftsfreiheit ähnlich wäre, der die Möglichkeiten der Macht beschränkte, die Steuern zu erhöhen und die Verschuldung aufzustocken) und die Unabwendbarkeit der Bestrafung für diejenige sichern, die entsprechend den Spielregeln nicht spielen wollen. Leider fand dieses Problem weder im Entwurf des Finanzministeriums, noch im Alternativentwurf eine Lösung.

Wie auch zu erwarten war, wurde das vom Nationalen Reformrat gebilligte Steuerreformkonzept im Parlament wesentlich nachbearbeitet. Das Schlüsselelement der Reform – die Senkung der Arbeitssteuern – blieb übrigens fast unberührt[1]. Und es erlaubte der Finanzministerin, im Parlament ein ziemlich hartes Budget durchzusetzen.

---

[1] Nach den Berechnungen von «Dragon Capital", wird die Belastung der Löhne und Gehälter (tax wedge) 2016 um ein Drittel sinken – auf 31,5%.

***

Das Budget der Ukraine fürs Jahr 2016 stellt wohl eines der ernsthaftesten Reformdokumente nach dem Maidan-Sieg dar. Sein Kernstück besteht in der Reduzierung des staatlichen Drucks auf die Wirtschaft. Die Ausgaben des Staates sinken von 49% des BIP auf 43% des BIP. Die Ukraine kann dieses Budget nur in einem Fall erfüllen: wenn das Jahr 2016 zu einem Jahr der grundsätzlichen Reformen im Sozialbereich werden, für den der Staat 2015 29% des BIP ausgegeben hatte.

Dieser Plan sieht die tiefgreifenden Reformen gleich in drei Bereichen vor: Bildung (wo der Akzent auf die Vergrößerung der Schulen und die Übertragung der Berufsausbildung auf die kommunale Ebene gelegt wird), Gesundheitswesen (Autonomisierung der Polikliniken und Krankenhäuser, Übergang von der Finanzierung der Betten zur Finanzierung der Dienstleistungen) und Reform der Sozialversorgung (Erhöhung der konkreten Personenorientierung der Sozialhilfe infolge der Bedarfsprüfung).

Die Idee, die den ersten beiden Reformen zugrundeliegt, ist einfach: Niedrige Qualität der Bildungs- und medizinischen Leistungen, die vom staatlichen Sektor gewährt werden, lässt sich nicht nur durch die ungenügende Finanzierung erklären, sondern durch falsche Anreize, von denen sich die Wirtschaftsagenten leiten lassen, die in diesen Bereichen zusammenwirken. Man muss es so gestalten, dass sich die Bildungs- und medizinischen Einrichtungen – wie die Betriebe in anderen Wirtschaftsbranchen – vor allem auf dem Interesse des Kunden konzentrieren, und nicht darauf, das Geld aus dem Haushalt herauszuklopfen.

Es handelt sich um einen neuen Gesellschaftsvertrag.

Ihr tut so, als ob ihr uns zahlt, wir tun so, als ob wir arbeiten – so sah der Gesellschaftsvertrag zwischen dem Staat und den Menschen in den Jahren der sowjetischen Stagnation aus.

Ihr stört uns nicht, wir stören euch nicht –so etwa sahen die Beziehungen zwischen der Macht und der Gesellschaft in den ersten beiden Jahrzehnten der Unabhängigkeit aus.

Weder der eine noch der andere Vertrag hat sich bewährt. Die Sowjetunion, die nicht nur die ganzen Klassen, sondern auch die Arbeitsanreize vernichtet hatte, brach auseinander, die Dritte Republik erwies sich als ein verlockendes Aggressionsziel.

Wodurch sollen sie ersetzt werden?

Die Ukraine ist darauf angewiesen, die Rolle des Staates tief zu überdenken – in der Wirtschaft, aber auch in anderen Lebensbereichen. Zum Schlüsselprinzip der Umwandlungen soll die Maximierung der Freiheit werden. Der einzige Weg, der die Unabhängigkeit und die Prosperität sichert, ist die wirtschaftliche und geistige Freiheit.

Der Staat, der in der Ukraine in den Jahren der Unabhängigkeit aufgebaut wurde, ist ein Staat, von dem die letzte Generation der Sowjetmenschen geträumt hatte. Der Menschen, die den schwedischen Sozialismus und die westliche Gesellschaft des allgemeinen Wohlergehens entdeckt hatten. „Macht das gleiche für uns", – so war der gesellschaftliche Konsens in den letzten Jahren der Sowjetmacht gewesen.

Es spielte keine Rolle, dass der westeuropäische Sozialstaat (und seine spezifische Variante – der „schwedische Sozialismus") gerade in den 1980er Jahren eine tiefe Transformationskrise erlebte. Es spielte keine Rolle, dass der europäische „welfare state" auf einem ganz anderen Institutionsfundament basierte. Es spielte keine Rolle, dass es in den postsowjetischen Staaten keine wirtschaftlichen Grundlagen für den Aufbau eines Sozialstaates gab: Sie waren zu arm, um sich den gleichen Anteil der Sozialausgaben im BIP zu leisten, den die produktiveren und effizienteren Wirtschaften des Westens aufrechterhielten.

Die Ukraine gehört zu den Ländern, die einen vorzeitigen Sozialstaat aufbauten. Das gleiche Problem ist vielen postsozialistischen Ländern in verschiedenen Formen eigen. Es ist kein Zufall, dass den Ausdruck „premature welfare state" der ungarische Wirtschaftswissenschaftler Kornai Janos 1992 in den Umlauf brachte, während er die Probleme seiner Heimat beschrieb.

Warum ist der vorzeitige Sozialstaat gefährlich? Die übermäßigen Sozialausgaben bilden eine Steuerlast, die für eine schwache Wirtschaft untragbar ist. Die Unternehmer verstecken sich im Schatten. Die Politiker verfallen in den Populismus. Im Ergebnis bekommt man die sich regelmäßig wiederholenden Abwertungen, die Bankenkrisen, die makroökonomische Destabilisierung.

Auf diejenigen, die die ukrainische Wirtschaftspolitik aufmerksam verfolgen, machte die Diskussion 2014 – 2015 über die Senkung der Budgetausgaben den Eindruck eines „déjà vu". „Die Reduzierung der Staatsausgaben erklärte man für unmöglich und dem ukrainischen Wirtschaftsmodell widersprechend, was jeder wiederholte, aber niemand wußte, was es war", schrieb Anders Åslund über die Wirtschaftsdiskussionen 1994[1]. In der ersten Hälfte der 1990er Jahre triumphierte der gesunde Menschenverstand, der durch den Geldmangel ermutigt wurde: die Staatsausgaben sanken von 1994 bis 1996 um 11% des BIP, das Budgetdefizit verringerte sich von 8,7% auf 3,2% des BIP. Eine Fiskalkonsolidierung von etwa gleichem Ausmaß soll auch im Verlauf der jetzigen Krise erreicht werden.

Wir müssen Vernunft annehmen. Wenn „fette Jahre" kommen, soll die Ukraine eine strenge Budgetpolitik beibehalten. Es kommt nicht nur auf eine ernstzunehmende Schuldenlast (über 90% des BIP) und bedeutsame Rentenverpflichtungen (13,4% des BIP im Jahre 2015) an.

---

[1] Anders Aslund. How Ukraine Became a Market Economy and Democracy, PIIE, 2009, p. 70.

Wie wir uns überzeugen konnten, löst das Pumpen des Geldes in die sogenannten Sozialbranchen das Problem ihrer Modernisierung nicht. Damit die Bildung (vor allem die Hochschulausbildung) und das Gesundheitswesen ihre permanente Krise überwinden, sollen wir in diesen Bereichen marktwirtschaftliche Mechanismen in Gang setzen.

Die marktwirtschaftliche Revolution im Sozialbereich wird dadurch gefördert, dass linke Ideen in der Ukraine diskreditiert sind. Das kommunistische Experiment verursachte die genozidähnliche Hungersnot der 1930er Jahre, und in den postsowjetischen Jahrzehnten entpuppten sich die Kommunisten – wie es in den Ländern der „Volksdemokratie" nach dem zweiten Weltkrieg der Fall gewesen war – als Vermittler der Kreml-Politik. Nichtsystemische linke Gruppen nahmen während der Revolution der Würde eine zweideutige Position ein, einige davon unterstützten die Handlungen Russlands auf der Krim und im Donbass.

Meinen Überzeugungen nach bin ich ein Liberaler und halte es für mehr als wünschenswert, dass in der Ukraine „neue Linken" entstehen. Sie müssen aber nicht nur neu, sondern auch ehrlich sein, d. h. bereit, die Tatsache anzuerkennen, dass zum Wohlergehen der Werktätigen das Wachstum der Produktion führt und nicht das Wachstum der Umverteilung. Wenn sie ehrlich sind, müssen sie auch die Tatsache anerkennen, dass ein „Großstaat" nicht eine Hilfe, sondern ein Hindernis ist, besonders in der Situation der gegenwärtigen Ukraine.

Wo nimmt unsere nicht reiche Bevölkerung die Mittel her, um ihre Wahl zu bekräftigen?

Ein schnelles (und natürlich ein nachhaltiges) Wirtschaftswachstum soll zur ukrainischen Nationalidee werden. Die soziale Gerechtigkeit und der Aufschwung der Kultur werden dazu kommen.

„Wenn sie die Entwicklung im rein materiellen Sinn nicht sichern, sondern nur über von den geistigen und ästhetischen Seiten des Lebens, von der Kunst und der Kultur reden, werden sie es nicht weit bringen", sagte der Schöpfer des Wirtschaftswunders von Singapur Lee Kwan Yew. „Kunst und Kultur sind Früchte eines genügend hohen Lebensstandards – des Standards, der es den Menschen erlaubt, sich in einem Nichtproduktionsbereich zu üben, die Musik, das Ballett, die Malerei und das andere freie Schaffen zu entwickeln"[1].

***

Das Jahr 2016 wird fürs Schicksal der ukrainischen Reformen entscheidend sein. Mit diesen Worten beginnt der Bericht der Makroökonomischen Expertengruppe, der Ende November 2015 erstellt wurde. An ihrer Arbeitsorganisation beteiligte sich das Zentrum der freien Wirtschaft „Kacha Bendukidse". Zur Gruppe gehörten erfahrenen Reformer aus Mittel- und Osteuropa – der in diesem Buch mehrmals erwähnte Ivan Miklosh, der ehemalige erste stellvertretende Vorsitzende der Bank Russlands Sergej Aleksaschenko, der Präsident des analytischen Zentrums CASE in Warschau Marek Dąbrowski, der ehemalige Ministerpräsident und Vorsitzende der Zentralbank Lettlands Einars Repše.

„Erstens wird auf die Bevölkerung die Hauptlast der in der Vergangenheit mangelnden Reformen auferlegt, vor allem – die Erhöhung der Erdgastarife", stellen die Verfasser des Berichts fest. „Zweitens fallen aufs Jahr 2016 die Hauptbemühungen zur Fiskalkonsolidierung – das Defizit der Staatsfinanzen soll von 15% des BIP auf unter 4% des BIP sinken. Drittens muss ein Fundament fürs Wirtschaftswachstum gelegt werden – die ukrainische Wirtschaft war aufs Niveau von 2003 zurückgeworfen worden und die Ursache ist nicht nur mit der russischen Aggression verbunden".

---

[1] Zitiert nach: Том Плейт. Беседы с Ли Куан Ю. Москва: Олимп-Бизнес, 2012, с. 167.

Das Fundament legten wir 2015. Die Ersteller des Reformindex IMORE stellen fest, dass von mehr als 300 Gesetzen und Rechtsvorschriften, die 2015 angenommen wurden, fast 90% einen Reformcharakter hatten, d. h. sie führten zur Verbesserung der Situation[1]. Als wichtigste Reform bezeichneten die Experten die Annäherung der Erdgastarife dem Marktniveau. Nur fünf Gesetze und Rechtsvorschriften wurden der Kategorie der „Antireformen" zugewiesen (darunter das Verbot des Nutzholzexports).

Schnelle Reformen sind in der Ukraine unmöglich, sagte Ende Februar 2014 der Architekt der georgischen liberalen Reformen Bendukidse[2]. „Es war klar, dass radikale Reformen im Stil der Baltikum-Staaten Anfang der 1990er oder Georgiens nach der Rosenrevolution unter dem Präsidenten Saakaschwili in der Ukraine nach dem Sieg des Euromaidan unmöglich waren", spricht ihm Andrew Wilson, der Professor des University College London, nach[3]. Die Befragungen der öffentlichen Meinung scheinen diese Prognose zu bestätigen: die Ukrainer sehen weder schnelle, noch tiefgreifende Reformen.

Ich möchte jetzt von der Staatsmacht die Verantwortung nicht abnehmen und folgendes sagen: wir haben mit sehr hohen gesellschaftlichen Erwartungen zu tun, aber niemand hätte die Situation im Laufe nur eines Jahres radikal verändern können. 2015 wurden die Reformen

---

[1] Vox Ukraine. Рік реформ в Україні: за якими напрямками Україна реформувалась найкраще, а за якими — найгірше. Економічна правда, 23,12,2015. http://www.epravda.com.ua/cdn/cd1/rik-reform-v-ukraine/index.html.

[2] Володимир Федорін. Ґудбай, імперіє. Розмови з Кахою Бендукідзе. Львів, 2015, с. 109.

[3] Andrew Wilson. Ukraine Crisis: What It Means for the West, New Haven and London, 2015. 159.

in breiter Front vollzogen – vielleicht nicht so schnell, wie wir es uns wünschten. Es sind sowohl die Reform der staatlichen Aufkäufe mit der allgemeinen Einführung des elektronischen Prozorro-Systems, als auch die Gründung der Streifenpolizei und des Antikorruptionsbüros und die Restrukturierung der Staatsanwaltschaft und die Bildung der Agentur zur Vorbeugung der Korruption. Die Korporatisierung des Eisenbahnmonopols wurde durchgeführt, die Reform der Körperschaftsverwaltung von Naftogas wurde eingeleitet. Die Regulierung in den Meereshäfen und in der Landwirtschaft wurde bedeutsam liberalisiert. Die Naionalbank säuberte gnadenlos das Finanzsystem von den zahlungsunfähigen Kreditanstalten und von denen, die sich mit den rechtswidrigen Geschäften befaßt hatten. Das Gesetz trat in Kraft, das die Verantworlichkeit der Leiter und Aktionäre der Banken erhöhte. Man hat damit begonnen, den Erdgasmarkt zu schaffen. Vom Innenmisterium, das wir vom sowjetschen System geerbt hatten, wurde die Nationalpolizei ausgegliedert, der politische Funktionen entzogen wurden. Die Ukraine erfüllte schließlich alle Forderugen der EU und wartet jetzt darauf, ein visafreies Regime in der zweiten Hälfte von 2016 zu erhalten.

Schlüsselreformen des Jahres 2015

Experten, die an der Erstellung des Reformindex (iMoRe) teilnahmen, wählten die erfolgreichsten von 20 Reformen aus, die 2015 vollzogen worden waren

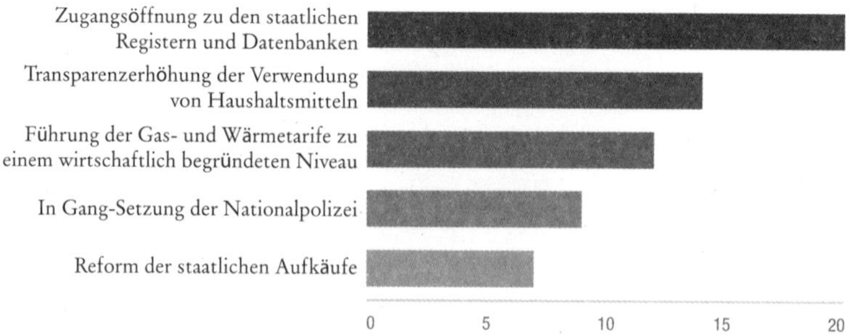

Quelle: http://voxukraine.org/2016/01/07/5-reform-yaki-zminiyut-ukrainu-ua/

Wenn wir berücksichtigen, dass es vor dem Hintergrund des Krieges und der tiefen Finanz- und Wirtschaftskrise stattfand, – war es nicht wenig.

Auf welchen Reformen sollen wir uns 2016 fokussieren? Für wichtigste halte ich folgende Reformen (nicht ihrer Bedeutung nach, sondern einfach in der Aufzählung).

Die Reform der öffentlichen Verwaltung hängt nicht nur mit der Umsetzung des 2015 verabschiedeten Gesetzes über den öffentlichen Dienst zusammen. Man soll die Löhne und Gehälter auf ein Niveau erhöhen, das mit dem marktwirtschaftlichen Niveau vergleichbar wäre. In erster Linie betrifft es die Gerichte und das Rechtsschutzsystem, sowie die Beamten, die berechtigt sind, Entscheidungen zu treffen. Wir tun unser Bestes, damit es vollzogen wird.

Die Gerichtsrform. Das erste Problem, das die Investoren beunruhigt, stellen nicht einmal die Steuern, sondern die Gerichte dar. Man soll das Gerichtssystem neustarten und dazu die Verfassungsänderungen verabschieden. Die Gerichte sollen man von den Personen säubern, die rechstwidrige Entscheidungen getroffen haben: Vorläufig begann man mit der Prüfung der Sachen aus der Zeit des Maidan, allerdings wurde die Säuberung in Gang gesetzt. 2016 kann man mit der Reorganisierung einiger Gerichte beginnen, mit einem Wechsel – dem vollständigen oder teilweisen – der Richterzusammensetzung. Der vollständige Neustart des Gerichtssystems wird mindestens drei oder vier Jahre in Anspruch nehmen.

Die Reform der Rechtsschutzorgane. Ich bin sicher, dass die Ukraine im Laufe von denselben drei oder vier Jahren eine qualitative Polizei bekommt. Die Nabelschnur zwischen der Polizei und dem Innenministerium wird zerrissen. Die Reform des Sicherheitsdienstes ist auf der Warteliste. In die abschließende Phase kommt die Reform der Staatsanwaltschaft, die bis Ende 2016 von der Ermittlung „entlastet" wird. Diese Fünktion übernimmt das Staatliche Ermittlungsbüro.

Die Reform der Hochschulausbildung und des Gesundheitswesens. Ohne tiefgreifende Umwandlungen werden wir in diesen Bereichen nicht fortschreiten. Beide Bereiche (das Gesundheitswesen mehr, die Ausbildung weniger) können zu den Motoren des Wirtschaftswachtums, zu den Quellen der Exporterlöse durchaus werden. Dafür muss man für die Privatinitiative den Weg frei machen. Die Reform des Gesundheitswesens, die mit der Autonomisierung der Krankenhäuser und Polikliniken verbunden ist, stoß auf einen großen Widerstand. Die Leiter der medizinischen Einrichtungen sind zu sehr gewöhnt, die Haushaltsfinanzierung zu vereinnahmen. Vor kurzem erfuhr ich zu meinem Entsetzen, dass sich in den staatlichen medizinischen Hochschulen nicht ausgepackte Geräte angesammelt hatten, für deren Erwerb vor einigen Jahren über eine Million Euro ausgegeben wurde. Und gleichzeitig fehlen in Charkiw, einer Stadt mit 1,5 Mio. Bewohnern, einfach viele Elemente der Wiederbelebunsgeräte. In einigen Fällen können den Schlaganfallgeschädigten weder private, noch staatliche Kliniken helfen. Und so was geschieht in der zweitgrößten Stadt des Landes! Die Situation muss geändert werden, und je schneller, desto besser.

Die Tarifreform. Strom-, Gas-, Wasserpreise sollen ans Marktniveau gebracht werden. Es wird den Investitionen in die Ressourceneinsparung Anregung geben und zieht die Nebenbereiche mit sich.

Die Steuerreform. Man soll genau bestimmen, wie wir das Steuersystem in zwei oder drei Jahren sehen möchten. Nachdem es eingeführt wird, sollen wir ein Gesetz, vielleicht sogar die Verfassungsänderungen verabschieden, die das Steuererhöhungsverfahren komplizierter machen. Es verschafft den Unternehmern die Sicherheit, dass der Staat auf die Einhaltung der stabilen Spielregeln gestimmt ist.

Parallel soll man die Liberalisierung des Devisenrechts einführen. Solange die ukrainischen Staatsbürger und Unternehmen kein Recht haben, über ihre Ersparnisse frei zu verfügen, bleibt die Ukraine ein wirtschaftlich unfreies Land – welche Steuersätze die Werchowna Rada auch bewilligen mag.

Die Steuerreform kann als abgeschlossen nicht gelten, bis die Steueramnestie durchgeführt wird. Falls die Steuerbeamten in den fünf oder zehn Jahre alten Sachen stöbern, werden wir es nicht weit bringen.

Die Bodenreform. Man muss das Bodenkataster möglichst schnell in Gang setzen, wonach der Bodenmarkt liberalisiert und der Boden zur Ware wird. Vielleicht soll der Staat den ersten Schritt machen, indem er einen Teil seiner landwirtschaftlichen Flächen zum Verkauf bietet (davon hat er Millionen Hektaren). Die ganzen Gespräche darüber, dass Grund und Boden ein nationales Gemeingut ist, das man nicht auseinanderwerfen darf, halte ich fürs verantwortungslose Gerede. Polen, Argentinien oder Russland sowie viele andere Länder „werfen es auseinander" und es geschieht nichts Schreckliches damit. Ich spreche schon nicht davon, dass der Mangel an einem vollwertigen Privateigentum auf Grund und Boden eine direkte Verletzung der Verfassungsrechte der jetzigen Besitzer der Grundstücke ist.

Die Dezentralisierung. Die Übertragung der Befugnisse und der Verantwortung von der zentralen Ebene auf die regionale und lokale Ebene wäre eines der effektivsten Mittel zur Bekämpfung der Korruption. Ich weiß, dass es kein Allheilmittel ist. Die Versuche, die in den letzten Jahrzehnten in vielen Ländern der Welt beobachtet wurden und es zum Ziel hatten, die Wirtschaftsanreize infolge der Dezentralisierung zu stärken, brachten gemischte Ergebnisse[1]. Trotzdem halte ich diese Reform für eine der wichtigsten – sie wird die praktische Formel der Volksherrschaft realisieren.

Die Reform des staatlichen Sektors ist eines besonderen Gesprächs wert. Die Privatisierung ist eine Operation, die man ent-

---

[1] Vgl. Daniel Treisman. The Architecture of Government. Rethinking Political Decentralization, Cambridge University Press, 2007, p. 273.

weder unverzüglich macht oder eben nicht macht, – schrieb Leonid Kutschma vor zehn Jahren[1].

Der staatliche Sektor ist eine der wichtigsten Korruptionsquellen. Man kann Dutzende Arten nennen, sich am Staatseigentum zu bereichern: Vom Verkauf der Waren unter ihrem Wert (und dem Ankauf der Zulieferteile und Dienstleistungen zu überhöhten Preisen) bis zur Unterbringung der Depositen in den dubiösen Banken. Um solches „Geschäft" herum wurde eine ganze Infrastruktur aufgebaut: eigene Politiker, Beamte, Staatsanwälte, Richter. Wenn das „Rohr" nicht abgeriegelt wird, zu dem das Volksgeld ausfließt, bleibt die Bekämpfung der Korruption zwar furchtbar spannend, hört aber nie auf.

2015 versuchte das Ministerkabinett die Situation in den Staatsbetrieben zu bewältigen. Ihre Direktoren und die hinter ihnen stehenden Interessengruppen leisteten einen erbitterten Widerstand. Nicht selten unterstützten auch die Gewerkschaften die alten Bosse. Die Parlamentsmehrheit brachte die Abstimmung über die Gesetzentwürfe mehrmals zum Scheitern, die die Privatisierung beschleunigen könnten. Jeder Versuch, einen Staatsbetrieb zum Verkauf zu bieten, selbst wenn seine Privatisierung genehmigt worden war, stieß auf einen wütenden Widerstand und gnadenlose Medienangriffe.

Die Direktoren der Staatsbetriebe, die die neue Regierung von Janukowytsch und seinen Vorgängern erbte, ähneln oft den „roten Direktoren" der 1990er Jahre, die sich gegen die marktwirtschaftlichen Reformen entschieden und lange stemmten[2]. Im bestimmten

---

[1] Леонид Кучма. После Майдана, с. 665.

[2] Anfang der 1990er bezeichnete man als „rote Direktoren" die Leiter der staatlichen Betriebe, die noch in den UdSSR-Zeiten eingesetzt worden waren. In der Regel hatten sie keine Ahnung von der Marktwirtschaft und sich in den meisten Fällen mit der Maximierung eigener Einkünfte befaßt und nicht mit den Gewinnen der Unternehmen.

Sinne wurden die neuen „roten Direktoren" für die Reformer zu schwieriegeren Opponenten, als ihre Vorgänger. Sie besitzen einen raffinierteren Verstand und sie sind ins bestehende politische System viel fester integriert.

Der Minister der Wirtschaftsentwicklung Aiwaras Abromaičius ging davon aus, dass bei der Erneuerung der Führungskräfte die Ausschreibungen helfen – mit starken und unvoreingenommenen Ausschreibungskommissionen. Dieser Weg erwies sich als sehr schwer. In einigen Fällen wurden die Beschlüße der Kommissionen von den Gerichten blockiert.

Es gab fast keine starken Bewerber für die Führungsämter. Einer der Gründe – niedrige Gehälter.

Nehmen wir als Beispiel ein Unternehmen in der Größenordnung von Ukrgaswydobuwannja – dem größten in der Ukraine Unternehmen, das sich mit der Erdgasförderung beschäftigt. Es ist offensichtlich, dass ein Manager, der fähig ist, so ein Großunternehmen zu leiten, für USD 5.000 im Monat nicht arbeiten wird. Auch für 50.000 nicht. Das Mindestgehalt für den CEO eines Unternehmens mit einem Erlös von fast USD 1 Mrd. wäre USD 1 – 3 Mio. im Jahr. Da diese Bedingung nicht erfüllt wurde, bewarben sich die Leiter entsprechenden Profils bei solchen Ausschreibungen einfach nicht.

Wer sich bewarb, waren entweder Abenteuerer oder Menschen mit einer unausreichenden Qualifizierung – zweite und dritte Staffeln anstelle der ersten. Es gelang nur in den Ausnahmefällen Freiwillige zu finden, die den hohen Anforderungen entsprachen. So ging zum Beispiel Oleh Prochorenko, der aus McKinsey stammte, auf den Vorschlag ein, Ukrgaswydobuwannja zu leiten.

Ohne großangelegte Privatisierung wird man die parasitäre Zwischenschicht der „neuen roten Direktoren" kaum liquidieren können.

2016 muss man die Privatisierung entschieden beschleunigen. Dazu soll die Regierung bereits im ersten Quartal beschließen, wieviele von 3.000 Staatsbetrieben (davon funktionieren lediglich 1.600, andere müssen liquidiert werden) im Staatseigentum bleiben. Es kann sich um 200, höchstens 300 Unternehmen handeln. Einige davon kann man zum Teil privatisieren, wobei der Staat das Kontrollaktienpaket behält.

Alle anderen Betriebe müssen zum Verkauf geboten werden. Damit er nicht lange Jahre dauert, soll man die bestehenden Privatisierungsverfahren gründlich ändern. Das Jahr 2015 zeigte, dass diese Verfahren zu kompliziert sind. Dadurchkönnen den Ministerien die Übergabe „ihrer" Betriebe dem Staatsvermögensfonds (SVF) möglichst verschleppen, der für ihren Verkauf zuständig ist. Aber selbst wenn ein Ministerium versucht, die erhaltene Aufgabe zu erfüllen und die Aktiva loszuwerden, läuft die Sache nur mit Müh und Not. Zum Beispiel versuchte das Ministerium für Agrarpolitik gewissenhaft, die ihm unterstellten Betriebe loszuwerden. Das Ergebnis – von mehr als 80 Unternehmen wurden dem Staatsvermögensfonds nur acht übergeben.

Im Dezember sprach ich mit den Entwicklern des sogenannten „Reformpakets von Odessa", die einen schönen Mechanismus der schnellen Privatisierung von kleinen und mittleren staatlichen Betrieben erfunden hatten. Kurz gefaßt schlugen sie vor, mit Zuckerbrot und Peitsche vorzugehen: die Leiter der Betriebe und des SVF bekommen die Anreize zur möglichst schnellen Vorverkaufsvorbereitung. Hast du die Unterlagen erstellt, die für die Privatisierung erforderlich sind, – bist du ein braver Kerl, hast du es nicht geschafft – bist du entlassen. Den Schlußakkord sollen offene elektronische Versteigerungen bilden, deren Sieger diejenige werden, die den Höchstpreis bieten. Ich hoffe, dass dieser Mechanismus den Prozess ins Rollen bringt.

Schließlich wird die Privatisierung die Notwendigkeit beheben, den Staatssektor dauernd zu subventionieren[1], zusätzliche Budgetein-

---

[1] Nach den Angaben des Ministeriums für Wirtschaftsentwicklung überstiegen 2014 die Verluste von 30 größten staatlichen Unternehmen UAH

nahmen einbringen, die Korruption senken und die Legitimität der Macht erhöhen. Man darf die Augen davor nicht verschließen, dass dieser Prozess äußerst schmerzlich wird. Wir sollen sowohl mit den Straßenprotesten der Arbeitskollektive, die verlangen, die Arbeitsplätze zu erhalten, als auch mit den Skandalen zwischen den Bewerbern um Aktiva und den Versuchen der Raidwegnahme oder der Bestechung von Richtern rechnen. Man wird der Regierung vorwerfen, dass sie das nationale Gemeingut spottbillig ausverkauft. Deshalb dürfen wir die endgültige Beschlussfassung nicht verzögern. Wenn der Prozess bis Mitte 2016 nicht in Gang gesetzt wird, wird das Ministerkabinett andere Sorgen haben, als die Privatisierung.

Wie soll die Verwaltung der Betriebe organisiert werden, die im Staatseigentum bleiben? Die Hauptaufgabe besteht darin, moderne Regeln der Körperschaftsverwaltung einzuführen. Ungeachtet der Eigentumsform arbeiten die Staatsunternehmen auf dem Markt, deshalb muss ihre Verwaltung den besten Marktmustern entsprechen.

Zum ersten muss ihre Buchprüfung durch eine Firma der „großen Vier" vorgenommen werden, ihre Berichterstattung muss allgemeinzugänglich sein. Zum zweiten muss man darin vollwertige Direktorenräte bilden, wobei von einem Drittel bis zur Hälfte der Direktoren unabhängig zu sein und über Arbeitserfahrungen in großen europäischen oder amerikanischen Unternehmen entsprechenden Sektors zu verfügen haben. Zum dritten sollen die Leiter dieser Unternehmen

---

100 Mrd. Sie erhielten vom Staat UAH 13 Mrd. als Subventionen und Steuervergünstigungen und schütteten Dividenden in einer Höhe von UAH 1,2 Mrd. aus. Vgl. „Убытки 30 крупнейших госкомпаний Украины за год составили 100 миллиардов гривень". УНИАН, 18.08.2015. http://economics.unian.net/finance/1112792-ubyitki-30-krupneyshih-goskompaniy-ukrainyi-v-2014-godu-sostavili-100-milliardov-griven.html.

marktorientierte Gehälter bekommen. Wenn ein Direktor mit einem Jahresgehalt von EUR 1 Mio. verpflichtet wird, ist die Wahrscheinlichkeit, dass er seinen Betrieb bestielt, viel niedriger als wenn ihm USD 400,- im Monat gezahlt würden.

Es ist sehr einfach, das Vergütungsniveau der Topmanager von Staatsunternehmen zu bestimmen: wir finden osteuropäische Unternehmen vergleichbarer Größe und bestellen bei den Kopfjägeragenturen die Informationen über die Gehälter. Ich nehme an, dass die Einkünfte unserer Topmanager um 20-30% niedriger als bei ihren osteuropäischen Kollegen sein können. Aber doch nicht ums 20fache und gar nicht ums 100fache!

Anfang 2016 erhielt die Regierung endlich die Möglichkeit, den Generaldirektoren der Staatsbetriebe eine Belohnung zu bestimmen, die dem Marktniveau nahe steht. Ich bin sicher, dass es das Anreizsystem im Staatssektor wesentlich verbessert. Prochorenko, über den ich oben schrieb, wird jetzt monatlich UAH 398.000 (etwa USD 15.000) verdienen. Das Paradox besteht darin, dass die ersten Schritte in dieser Richtung einen Empörungssturm selbst des reformerisch gesinnten Gesellschaftsteils hervorriefen.

Wer wird neue Leiter anstellen? In der Zukunft soll diese Funktion von den Direktorenräten wahrgenommen werden. In der Übergangsperiode, bis neue Räte gebildet werden, müssen die Ausschreibungsverfahren gelten. Für die Kommissionen, die die Bewerberauswahl treffen, könnte ich fünf – zehn Bedingungen formulieren, die den Abgang in den frühesten Phasen ermöglichen. Den „belastenden" Faktoren würde ich mangelndes Beherrschen der englischen Sprache, mangelnde Arbeitserfahrungen in den westlichen Unternehmen oder, im Gegenteil, die Arbeitserfahrungen in den Führungsämtern der Staatsbetriebe oder im öffentlichen Dienst zurechnen. Dadurch könnte man für unterschiedlichste Lobbyisten den Spielraum scharf einschränken.

Zum Restrukturierungsergebnis des Staatssektors werden nicht nur die zusätzlichen Haushaltseinnahmen oder die Verringerung der Korruptionsströme. Wir können die Effizienz der öffentlichen Verwaltung deutlich erhöhen, denn die Ministerien behalten nur die Funktionen zur Politikentwicklung. Ich bin sicher: letztendlich wird es sich herausstellen, dass man einige Ministerien überhaupt nicht benötigt und sie ohne weiteres liquidieren kann, in einigen Ministerien können 100 – 150 Mitarbeiter bleiben, die die übrig gebliebenen Funktionen wunderbar bewältigen. Wir beseitigen damit eine der gefährlichsten (vom Standpunkt der Korruption aus) Aktivitäten im öffentlichen Dienst, in die Ministerien wollen sich Menschen nicht mehr stürzen, die die bürokratische Arbeit als eine spezifische Geschäftsart betrachten.

***

Die Strukturreformen stellen eine obligatorische Voraussetzung für die Erneuerung des Wachstums dar. Ist sie ausreichend? Im mittel- und langfristigen Zeitraum ganz bestimmt (natürlich, wenn es nicht zum Rücklauf kommt). Das Problem besteht darin, dass die Reformen in einer politischen Realität erfolgen. „Das Schiff versank, als es in den Hafen einlief" – das sagte man unter anderem auch über die Reformer, die die Früchte ihrer Arbeit nicht mehr genießen konnten, weil sie die Unterstützung in der Gesellschaft verloren hatten. Nach den Beispielen braucht man nicht lange zu suchen. Betrachten wir Russland in den ersten Jahrzehnten nach dem Zerfall der UdSSR. Das mächtige Wirtschaftswachstum und der Konsumboom der 2000er Jahre waren das Ergebnis der marktwirtschaftlichen Reformen, die im vorhergehenden Jahrzehnt durchgeführt wurden. Die Schöpfer dieser Reformen wurden aber zu jener Zeit unwiderruflich diskreditiert und ihre Errungenschaften dienten als Fundament für den Aufbau eines autoritären Regimes, das für die Welt und seine Bürger immer gefährlicher wird.

Zum wichtigsten Triebwerk des Wirtschaftswachstums soll für die Ukraine der Markt der Europäischen Union werden. Ich teile die Meinung von Bendukidse, dass in absehbarer Zeit ukrainische Unternehmen ihre chinesischen Konkurrenten auf dem europäischen Markt zurückdrängen können. „In der Ukraine ist die Arbeitskraft gleichwertig oder preiswerter als in China, die Qualifizierung und die Arbeitsmoral sind durchaus nicht schlechter, vielleicht sogar besser, die Fertigkeiten, die nicht leicht zu beherrschen sind, fehlen sowohl in China als auch hier", überlegte Bendukidse im Buch „Goodbye, Imperium". „Plus der Transportfaktor. Hast du das Möbel in Lwiw hergestellt – bringst du es nach Berlin mit einem Auto… Hast du etwas in Xinjiang erzeugt, bringst du es zum Hafen Shanghai – es ist fast genauso weit, wie von Jekaterinburg nach Berlin oder sogar vielleicht nach Madrid. Auf viel schlechteren Straßen"[1].

2014 importierten die EU-Länder die Waren aus China für EUR 302 Mrd. Aus der Ukraine für EUR 13,7 Mrd. Das Potential ist kolossal, um den Handel mit Europa zu verstärken. Es kommt darauf an, wie es realisiert wird.

Dani Rodrik, Professor der Universität Princeton, besteht darauf, dass die Strukturreformen allein nicht ausreichen, um die Wachstumsbahn zu erreichen. Der Meinung von Rodrik nach, muss man den Akzent auf die sogenannten „bindende Begrenzer" („binding constraints") legen[2]. Als Beispiel führt er Griechenland an, das dank den Strukturreformen 2010 – 2015 im Ranking von Doing Business um 40 Zeilen stieg, das konnte aber das Land aus

---

[1] Володимир Федорін. Ґудбай, Імперіє. Розмови з Кахою Бендукідзе. Львів, ВСЛ, 2015, с. 215.

[2] Dani Rodrik. The Mirage of Structural Reform, 08.10.2015, project-syndicate.org: https://www.project-syndicate.org/commentary/greece-structural-reform-mirage-by-dani-rodrik—2015—10.

der Depression nicht hinausführen. Den größten Effekt, meint Rodrik, würde Griechenland die Steigerung der Exportgewinne bringen, doch hier können die Strukturreformen manchmal sogar stören. Die Reduzierung der Energiesubventionen, die zur Senkung der Staatsausgaben unternommen wurde, machte griechische Exporteure weniger wettbewerbsfähig. Rodrik empfiehlt der griechischen Regierung ein Sonderorgan einzurichten, das die „bindenden Begrenzer“ identifizieren und beheben wird, die oft einen lokalen Charakter haben und deshalb mit der „horizontalen“ Wirtschaftspolitik nicht abzuschaffen sind.

Land der Niedrigkosten

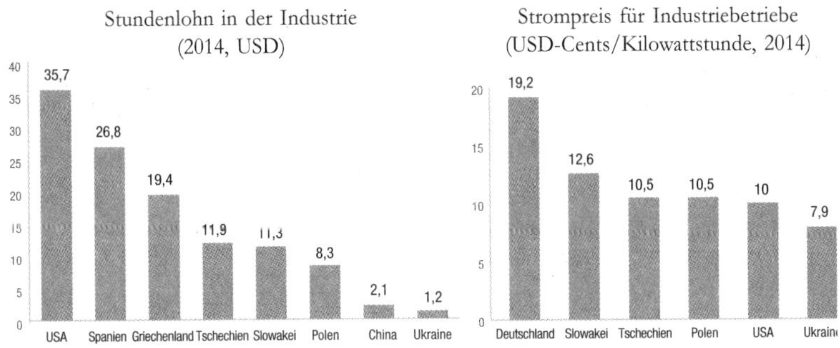

Quelle: Horizon Capital

Die Arbeit mit den Investoren stellt eine ganz besondere Richtung der Wirtschaftspolitik dar, deren Bedeutung nicht hoch genug eingeschätzt werden kann.

Die Großinvestoren benötigen in der Regel individuelle Behandlung. Im Januar – Februar 2015, bevor die Ausschreibung zum Lizenzverkauf fürs Mobilfunk dritter Generation durchgeführt wurde, trafen sich die Miteigentümer und Topmanager von drei größten Mobilfunkbetreibern mit dem Präsidenten. Für sie alle war es wichtig, die Zusicherungen zu erhalten, dass sie ohne Bedenken das Geld in der Ukraine anlegen können. Sie bekamen alle erforderlichen Garantien, wonach wir eine erfolgreiche Ausschreibung über die Frequenzen durchführten und über USD 400 Mio. für die Staatskasse verdienten. Es erfolgte vor dem Hintergrund des Gefechts bei Debalzewe, am Höhepunkt der Finanzkrise. Anders gesagt, wir haben einen erfolgreichen Präzedenzfall. Es kommt darauf an, diese Arbeit am Fließband zu leisten.

Das große Geld braucht eine gute Gewinnquote und die Garantien, dass vollzogene Investitionen nicht verloren gehen.

Was kann die Ukraine den globalen Korporationen bieten? Verständliche, komfortable Steuerregeln. Selbst die gemäßigt konservative Variante der Steuerreform, der das Parlament Ende Dezember zustimmte, schafft liberalere Bedingungen, als in den meisten europäischen Ländern.

Ich nehme an, dass mit den Investoren, die bereit sind, über USD 100 Mio. zu investieren, die Regierung einen Sondervertrag unterzeichnen kann, wo alle möglichen Fragen ausbedungen sind, den in der Ukraine begegnen können, – die Kostenerstattung miteingerechnet, die sie wegen der Fehler der Behörden hätten tragen können. Dabei könnten die Streitigkeiten zwischen einem Investor und dem Staat in einem internationalen Schiedsgericht verhandelt werden.

Ukrainische IT-Revolution

Verkaufswachstum der IT-Unternehmen in der Ukraine und in der Welt (2007 = 100%)

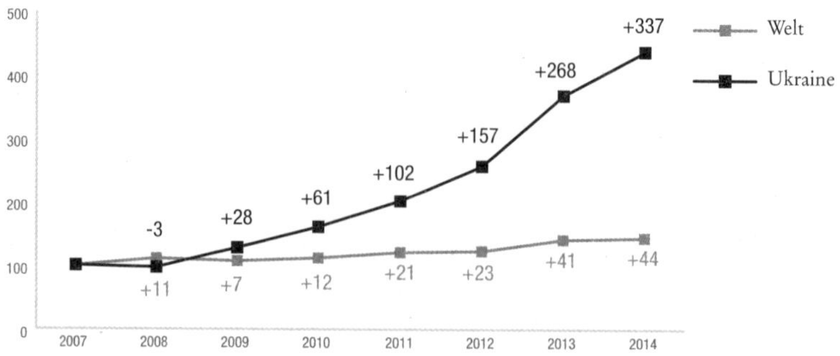

Quelle: Horizon Capital

Lee Kuan Yew schrieb in seinen Erinnerungen darüber, dass sich die Behörden des jungen Stadtstaates die größte Mühe gegeben hatten, beste internationale Unternehmen auf sein Territorium zu gewinnen[1]. Einmal teilten die Vertreter von Hewlett-Packard den Behörden Singapurs mit, dass sie zwei obere Stockwerke eines sechsstöckigen Gebäudes gemietet hatten. Der Gründer und Präsident des Unternehmens William Hewlett hatte vor, sich die Räumlichkeiten persönlich anzusehen, – aber so ein Pech: Der Aufzug, der große technologische Ausrüstungen transportieren sollte, funktionierte nicht, der Transformator fehlte. Was machten die Singapurer? Die Mitarbeiter der Verwaltung für Wirtschaftsentwicklung (VWE), die zur Problemlösung der Investoren speziell gebildet worden war, warfen einen Energiekabel vom Nebengebäude herüber, so dass zur Ankunft von Hewlett der Aufzug in Ordnung war. Ein typischer Fall der erfolgreichen Beseitigung eines „bindenden Begrenzers", von dem Rodrik sprach.

In der Ukraine könnte die Funktionen der VWE eine kompakte staatliche Agentur wahrnehmen, in der 10, höchstens 15 Mitarbeiter tätig wären (möglichst mit den Arbeitserfahrungen in einem Investunternehmen). Für die Einrichtung solcher Struktur braucht man nicht viel Zeit. Höchstens einige Monate.

Wird das Modell, das die Länder Südostasiens in der zweiten Hälfte des XX. Jahrhunderts aus der Armut gezogen hatte, auch im XXI. Jahrhundert gut funktionieren? Von der Massenproduktion der gleichartigen Waren bewegt sich die Welt zur Customization, zur Kleinserienproduktion, zu den 3D-Druckern. Allerdings glaube ich nicht, dass in den nächsten Jahrzehnten die Menschheit auf die Massenproduktion verzichtet. Die Restrukturierung der ukranischen Wirt-

---

[1] Ли Куан Ю. Из Третьего мира в Первый. Глава 4. «Выживание в одиночку».

schaft wird Millionen Arbeitskräfte frei setzen; es bedeutet, dass den Investoren der Mangel am Personal nicht mehr droht.

Die Investitionen in die Dienstleistungen – Gesundheitswesen, Bildung – können nicht weniger großzügig sein, als einst in Werke und Fabriken. Es geht nicht unbedingt um High-Tech-Labors. Eine Servicewirtschaft schafft die Möglichkeiten auch für „blaue Kragen"; die Organisationen, die zielbewußt mit den „bindenden Begrenzern" arbeiten, helfen die Engpässe abzubauen und befassen sich, zum Beispiel, mit der schnellen Umschulung der freigesetzten Beschäftigten.

Kapitel 10

RÜCKKEHR NACH EUROPA

Einer der aufmerksamsten Erforscher der Ukraine Andrew Wilson vergleicht die Revolution, die er im Februar 2014 in Kiew erlebte, mit „einem guten alten Volksaufstand, über welche man in den Lehrbüchern der Geschichte des XIX. Jahrhunderts liest"[1].

Die ukrainische Revolution ist die Fortsetzung eines tektonischen Prozesses, dessen Anfang man mit der niederländischen Revolution des XVI. Jahrhunderts datieren kann, die mit dem Sieg der bürgerlichen Republiken über dem spanischen Reich geendet hatte. In derselben Reihe sehen wir zwei engliche Revolutionen des XVII. Jahrhunderts, die Große Französische Revolution, den Völkerfrühling von 1848, den Zusammenbruch der europäischen Reiche nach dem ersten Weltkrieg, die „Samtrevolutionen" Ende der 1980er Jahre. Langsam, mit Rückzügen und blutigen Exzessen, bewegte sich die neue Welt der induividuellen Freiheiten, der Vorherrschaft des Rechts und der Demokratie vom Westen nach dem Osten, bis zum Kampfmittelpunkt die Ukraine wurde.

---

1 Wilson. Ukraine Crisis, p. 86.

Wenn die Historiker ukrainische Ereignisse von 2014 – 2015 genau betrachten, finden sie darin nicht zufällig sehr viele Parallelen zum XIX. Jahrhundert, als moderne europäische Nationen entstanden und das Modell einer liberalen Demokratie entwickelt wurde.

Inwieweit ist solche Ukraine mit dem modernen Europa vereinbar, das die Gestalt der Europäischen Union annahm? Es ist keine nutzlose Frage. Weder Italien von Garibaldi – Cavour, noch Deutschland von Bismarck hätten den Kopenhagener Kriterien der EU-Mitgliedschaft entsprechen können.

Die Ukraine traf ihre endgültige Zivilisationswahl in den schwierigen Zeiten.

Ende der 1980er – Anfang der 1990er regte der Traum von der Rückkehr nach Europa die Regierungen und Völker der Länder des ehemaligen sozialistischen Lagers zu den entschlossenen Reformen an. Die Europäische Union erlebte einen Aufschwung. Nach der Bewältigung der Krisen der 1970er – 1980er Jahre näherte sich Europa der Einführung der gemeinsamen Währung und war einheitlich wie nie, während der Zusammenbruch der Sowjetunion als Hauptbedrohung der westlichen Zivilisation die These von Francis Fukuyama zu bestätigen schien: Der liberalen Demokratie blieben keine Alternativen.

Ins jetzige Jahrzehnt trat die Europäische Union, die in der marktwirtschaftlichen und demokratischen Transformation der mitteleuropäischen und baltischen Länder eine entscheidende Rolle gespielt hatte, mit einer schweren Last angehäufter Probleme. Die Müdigkeit von der Erweiterung, die Finanzkrise in Griechenland, das niedrige Wachstumstempo, der Mangel – wie die ukrainische Krise zeigte – an wirksamen Hebeln zum Entgegenwirken den aggressiven Outsidern sind nur einige davon. Rechnen sie die Krise vom Sommer und Herbst 2015, die vom Zustrom der Flüchtlinge aus dem Nahen Osten verursacht wurde, und den für den Juni 2016 angesetzte Volksentscheid in Großbritanien dazu, zu dessen Ergebnis sein Austritt aus der Europäischen Union werden kann.

Die Terrorakte in Paris im November 2015 unterstrichen lediglich das Ausmaß der Probleme, die vor dem gegenwärtigen Europa stehen.

Es hat keinen Sinn, die Schwierigkeiten zu unterschätzen, die vor den beiden Parteien des Integrationsprozesses stehen. Trotzdem bin ich sicher: die Ukraine kann und muss zu einem vollwertigen Bestandteil des europäischen Heims werden.

Die Ukraine braucht Europa – als Verbündeten, als Anker, als Quelle der Werte.

Europa braucht die Ukraine – als Erinnerung an den Sinn des europäischen Projekts selbst und daran, dass die Geschichte nicht zu Ende ist.

Die Niederlage der Ukraine würde den Kontinent in die Zeiten der Kräftebalance (XIX. Jh.) oder der Teilung in die Bündnisse (des „kalten Krieges“) zurückführen. In diesem Fall wird Beethovens „Ode an die Freude“ nicht den Triumph zum Ausdruck bringen, sondern an die entgangenen Möglichkeiten erinnern. Die Niederlage der Ukraine wird zur Niederlage Europas.

***

Die Ukraine soll westliche Technologien und Institute nicht einfach entlehnen. Die Ukraine soll zum Westen werden, zu seinem integrierten Teil. Im Verlauf dieser Transformation werden wir es lernen, uns selbst und unsere Aufgaben wie Erwachsene, wie Europäer zu betrachten.

Ohne Europa können wir unsere Aufgaben kaum erfüllen. Die erfolgreiche Konvergenz der mitteleuropäischen Länder, die Annäherung ihres Lebensstandards an den westeuropäischen – es ist keine Norm, sondern eine glückliche Ausnahme, die dank dem gewaltigen institutionellen Magnet der Europäischen Union möglich war. Für mittelentwickelte Länder werden eher die Rückläufe in den Autoritarismus und den Populismus als Norm wahrgenommen, auf die die Ukraine in den beiden Jahrzehnten der Unabhängigkeit stieß. Davon zeugen ebenfalls die Erfahrungen Lateinamerikas und Europas im Zeitraum zwischen den beiden Weltkriegen.

2020 soll die Ukraine den EU-Beitrittskriterien entsprechen. Inwieweit ist diese Aufgabe realistisch, die vom Präsidenten gestellt wurde? Im November 2015 beobachtete das ganze Land, wie die Werchowna Rada mehrmals die Gesetze nicht verabschieden konnte, die erforderlich waren, damit die Ukrainer das Recht erhalten, durch Europa visafrei zu reisen (es klappte nur beim sechsten Versuch). Unter anderem wagten die Abgeordneten lange nicht, die Änderung des Arbeitsrechts zu unterstützen, die die Diskriminierung nach dem Merkmal der Sexualorientierung verbat. Offen gesagt war es nicht die radikalste Reform von allen möglichen und trotzdem war die Koalition, deren Existenzsinn in der Europäisierung des Landes bestand (nicht zufällig heißt sie „Europäische Ukraine"), nicht imstande, eine richtige Entscheidung schnell zu treffen.

Ungeachtet des schwierigen „Schanzenkampfes" um die Koalitionseinheit und die Erfüllung der übernommenen Verpflichtungen bin ich überzeugt, dass die Entschlossenheit des Präsidenten durchaus bereichtigt war, der einen strengen Zeitrahmen für die Durchführung der erforderlichen Reformen festsetzte.

Die Reformer im Baltikum und in den mitteleuropäischen Ländern, die sich zum Ziel setzten, Anfang der 1990er Jahre der EU beizutreten, kamen ebenfalls als tollkühne (für manche – sogar als nicht ganz adäquate) Wagehalse vor. In jenen Jahren waren rechte und linke Euroskeptiker innerhalb des historischen Kerns der Europäischen Union noch nicht so stark wie jetzt. Aber auch damals hatte die Europäische Gemeinschaft ernsthafte Probleme: die Rezession von 1992 – 1993, der ein tiefer Rückgang in Schweden und Finnland vorausgegangen war, das Gemetzel auf dem Ruin der Jugoslawischen Föderation, bei dessen Regelung die europäische Gemeinschaft der Nordatlantischen Allianz die Führung überließ, eine scharfe Krise des europäischen Währungssystems vom

September 1992 bis März 1993... Der Schein einer störungsfreien fortschreitenden Bewegung trügt, wenn man die Detaills des historischen Prozesses genauer betrachtet. Solches Herangehen an die Geschichte hat auch eine anregende Seite: trotz vieler Krisen nach dem Zweiten Weltkrieg fand das vereinigte Europa immer einen Ausweg davon und setzte seine Entwicklung fort.

Europa ist ein Ziel, das sich bewegt. Die EU der 2010er Jahre unterscheidet sich krass von der EU vor zwanzig Jahren. Die Europäische Wirtschaftsgemeinschaft der 1970er unterschied sich von der Europäischen Gemeinschaft für Kohle und Stahl, die einige Jahre nach dem Zweiten Weltkrieg gegründet wurde, der den Kontinent entkräftet hatte.

Die Erfahrungen der Länder, die der EU in den 2000er Jahren beitraten, zeugen davon, dass es in den Integrationsprozessen vieles, wenn nicht alles, von der politischen Führerschaft innerhalb der Ukraine abhängt. Anfang der 1990er Jahre konnte kaum jemand annehmen, dass weniger als in anderthalb Jahrzehnten – eigentlich morgen, den historischen Maßstäben nach – ehemalige Länder des sozialistischen Lagers der Europäischen Union beitreten. Aber bereits 1994 – 1995 stellten die Staaten des Baltikums und der Vyschehrader Vier ihre Beitrittsanträge, um am 1. Mai 2004 zu den EU-Mitgliedern zu werden.

1997 nannte man die Slowakei „die letzte Diktatur Europas", was der Regierung von Mikuláš Dzurinda, der an die Stelle des anrüchigen Vladimir Mečiar kam, nicht verhinderte, die Partner aus der Vyschehrader Vier einzuholen und der EU gleichzeitig mit den Nachbarn – Tschechien, Ungarn und Polen – beizutreten.

Um den Erfolg der Pioniere zu wiederholen, muss die Ukraine eine ernsthafte Selbstarbeit leisten, und zwar gleich in zwei Dimensionen.

Zuerst sollen wir die Einführung der europäischen Normen ins ukrainische Recht richtig organisieren.

Anfang November legte die Makroökonomische Expertengruppe, die ich im vorherigen Kapitel erwähnte, ein Paket von Empfehlungen vor, in denen ich mit erfreulichem Erstaunen einige Übereinstimmungen mit meiner eigenen Position feststellte. Unter anderem enpfiehl die Gruppe, im Ministerkabinett das Sonderamt eines stellvertretenden Ministerpräsidenten vorzusehen, der für die Eurointegration zuständig wäre. Ich glaube, ohne solche Person, die mit den Vollmachten versehen und mit den seriösen Instrumenten ausgestattet wird, ein Ministerkabinett in der gegenwärtigen Ukraine seine Arbeit kaum leisten kann.

Die Verabschiedung der Gesetze, die für ein visafreies Regime mit der EU erforderlich waren, stellte keine besonders komplizierte Aufgabe dar, aber zu ihrer Lösung musste man eine Menge verschiedener Forderungen erfüllen. Es ohne eine Koordinierungsfigur zu tun, erwies sich als ziemlich schwer. Doch vor uns steht eine riesengroße Arbeit zur Annäherung des ukrainischen Rechts an den europäischen acquis communautaire (den gemeinschaftlichen Besitzstand), die viele Managerbemühungen und ein bedeutsames politisches Gewicht erfordern wird. Der Vize-Premier für Eurointegration wird nicht nur die Bemühungen von Dutzenden Ministerien und Ämtern koordinieren müssen, sondern entsprechende Entscheidungen im Parlament durchsetzen, und zwar schnell. Obwohl die Aufgaben des „Europa-Vize-Premiers“ zu 90% technokratisch sind, muss es ein richtiger Politiker sein, der über deutlich geprägte Führungseigenschaften verfügt. Er wird sowohl die politische Klasse, als auch die Gesellschaft mit sich führen und erklären, was die Ukraine zur Rückkehr in ihr europäisches Zuhause leisten muss.

Dieser Vize-Premier wird auch im Ausland viel zu tun haben. Der Beschluss über den Beitritt der Ukraine muss von allen EU-Mitgliedern unterstützt werden. Es wird nicht einfach, diese Zustimmung zu erreichen, wenn wir berücksichtigen, dass die europäische Ukraine zu einer bedeutenden Verschiebung der politischen Kräftebilanz innerhalb der Union führen wird. Wir erinnern uns, dass der Irakkrieg, der durch neue EU-Mitglieder unterstützt und durch Frankreich und Deutschland mißbilligt wurde, die Europäer vor die Gefahr einer tiefen Spaltung stellte.

Die Befürchtungen des „alten Europas", dass die Ukraine den Einfluss der „Neulinge" (also auch der USA, zu denen das Verhältnis im Westen des Kontinetns bekanntlich gemäßigt ist) stärken wird, kann man wohl nachvollziehen, und wir müssen unsere Partner überzeugen, dass für diese Befürchtungen kein Grund vorliegt.

Im Moment sind Polen, Schweden und die Staaten des Baltikums die wichtigsten Anwälte der Ukraine in der EU. Warschau und Stockholm standen an der Quelle der „Östlichen Partnerschaft" – eines Projekts, das, wie wir heute verstehen, die geopolitische Lawine ins Rollen brachte. Moskau versetzte einen Vorhaltschlag, den weder mein Land, noch die EU angemessen erwidern konnten.

Die Ukraine soll passende „Schlüssel" zu Berlin und Paris finden, um sie zu aktiven Verbündeten in unserem Eurointergationsprojekt zu machen. Wir sind Deutschland und Frau Angela Merkel dankbar, die eine kolossale Rolle bei der Eindämmung der russischen Aggression spielten. Es ist kaum vorstellbar, dass ohne Führung der Bundeskanzlerin ein Konsens von 28 EU-Mitgliedern in Bezug auf die Sanktionen gegen Russland zu erreichen wäre. Deutschland, das mit Russland mit Tausenden wirtschaftlicher Fäden verbunden war, brachte bedeutsame Opfer. Zum Einführungszeitpunkt der europäischen Sanktionen gegen den Aggressor wurde nach einigen Schätzungen durch den Handel mit Moskau 300.000 BRD-Bewohnern die Arbeit gesichert.

Gleichzeitig darf man nicht vergessen, dass sich Deutschland und die Europäische Union der Ukraine nicht nur ihretwegen zur Seite stellten. Es handelte sich um den Schutz der grundlegenden Prinzipien des Völkerrechts und der europäischen Werte. Ich kann mir leicht vorstellen, dass Berlin die gleiche Position auch in dem Falle eingenommen hätte, wenn zum Opfer einer Aggression ein anderes Land würde, das kein NATO- und EU-Mitglied wäre. Deutschlands Postion zeugt davon, dass dieses Land Grundsätze und Werte über dem unmittelbaren wirtschaftlichen Nutzen stellt.

Unsere Aufgabe besteht darin, deutsche (und französische) politische Klassen davon zu überzeugen, dass der Beitritt der Ukraine nicht zur Schwächung, sondern zur Stärkung der EU führt; es ist wichtig, die Geschäftskreise Deutschlands und Frankreichs zu den Hauptlobbyisten der Erweiterung des gesamteuropäischen Marktes der Arbeit, des Kapitals und der Dienstleistungen zu machen.

Das Team, das die Integrationsstrategie zu verwirklichen hat, braucht weder dick aufzutragen, noch das Bild mit der rosa Farbe zu verschönern. Was die Ukraine der Welt über sich erzählt, soll sich von dem nicht unterscheiden, was in unserem Land in der Tat vor sich geht. Einige Unterschiede sind unvermeidlich, wie unvermeidlich die Unterschiede zwischen einem Ideal und seiner Verkörperung sind. Aber ohne Ideal, ohne „wahren Mythos" übers Land, das wir aufbauen, wird es schwieriger, die Differenzen zwischen unseren Zielen und der Praxis, zwischen dem zurückgelegten Weg und dem Abstand zu bewerten, der uns vom Ziel trennt.

***

Der zweite Teil unserer Hausaufgabe besteht darin, europäische Werte in Wort und Tat einzuführen, sie für alle Ukrainerinnen und Ukrainer und nicht nur für die aktive Minderheit eigen zu machen. Kurz gesagt soll man sie der Gesellschaft beibringen.

Die europäische Wahl ist vor allem eine Zivilisationswahl. Im Kapitel über die innere Kulturrevolution, die das System der moralischen Koordinaten ändert, sprach ich über die Werte des Maidan, die den Vorrang der Persönlichkeitsrechte vor den Rechten des Staates vorsehen. Im europäischen Paradigma ist das Gesetz stärker, als die Staatsmacht. Im Reichsparadigma, das Russland durchsetzt, wird die Staatsmacht durch Nichts gezügelt, die Menschen sind dafür nur Instrumente.

Die europäische Zivilisationswahl bedeutet: Ich will ein freier Mensch sein, ich bin dagegen, dass der Staat in mein Leben eingreift. Der

Staat und die Macht sind nicht das Wichtigste, was es in meinem Leben gibt. Ich respektiere meinen Staat, ich bin sogar bereit, dafür mein Blut zu vergießen, aber ich werde nicht für die vorgesetzte Obrigkeit, sondern für meine Werte und Freiheiten kämpfen.

Man kann einwenden, dass man in Worten alles Mögliche verkünden kann, aber die Praxis steht in der Ukraine der russischen Praxis näher als der europäischen. Im Ranking „Index der Vorherrschaft des Rechts" befindet sich die Ukraine auf Platz 70, Russland – auf Platz 75 (das nächste EU-Mitglied, Bulgarien, hat Platz 45), im Index der Korruptionswahrnehmung von Transparency International hat Russland Platz 119, die Ukraine – 130 (Bulgarien – 69). Im Ranking der Wirtschaftsfreiheit von Heritage Foundation wurde Russland den „überwiegend unfreien" Ländern (Platz 153), die Ukraine – den „repressiven Ländern" (Platz 162) zugerechnet. Das nächstliegende EU-Mitglied, Slowenien, hat Platz 90 (Griechenland – Platz 138, aber es ist ein Sonderfall).

In der Statik sieht es vielleicht so aus. Ich bevorzuge es aber, die Tatsachen in der Dynamik zu bewerten.

Um zum Westen zu werden, auf ihrem Territorium eine beständige politische Ordnung herzustellen, muss die Ukraine drei Bedingungen erfüllen, die Francis Fukuyma im Buch „The Origins of Political Order" formulierte: a) einen starken, funktionierenden Staat aufbauen; b) die Vorherrschaft des Rechts sicherstellen; c) die Staatsmachtacht vor der Gesellschaft rechenschaftspflichtig machen.

Am weitesten sind wir im dritten Bereich fortgeschritten. Schon in der Dritten Republik wurden die regelmäßige Absetzbarkeit der Macht mit Hilfe der demokratischen Verfahren, eine reale politische Konkurrenz gewährleistet. Die Orangen Revolution und die Revolution der Würde waren Volksaktionen gegen die Versuche, der Ukraine den Autoritarismus aufzuzwingen. Um den demokratischen Charakter des ukrainischen politischen Systems zu festigen, muss man noch viel leisten. Das Gesetz über die staatliche Finanzierung der politischen Parteien stellt einen Schritt gerade in dieser Richtung dar. Es soll die Automisierung des politischen Lebens sichern, das bei uns häufig vom Business oder Lobbyismus untrennbar ist, den politischen Prozess vor dem Einfluss der Oligarchengelder schützen.

Nach dem Maidan erlebten wir bereits drei Wahlkampagnen. Die Wahlen des Präsidenten, des Parlaments, der Bürgermeister und Abgeordneten der örtlichen Räte waren – trotz einiger Bemerkungen der europäischen Beobachter – frei und gerecht.

Die Arbeit an der Wiederherstellung der Staatsmaschine fängt erst an. Ich glaube, wenn wir alle Bemühungen in dieser Richtung konzentrieren, könnten wir die wichtigsten Reformen gegen Ende 2017 abschließen. Zur Beendigung des jetzigen politischen Zyklus sollen wir einen kompakten, effizienten, nicht korrupten Staatsapparat erhalten, der sich auf der Wahrnahme der wesentlich gekürzten Liste der Staatsfunktionen konzentriert. Wenn jemandem solche Aufgabestellung zu optimistisch vorkommt, möchte ich an eine Tatsache erinnern. Zum Sommer 2015 baute die ukrainische Armee an der Trennlinie eine gut gegliederte Verteidigung auf, deren Sicherheit der Gegner mehrmals – und erfolglos – zu prüfen versuchte. Doch etwa im August 2014, als die Russen unserer Gruppierung im Ostdonbass einen Schlag versetzt hatten, konnte man auf dem ganzen Territorium zwischen der Kriegshandlungszone und Kiew nur wenige kampffähige Einheiten finden.

Die Herstellung der Vorherrschaft des Rechts ist objektiv gesehen der langwierigste Prozess. Trotzdem halte ich es für möglich, auch in diesem Bereich bis 2020 einen wesentlichen Fortschritt zu erreichen und sich den Merkmalen zu nähern, die die Länder Südeuropas heute demonstrieren.

Die Annäherung zu Europa betrifft nicht nur das Gerichts- oder Rechtsschutzsystem. Es geht nicht nur um regelmäßige Wahlkampagnen und starke, nicht korrupte bürokratische Strukturen. Es kommt darauf an, wem der Staat dient. Hauptsache – die Macht muss begreifen, dass sie eine Art Angestellte ist, dass sie das Individuum über sich stellt.

Wir sollen mit der systematischen Aufhebung aller möglichen Beschränkungen beginnen, die den Menschen das Leben schwer machen. Es betrifft auch gleichgeschlechtliche Ehen – egal, ob sie jemandem gefallen oder nicht, und eine große Menge Regulierungen. Einen Totenschein zu bekommen, ist heute keine triviale Aufgabe. Genauso übrigens wie eine Geburtsurkunde. Ein anderes Beispiel: Medizinische Untersuchung der Fahrer vor der Schicht. Ich fragte einmal Michail Saakaschwili:

„Habt ihr sowas?"

„Nee", antwortete er.

In der Tat untersucht niemand die Fahrer, sie bestechen einfach die Prüfer: Die einen mit Geld, die anderen mit Benzin.

Alle Rechtsakte, die die individuelle Wahl des Menschen im wirtschaftlichen, kulturellen, sozialen Bereich beschränken, müssen von den Verboten möglichst gesäubert oder aufgehoben werden. Je mehr Freiheit, desto höher der Wert jedes Menschenlebens, desto mehr Möglichkeiten für ein Individuum, sich so zu zeigen, wie es will, ohne auf die Macht in all ihren Erscheinungsformen zu stoßen. Ich bin dafür, dass man hier auf revolutionäre Art und Weise vorgeht.

Ich sehe voraus, dass man mir mit den Berufungen auf die „ukrainische Mentalität" antwortet. Die Ukrainer seien angeblich zu konservativ und schätzen die Stabilität zu hoch – das blutige XX. Jahrundert brachte unserer Nation bei, dass es sicherer ist, einen Spatz in der Hand zu haben, als eine Taube auf dem Dach. Die beliebteste Visualisierung der nationalen Mentalitäten ist die Kulturelle Weltkarte von Inglchart-Welzel, wo verschiedene Kulturen entsprechend ihrer Lage an zwei Koordinatenachsen geordnet sind: Traditionalismus – Rationalismus und Überlebenswerte – Werte der Selbstverwirklichung (alle Bewertungen variieren von -2,5 bis 2,5). Die Opponenten der radikalen Reformen berufen sich auf diese Karte, wenn sie unterstreichen wollen, dass die Reformen von den Ukrainern nicht akzeptiert werden: Schauen sie mal, bei uns wird die Sicherheit höher eingeschätzt als selbst in Russland, von welchen Werten der Selbstentfaltung kann die Rede sein? Im Falle der europäischen Modernisierung der Ukraine wird dieses Argument etwas modifiziert: Die Ukrainer bevorzugen angeblich ein garantiertes Minimum (daher solche Hoffnungen auf die Hilfe des allmächtigen Staates) und nicht die grenzenlosen Möglichkeiten, die man noch zu realisieren hat.

Leben oder Überleben

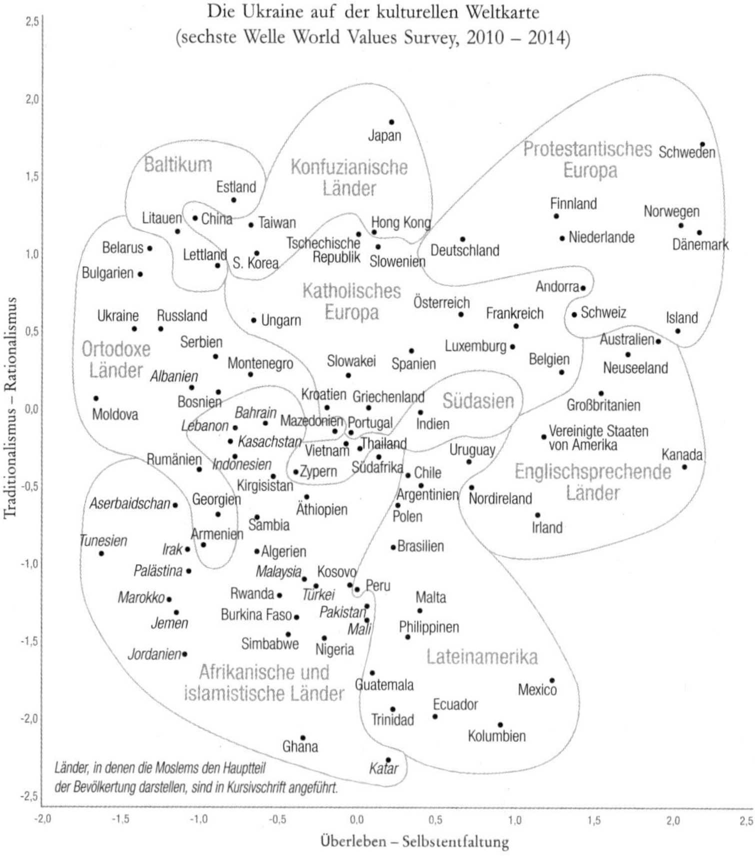

Ich möchte sie darauf aufmerksam machen, dass das von Inglehart und Welzel dargestellte Weltbild nicht statisch ist. Auf dem neuesten Diagramm (vgl. oben), das im Ergebnis der sechsten Welle World Values Survey entstand, wurde die Ukraine (die Umfrage wurde 2011

durchgeführt), zum Beispiel, an der Skala „Überleben – Selbstentfaltung“ im Vergleich zur vorhergehenden Welle (für die Ukraine wurden die Daten von 2006 genutzt) nach links verschoben. Darin gibt es nichts Überraschendes: Zwischen beiden Umfragenwellen lag eine tiefste Wirtschaftskrise, die der Ukraine einen Verlust von 15,1% des BIP im Jahre 2009 kostete. Die Verschiebung zu den Überlebenswerten kann noch eine, zusätzliche Erklärung haben: Der Akzent auf die Sicherheit war die Antwort auf die tote Staatspolitik, wenn die Selbstentfaltung viel mehr kostet, als die Aufrechterhaltung des Status quo.

Im europäischen Kontext (genauer gesagt, im antieuropäischen) nutzen unsere Opponenten auch die Skala „Traditionalismus – Rationalismus“. Die Ukrainer seien zu traditionell, zu religiös, um irgendwann der Anerkennung der nicht traditionellen Familien zuzustimmen. Doch an dieser Skala ist die Ukraine viel rationalistischer, als die Vereinigten Staaten und Großbritanien, die die gleichgeschlechtlichen Ehen erfolgreich legalisierten.

Ich wiederhole: ich halte die Werte nicht für etwas, was ein für allemal gegeben ist. Eine erfolgreiche Politik, die auf die Entfaltung der schöpferischen Möglichkeiten der Menschen ausgerichtet ist, kann auch die Werte radikal verändern. Der Wiederaufbau Europas nach dem Zweiten Weltkrieg ist eines der besten Beispiele solcher Transformation.

***

Wenn wir an die EU-Integration der Ukraine denken, dürfen wir zwei Faktoren nicht vergessen, die der Realisierung dieser Strategie objektiv im Wege stehen.

Vor allem ist es die allgemeine Müdigkeit der EU-Bürger von der Erweiterung. Es ist ja auch keine Kleinigkeit – seit 1994 wuchs die Anzahl der EU-Mitglieder von 12 auf 28.

Es gibt auch noch einen spezifischen Faktor, der mit der Ukraine verbunden ist. Die Kommentatoren nennen ihn „Ukraine fatigue“ –

„Ukraine-Müdigkeit", die Müdigkeit davon, dass man unser Land fortwährend retten soll, dass die Ukrainer die Verantwortung für ihr eigenes Schcksal nicht übernehmen können.

Um zum willkommenen Gast der europäischen Gemeinschaft zu werden, soll die Ukraine nicht mit den leeren Händen darin kommen.

Die europäische Integration ist nicht nur unsere Annäherung an die EU, sondern auch die Gegenbewegung. Und hier steht vor der Staatsführung die Aufgabe, die Europäer davon zu überzeugen, dass die Bewegung nach Europa diesmal kein Tribut der innenpolitischen Konjunktur ist, dass wir tatsächlich bereit sind, Hausaufgaben zu erfüllen und nicht versuchen, mit Hilfe der Europäer taktische Fragen unseres politischen Überlebens zu lösen, wie es 1991 – 2013 oft der Fall gewesen war.

Wir müssen noch richtige Worte, richtige Taktik und Strategie in den Beziehungen zu der Welt finden, mit der sich die Ukraine integrieren will.

Warum glaube ich, dass diesmal alles anders wird?

Das ukrainische Volk leistete seinen Teil der Arbeit. Wenn bis November 2013 die europäische Annäherung einen deklaratorischen Charakter hatte, so gingen die Ukrainer nach der Kurve von Asarow zum gewaltfreien Massenprotest über, um die europäische Wahl und die ihr zugrunde liegenden Werte zu verteidigen. Es geschah zum erstenmal in der ganzen Geschichte der unabhängigen Ukraine. Meines Erachtens ist es die sicherste Gewähr, dass die Gesellschaft bereit ist, für die europäische Wahl zu zahlen. Über dem Maidan flatterten nicht nur die nationalen gelb-blauen Fahnen, sondern auch die Fahnen der Europäischen Union – zwölf goldene Sterne vor dem blauen Hintergrund.

Ich sehe drei bedeutsame Gründe, die die Ukraine zu einer wichtigen und willkommenen Teilnehmerin der europäischen Integration machen. Es handelt sich um Werte, Wirtschaft und Verteidigung.

Heute stellt die EU eine Vereinigung der Länder dar, in welchen ein wesentlicher Teil der Bewohner die Notwendigkeit der EU-Existenz bezweifelt. Die Experten bezeichnen es als „Legitimitätskrise". Die Krise hat, wie es mir scheint, eine gute visuelle Äußerung (genauer gesagt, den Mangel daran). Können sie sich gegenwärtige Europäer vorstellen, die ohne Waffen, unter der EU-Fahne mit denjenigen kämpfen, die sie unterdrücken, wie es die Ukrainerinnen und Ukrainer im Winter 2013 – 2014 machten? Ich versuchte, jedoch gelingt es mir nicht ganz.

Der Beitritt der Ukraine dem europäischen Projekt – selbst wenn wir nicht über einen baldigen EU-Beitritt, sondern erst mal über eine vollwertige Partnerschaft sprechen, – wird helfen, die EU selbst zu stärken, ihrer „weichen Kraft" mehr Energie verleihen. Zur Zeit gibt es wohl keine größere Euroenthusiastin in der Welt, als die ukrainische Zivilgesellschaft, die bereit ist, wie es in der Nationalhymne heißt, „Seele und Leib" auf den Altar des gemeinsamen Europas zu legen.

Der Erfolg der Ukraine – sowohl der politische als auch der wirtschaftliche – wird es ermöglichen, die Krise der europäischen Identität zu lindern; er zeigt den Skeptikern, dass der europäische Weg den Menschen ein besseres, reicheres und bewußteres Leben in der Tat sichert.

Ich glaube, dass auch das Gegenteil richtig ist. Falls die Ukraine abgelehnt wird, verschärft es nur die Krise der EU selbst. Niemand bezweifelt doch, dass die Ukraine ein europäisches Land ist. Sie bildete einen Teil des gemeinsamen europäischen Raums auch vor 2.600 Jahren, als die Griechen ihre Apoikien (Kolonien) an der Nordküste des Schwarzen Meeres gründeten, auch vor 1.000 Jahren – in der Zeit der Kiewer Rus, und vor 500 Jahren – in der Zeit der Rzeczpospolita (wie der britische Historiker Norman Davies meinte, war die Republik Polen – Litauen zu jener Zeit das toleranteste Land Europas), auch vor 200 Jahren, in der Zeit des Kaiserreichs Österreich, einer multinationalen Staatsbildung, in der manche den Prototyp des künftigen vereinigten Europas sehen. Und wenn Europa sagt, dass die Ukraine zu einem Teil des gesamteuropäischen Projekts nicht werden kann, so entsteht die Frage: was ist dann Europa? Entspricht denn solch ein enges Verständnis seiner Grenzen dem Wesen des „Europatums"?

Für Europa sind die Ukrainer im bestimmten Sinne Menschen aus einem anderen Zeitalter. Zivilisatorisch stehen wir auf der gleichen Ebene, aber als „Zeitgenossen" von Garibaldi und Bismarck dürfen wir uns viele Kinderfragen erlauben: „Und warum so?" In der Untergangszeit des Sozialstaates kann es passieren, dass die Europäer keine einfachen und klaren Antworten auf diese Fragen finden. Die Verstärkung der Kommunikation mit der Ukraine kann für die Europäer zum Grund werden, das zu überdenken, was ihnen selbstverständlich vorkommt. Die Erweiterung der Vielfalt im Rahmen der gemeinsamen Werte wird dem europischen Projekt nur guttun.

***

Wenn wir hören, dass die Ukraine das europäische Entwicklungsmodell wählte, benötigen wir eine Präzisierung. Ungeachtet der tiefgreifenden Intergration sind die Wirtschaften der europäischen Länder unterschiedlich gestaltet. Nicht zufällig sprechen die Wirtschaftswissenschaftler vom skandinavischen, deutschen, südeuropäischen (offen gesagt, nicht ganz erfolgreichen) Modell.

Einen der Schlüsselmomente (obwohl nicht der einzige) stellt bei der Bestimmung des Wirtschaftsmodells die Größe des Staates dar. Die Ukraine kann sich solche großen Staatsausgaben nicht leisten, wie, zum Beispiel, Finnland (58% des BIP im Jahre 2015) oder Frankreich (57% des BIP). Wenn wir den Streit über die Zukunft des europäischen Welfare State dahingestellt sein lassen, kann man nur bemerken, dass das jetzige Niveau der Staatsausgaben in der Ukraine (etwa 53% im Jahre 2014) die Verschwendung der sowieso kärglichen Ressourcen ist. Der alte Staat war ungeheuer ineffizient und der neue wurde noch nicht aufgebaut, aber wie die Erfahrungen unserer erfolgreichen Nachbarn aus Osteuropa zeugen, dazu braucht man nicht ein Jahr und nicht zwei Jahre.

Leider spielten die Berufungen auf europäische Erfahrungen und den Aufbau eines Sozialstaates in der Ukraine oft eine negative Rolle. Die pseudoeuropäische Politik führte zu einer für die ukrainischen Bürger und Unternehmen untragbaren Steuerlast, zu den aufgeblähten Ausgaben, wobei nicht einfach nutzlose, sondern geradezu schädliche Sachen finanziert wurden. Es genügt, Hunderte von Hochschulen, die eine staatliche Finanzierung erhalten und junge Menschen infolge der Bestechnung in den Prüfungen korrumpieren, oder das System der Waisenpflege zu erwähnen, das nicht zum Wohlergehen der elternlosen Kinder, sondern zur eigenen Selbstreproduktion ausgerichtet ist.

Die Europäische Union dient als eine reiche Quelle an Ideen für die Politiker in den weniger entwickelten Ländern, die sich unter dem Vorwand der Einführung der besten Praktiken an den überholten Praktiken klammern. Die ukrainischen Populisten bilden da keine Ausnahme.

Andererseits kritisiert die EU niemand härter, als die Europäer selbst. „Eine typisch europäische Antwort aufs Scheitern eines staatlichen Programms – mehrere neue staatliche Programme erfinden", ironisierten die Wirtschaftswissenschaftler Alberto Alesina und Francesco Giavazzi in ihren Buch „Europas Zukunft: Reformen oder Verfall"[1].

In der Welt gibt es genug Länder, die sich dynamischer entwickeln, als die Länder des „alten Europas", – die USA, Kanada, die asiatischen „Tiger". Ist aber Europa, selbst in seiner Brüsseler Variante, eine Bremse für die ukrainischen Reformen?

Eindeutig nicht.

Erstens wirkt der Druck der europäischen Forderungen nach den Reformen auf unsere Bürokratie in den meisten Fällen zugunsten der Liberalisierung der ukrainischen Wirtschaft. Selbst dort, wo es um die Verschärfung der Regulierung geht, besteht das Problem nicht in der Einstellung der EU, sondern in einer schwachen Position (oder in einem Mangel daran) seitens der Ukraine.

---

[1] Alberto Alesina, Francesco Giavazzi. The Future of Europe: Reform or Decline, Cambridge, Mass., London, 2006, p. 141.

Zweitens entspricht die Vorstellung, dass die Regelung, auf der Brüssel besteht, angeblich zur Erdrosselung der Wirtschaftsfreihet führt, einfach nicht der Wirklichkeit. Nehmen wir uns das bereits bekannte Ranking der Wirtschaftsfreiheit vor, das von Heritage Foundation erstellt wird: Zu den ersten zwanzig freiesten Länder der Welt gehören Estland, Irland, Dänemark, Litauen, Deutschland, die Niederlande und Finnland, und die „Eurobürokratie" bildet für sie kein Hindernis. Die Aufrechterhaltung (oder der Aufbau) einer liberalen Wirtschafts- und Sozialordnung ist im Kontext des gemeinschaftlichen Besitzbestands durchaus möglich.

Welche Arbeit könnte die Ukraine für Europa leisten? Wenn man pragmatisch beurteilt, so sieht man, dass die Ukraine qualifizierte Arbeitskräfte für europäische Unternehmen, einen Standort für die Betriebe, die Europa aus verschiedenen Gründen auf seinem Territorium nicht unterbringt, schließlich einen Markt für europäische Waren bedeutet. Je besser sich die Ukraine entwickelt, desto reichlicher und interessanter wird dieser Markt für europäische Unternehmen. Stellen sie sich für einen Augenblick vor, dass sich die Bevölkerung Polens ums zweifache vergrößert hätte. Ich glaube, es würde zu einem ziemlich auffallenden Ansporn für die ganze europäsche Wirtschaft.

Der Internationale Währungsfonds prognostizierte, dass 2016 die Wirtschaft der EU den Status der weltgrößten verliert. Zu erstenmal in den beiden letzten Jahrhunderten wird China zum Führer (vgl. das Schaubild unten)[1]. Besonders eindrucksvoll sieht der verhältnismäßige EU-Verfall unter Berücksichtigung dessen aus, dass erst vor einem Vierteljahrundert die europäische Wirtschaft fast ums siebenfache größer war als die chinesische. Trotz mehrerer Erweiterungswellen verlor die langsam wachsende EU-Wirtschaft unentwegt ihre Stellung in der Weltrangordnung.

[1] IMF, World Economic Outlook Database, April 2015. Ghbd.

Der Westen und der Rest

Anteile der EU, der USA, Indien und Chinas im BIP der Welt
(%, BIP nach der Kaufkraftparität)

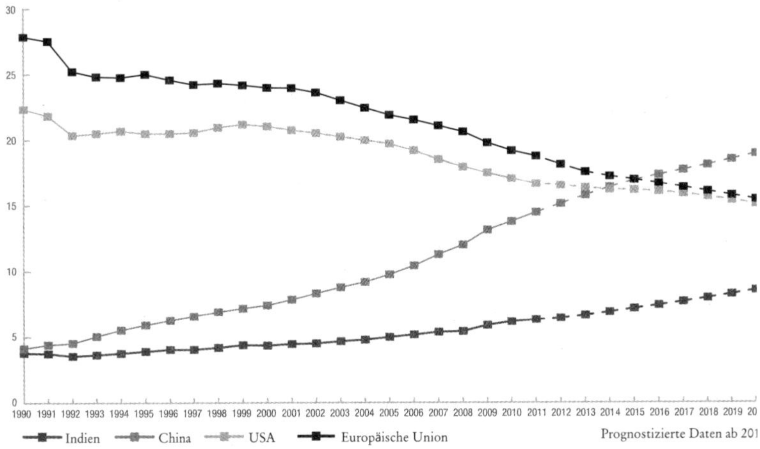

Quelle: IMF, World Economic Outlook Database, April 2015

Europäische Wähler und Politiker scheinen sich dieser Bedrohung nicht bewußt zu werden. „Der verhältnismäßige Verfall kann sich zum absoluten Verfall verwandeln. Die Erfahrung Argentiniens weht wie ein Gespenst über Europa", schrieben Alesina und Giavazzi 2006. „Anfang des XX Jh. war Argentinien eines der reichsten Länder der Welt – doppelt so reich wie Italien, fast so reich wie Frankreich. Dann hatte sich die Welt verändert, die Argentinier dachten nach wie vor: Das Getreide und das Rindfleich zu exportieren wäre alles, was man zur Prosperität bräuchte. Im Laufe von langen Jahren, bis zur Krise 2001 hatten die meisten Argentinier die Tiefe ihrer Probleme nicht begriffen – oder es nicht zugeben wollen. Als sich die Krise plötzlich ausbrach, stellten die Argentinier fest, dass sie arm waren"[1]. Ein ähnliches Schicksal betraf auch Griechenland – obwohl die Zeitspanne kürzer war.

---

[1] Alesina, Giavazzi. Op.cit, p. 6.

Die Tatsache, dass einen verhältnismäßigen Rückgang auch die USA-Wirtschaft erlebte, kann kaum als Trost betrachtet werden. Im Gegenteil liefert es einen zusätzlichen Grund zur Besorgnis. Die Welt wird nicht sicherer. Russland verheimlicht es nicht, dass sein Ziel darin besteht, die einpolare Weltordnung, in der der Westen dominiert, durch eine multipolare zu ersetzen. Andere große Entwicklungsländer verhalten sich vorsichtiger, aber sie unterstützen insgeheim oder offen die revisionistische Linie vom Kreml.

Kurz nach der Besetzung der Krim durch Russland erörterte die UNO-Vollversammlung den Beschluss zur Unterstützung der territorialen Integrität der Ukraine – ein äußerst verschwommenes Dokument, in dem kein Wort über die Annexion der Halbinsel oder darüber zu finden war, dass sie einen integrierenden Bestandteil der Ukraine darstellte. Die UNO-Mitgliedsstaaten sollten lediglich die Rechtswidrigleit des Krim-Referendums festhalten und die Anerkennung der territorialen Integrität der Ukraine in den „international anerkannten Grenzen" bestätigen. Alle vier Partner Russlands im BRICS (Brasilien, China, Indien, Südafrikanische Republik) enthielten sich der Unterstützung der territorialen Integrität der Ukraine[1].

* * *

Die europäische Krise hat mehrere Dimensionen. Es ist eine Krise der Eurozone, vor der viele Wirtschaftswissenschaftler bereits in den 1990er Jahren mahnten und bewiesen, dass es unmöglich ist, eine feste monetäre Union zu haben, ohne eine Banken- und Fiskalunion aufzubauen, die Binnenmärkte der Arbeit und der Dienstleistungen vollständig zu öffnen. Es ist eine Krise der Legitimität, die Weigerung vieler Europäer, sich Brüssel auch weiter zu unterordnen, das als eine ineffiziente Instanz

---

1 Vgl.: https://papersmart.unmeetings.org/media2/2498292/voting-record.pdf.

wahrgenommen wird, die den Wählern nicht rechenschaftspflichtig ist. Es ist eine Krise des Sozialstaates, die damit zusammenhängt, dass im Zeitalter der Globalisierung die Umverteilungsmechanismen nicht mehr funktionieren, die in Europa kurz vor dem Ende des Wirtschaftsbooms der 1950er – 1960er Jahre entstanden. Doch die ernsthafteste Herausforderung der jetzigen EU-Situation stellt wohl die Krise des europäischen Sicherheitssystems dar.

Kann es dazu kommen, dass die Ukraine, die sich um die Beteiligung am europäischen Projekt bewirbt, die EU-Krise durch eine zusätzliche, vierte Dimension ergänzt – diesmal die geopolitische?

Fangen wir damit an, dass man den „Beitrag" der Ukraine zur Lockerung des europäischen Sicherheitssystems nicht übertreiben soll, das nach der Beendigung des „kalten Krieges" entstand. Für Russland ist die Ukraine nur einer der Schauplätze der globalen Konfrontation mit dem Westen, vor allem mit Amerika. Wenn es keine ukrainische Revolution gäbe, müsste sich Putin etwas anderes einfallen lassen. Nicht zufallig wurde im Frühling 2014 die Frage so scharf gestellt, ob die NATO-Soldaten bereit wären, „für Narva zu sterben" – eine überwiegend russischsprachige Stadt an der Ostgrenze Estlands. Für ein autoritäres Regime sind die Konfrontation mit dem Westen, die Revision der Völkerrechtsnormen die Mittel zur Verewigung seiner Macht mit Hilfe der imperialen Mobilisierung. Europa wird dieses Problem nicht lösen, wenn es die Ukraine Putin „ausliefert".

Eine unabhängige, starke Ukraine wird nicht zur Achillesferse Europas, sondern zu seiner Schutzwand. Unsere Erfolge werden die Bemühungen des autoritären Kremls zunichte machen, Russland zu einer von Raketen strotzenden Festung zu verwandeln. In der Konfrontation mit dem jetzigen russischen Regime kann die Ukraine die Rolle Westdeutschlands spielen, das jahrzehntelang für die Bewohner Ostdeutschlands als Magnet diente und das kommunistische Regime untergrub.

Ein Reich – solange sich Russland als ein Reich wahrnimmt – wird immer „Grenzgebiete" benötigen. Wenn Europa auf die Unterstützung der Ukraine verzichtet, verschiebt sich das „Grenzgebiet" um anderthalb Tausend Kilometer nach dem Westen und an die Hauptkampflinie geraten nicht nur die Staaten des Baltikums, sondern auch die Wyschehrader Gruppe, Rumänien und Bulgarien.

Ich glaube, die Ukraine könnte im Verhältnis zur EU die Position einnehmen, die der britischen Position gleich wäre: Die Teilnahme an vielen, aber nicht an allen Integrationsprozessen, bei den besonderen Verbindugen in Bereichen Verteidigung und Sicherheit mit den USA. Und wenn im Falle des Vereinigten Königreichs die Sondereinstellung mit dem traditionellen Euroskeptizismus der Briten zusammenhängt, so ist der ukrainische Eurointegrationsweg in vielem von den geopolitischen Umständen bedingt. Ein Kontinent, der der Schauplatz der blutigsten Gefechte der beiden Weltkriege war, will keine Kriege mehr führen. Die Ukraine, die in diesen Weltkriegen wohl am meisten gelitten hatte, als alle anderen europäischen Länder, ist gezwungen einzusehen, dass ein Krieg oder eine Kriegsgefahr sie jahrzehntelang begleiten werden.

Nach der Invasion 2014 bezweifelt niemand in der Ukraine, dass das Land zu einem Bestandteil des westlichen Sicherheitssystems werden muss. Wie es in der Tat verwirklicht wird – über den Beitritt der Nordatlantischen Allianz oder dank einem engen Militärbündnis mit den Vereinigten Staaten, wie im Fall Israel – ist nicht besonders wichtig. Damit in Europa der Frieden erhalten bleibt, soll der potentielle Aggressor sehen, dass die Verluste, die er tragen wird, mit den Gewinnen unverhältnismäßig sind, auf die er hoffen kann.

Für Europa ist eine starke unabhängige Ukraine eine Art zusätzliche Versicherung vor der Unberechenbarkeit der Kreml-Führer. Es gibt auch einen weiteren Aspekt: Falls die Ukraine starke staatliche Institute nicht wiederherstellen kann, falls die Macht im Lande in die Hände der paramilitärischen Kriminalgruppierungen übergeht, wird unser Territorium zur ständigen Bedrohungsquelle für die EU.

Wenn wir nur für einen Augenblick annehmen, dass in der Europäischen Union die Meinung der geopolitischen „Realisten" überwiegt und die Ukraine Russland ausgeliefert wird, können wir bezweifeln, dass Moskau in unserem Land seine Ordnung durchsetzt. Sehen sie sich den Nordkaukasus an, der sowohl territorial, als auch bevölkerungsmäßig ums mehrfache kleiner als die Ukraine ist. Ungeachtet der Überbemühungen der russischen Macht bleibt die Region bereits zwei Jahrzehnte lang brennender Punkt. Das Gebirge? In der Ukraine gibt es auch das Gebirge. Eine nominell unter russischer Kontrolle stehende, aber faktisch unkontrollierbare Ukraine – es wäre nur eine der Variationen des oben beschriebenen Szenarios – wird zu einem riesengroßen instabilen Gebiet, woher die Wellen der Gewalt, des Schmuggels und der illegalen Migration auf Europa stoßen.

Die Weigerung, sich selbst und seine eigenen Werte zu verteidigen, führt manchmal zu verblüffenden Aberrationen. Vor mir liegt das Buch von Rajan Menon und Eugene Rumer „Konflikt in der Ukraine: Zerfall der Weltordnung, die nach dem „kalten Krieg" entstand"[1]. Es ist im Sinne der Doktrin des politischen Realismus geschrieben. Eine der Thesen, mit der die Autoren arbeiteten, lautet: Das Schicksal der Ukraine soll durch eine große Abmachung zwischen Russland und den USA entschieden werden. Selbstverständlich würde solche Lösung am besten Russland passen. Da gibt es aber nur noch einen kleinen „technischen Moment": Für eine „große Abmachung" mit Moskau sollte man dem Land mit 45 Mio. Bevölkerung das Stimmrecht entziehen.

Jeder Deal hinter Rücken der Ukraine wird illusorisch. Die für die Ukraine ungünstigen Vereinbarungen werden zur Niederlage nicht nur

[1] Rajan Menon, Eugene Rumer. Conflict in Ukraine. The Unwinding of the Post-European Cold War Order, The MIT Press, 2015.

meines Landes, sondern aller, die es versuchen, ihm den Willen aufzuzwingen, der von dem ukrainischen Volks und seiner politischen Elite zurückgewiesen wird.

Anfang 2016 veröffentlichte das Kiewer Internationale Institut für Soziologie die Ergebnisse der Umfrage, die in 110 Ortschaften aller Gebiete der Ukraine durchgeführt wurde. Wenn das Referendum um den EU-Beitritt in der ersten Hälfte vom Dezember 2015 stattgefunden hätte, hätten fast 76% der Wähler daran teilgenommen. „Dafür" würden 70% von ihnen abstimmen, dagegen – 30%[1].

Dass die Ukrainer den EU-Beitrit nicht hundertprozentig unterstützten, zeugt nochmal davon, dass wir ein durchaus europäisches Land sind. Nehmen wir zum Vergleich die Ergebnisse des ähnlichen Referendums in Österreich, das am 12. Juni 1994 stattfand. Damals äußerten sich für den EU-Beitritt 66,6% der Österreicher (82,3% waren erschienen). In Finnland unterstützten am 16. Oktober 1994 56,9% von 74% der Wähler den EU-Beitritt, die am Volksentscheid teilnahmen. Das zu uns wohl nächstliegende Beispiel ist Lettland, auch eine ehemalige Republik der UdSSR. Am 20. September 2003 stimmten 66,9% Bürger Lettlands für den EU-Beitritt.

Wie kann man sich hinter dem Rücken von fast drei Vierteln der ukrainischen Wähler verabreden? Es ist nicht einfach eine unmoralische Hypothese. Sie enthält keinen Tropfen Realismus.

---

[1] http://www.kiis.com.ua/?lang=ukr&cat=reports&id=584&page=1.

Kapitel 11

GEFAHR VOM OSTEN

Die Zukunft der Ukraine – wie wir es auch betrachten mögen – hängt mit der Zukunft Russlands untrennbar zusammen.

Es kommt nicht auf die dreihundert Jahre lange (jemand wird sagen – Tausend Jahre lange) Geschichte des Kampfes, des gegenseitigen Durchdringens und des Zusammenlebens beider Länder in den Grenzen des gemeinsamen euroasiatischen Reichs an.

Der Faktor Russland, die Auswirkungen der russischen Aggression werden die wirtschaftliche und politische Tagesordnung der Vierten Republik noch lange bestimmen. Eine baldige Normalisierung der Beziehungen ist kaum wahrscheinlich. Die Probleme der Modernisierung der Armee, das Problem Krim, das Problem Donbass – ich rede gar nicht von der Neuorientierung des ukrainischen Exports in Richtung Westen – werden in einem Jahr, auch in zwei Jahren nicht gelöst. Einen nicht weniger komplizierten Charakter haben auch humanitäre Fragen. Die ukrainische politische Nation fängt erst an, einen nüchternen Blick aufs Reichserbe, auf die Stellung und Rolle der klassischen und gegenwärtigen russischen Kultur im Leben des Landes zu entwickeln. Dieser Prozess hat nicht nur mit den außenpolitischen Aspekten der Existenz der Republik zu tun, sondern auch mit der Innenpolitik. Millionen ukrainische Bürger haben historisch bedingt eine Neigung zur russischen Kultur, eigentlich geht es nicht um die Neigung – sie sind einfach Träger der russischen Kulturtradition. Unsere Aufgabe besteht darin, so zu machen, dass sie sich innerhalb des ukrainischen politischen Projekts nicht als Fremde empfinden.

Das eine weiß ich ganz genau. Die Demokratisierung Russlands entspricht den Lebensinteressen der Ukraine. Kann die Ukraine ihren Beitrag zu diesem Prozess leisten? Wenn ja, wie soll er aussehen? Wie ist die Versöhnungsformel zwischen beiden Ländern? Das alles bildet den Gegenstand einer breiten gesellschaftlichen Diskussion. In diesem Kapitel kann man lediglich allgemeine Ansätze zur Lösung dieser Fragen bezeichnen, Diskussionsgrundlage und –rahmen entwerfen.

Die russische Aggression 2014 – 2015 zeigte, dass der Kreml sein Bestes tun wird, damit die Ukraine – mindestens – keine erfolgreiche marktwirtschaftliche Demokratie aufbaut und im Idealfall als ein souveräner, einheitlicher Staat nicht mehr besteht. Ich bin sicher, dass auch das Gegenteil richtig ist. Eine erfolgreiche demokratische Ukraine kann zum Schlüsselfaktor der Demokratisierung Russlands werden.

Warum traf in der Nacht vom 22. zum 23. Februar 2014 der russische Präsident die verhängnisvolle Entscheidung über die Annexion der Krim?[1] Eine Entscheidung, die die ganze Reihe aller folgenden Katastrophen nach sich zog: die Aggression im Donbass, die Katastrophe der malaysischen Boeing, viele Tausende Opfer im Militär und unter der Zivilbevölkerung…

Moskau hatte schon seit langem Pläne gehegt, die Krim zu erobern. 1994 – 1995 hatte ein Teil der russischen Elite vor, die Halbinsel an-

---

[1] Der Antwort auf diese Frage ist der Sondersammelband gewidmet: Roots of Russia's War in Ukraine, Wodrow Wilson Center Press, Columbia University Press, 2015.

zuschließen, zu diesem Zweck wurden separatistische Gruppen in der Krimautonomie finanziert und ideologisch aufgefüttert. Damals halfen entschlossene Handlungen Kiews, solchen Ablauf abzuwenden. Zur nächsten Kraftprobe wurde der Konflikt 2003 um die Landzunge Tusla in der Meerenge von Kertsch. Auch in diesem Fall konnte die schnelle Reaktion von Leonid Kutschma die Spannungen mildern.

Ende Winter – Anfang Frühling 2014 bot sich Putin, wie er dachte, eine ausgezeichnete Chance: Ohne großangelegte Kriegshandlungen den Teil der Ukraine zu erobern, der sich am linken Ufer des Dneprs befindet. Dieses Gebiet begann er im April öffentlich als „Neurussland" zu bezeichnen. Die Macht in Kiew war gelähmt, was die fast blutlose Krim-Annexion zeigte. Anfang April nahmen die Separatisten staatliche Gebietsverwaltungen in Donezk und Charkiw, das Gebäude des Sicherheitsdienstes der Ukraine in Lugansk in Besitz. Die Metastasen könnten sich auch weiter verbreiten, wenn die Ukraine nicht begonnen hätte, Widerstand zu leisten. Zum Wendepunkt wurde die Räumung des Gebäudes der staatlichen Gebietsverwaltung in Charkiw am Morgen des 8. April 2014. Darauf gab die „Kriegspartei" im Kreml das Signal, zu einer offenen bewaffneten Konfrontation in den Gebieten Donezk und Lugansk überzugehen. Am 12. April eroberte der Trupp von Strelkow Slawjansk. Am nächsten Tag fasste der Rat für nationale Sicherheit und Verteidigung den Beschluss, die Antiterroroperation im Osten des Landes einzuleiten…

Die Einsicht in die subjektive Logik des Kremls hilft, die Gegenaktionen zu planen. Es gibt mehrere Hypothesen (ich zählte sechs, aber es sind sicher mehr), warum der Kreml entschied, die Ukraine zu überfallen.

Die erste, geopolitische, Version besagt, dass Putin den Sieg der ukrainischen Revolution als einen Schlag gegen das Modell der gelenkten Demokratie empfand. Ein großer Teil des postsowjetischen Raums, von Belarus bis Tadschikistan, befindet sich unter der Macht der nicht demokratischen Regimes, die vom Kreml als natürliche Verbündete wahrgenommen werden, denn ihre Bewegung in Richtung Westen ist unwahrscheinlich. Dieser Version nach besteht das Hauptmotiv von Putin darin, einen Dominoeffekt abzuwenden, die „revolutionäre Infektion" in seinem Einflussbereich nicht auseinanderkriechen zu lassen, Amerika (in Moskau scheint man ausgerechnet die Amerikaner für Hauptsponsoren der Revolution im Ernst zu halten) zu zeigen, dass der Kreml in seinem „Hinterhof" keine anderen Herren dulden will. Falls das Ziel darin bestand, wurde es nicht erreicht. Putins Verbündete in der Euroasiatischen Wirtschaftsunion gaben sich Mühe, sich von den Handlungen Moskaus gegen die Ukraine zu distanzieren. Der Präsident von Belorus Aleksandr Lukaschenko zeigte die Bereitschaft, sich Europa anzunähern, Kasachstan verstärkte das politische Zusammenwirken mit China. Selbst wenn das Gespenst der Revolutionen besiegt wurde, dann um den Preis der Schwächung des Einflusses Russlands in seinem „Hinterhof".

Eine andere Erklärung sucht nach den Gründen in der rein innenrussischen Situation. Die Annexion der Krim und der Überfall auf die Ukraine sollten gleich zwei Zwecken dienen: Das Ranking von Putin steigern, das ab 2012 monoton sank, und den Russen zeigen, dass die Revolutionen nicht zu guten Folgen führen, nur zum Chaos. Im Ergebnis schnellte das Ranking Putins bis zum Himmel und die Feindlichkeit gegenüber den Ukrainern (und ihrer demokratischen Wahl) umfasste die breitesten Schichten der russischen Gesellschaft. Na ja, wenn die Ziele tatsächlich so waren, so kostete ihre Erreichung sehr viel – Russlands Führer isolieren es von der entwickelten Welt, was zu einem noch größeren Rückstand vom Westen, zu einer noch akuteren Form des Reichssyndroms führt.

Die dritte Interpretation des Verhaltens von Putin – seine Angst vor der erfolgreichen demokratischen Ukraine, die fähig wäre, die Legitimität der Autoritarismus in den Augen der russischen Bevölkerung zu untergraben. Wenn sich die Russen das Nachbarland, ein kulturell verwandtes Land angesehen hätten, das sich unter den Bedingungen der politischen Konkurrenz dynamisch entwickelte, so müssten sie, dieser Theorie nach, ein starkes Verlangen nach den gleichen Rechten und Freiheiten spüren, die die Ukrainer genießen. Ich sage sofort, dass ich diese Theorie im Ganzen teile (in der Tat glaube ich, dass eine prosperierende demokratische Ukraine ein Urteil des Autoritarismus in Russland darstellt), es aber bezweifle, dass solche Überlegungen eine wesentliche Rolle in den Berechnungen des Kremls in der konkreten Lage im Februar 2014 spielten. Wir verstehen gut, dass der Übergang vom toten politischen und wirtschaftlichen Modell mehrere Jahre in Anspruch nimmt. Selbst beim günstigsten Szenario könnte die Ukraine zu einem für die Russen attraktiven Muster der Demoratie und der marktwirtschaftlichen Transformation frühestens Ende der 2010er Jahre werden.

Einige Beobachter betrachten die russische Aggression ausschließlich als Fortsetzung der Konfrontation Russlands mit dem Westen. Die Ukraine wäre in dieser Interpretation (vierten, nach meiner Klassifizierung) nur ein glücklich entstandener Vorwand, ein zufälliges Schlachtfeld. Der Westen hätte angeblich gegen seine Verpflichtungen vor dem ersten und letzten Präsidenten der UdSSR Michail Gorbatschow verstoßen, dem versprochen worden wäre, dass sich die NATO nicht nach dem Osten vorrückt. Es ist egal, ob solch ein Versprechen in Wirklichkeit bestand (die Dokumente, die die Beziehungen zwischen dem Westen und der UdSSR Ende der 1980er Jahre betreffen, bezeugen, dass es nur ein Mythos war)[1], aber in der Realpolitik ist nicht die Richtigkeit der bestimmten Behauptungen wichtig, sondern das, wie tief sie im öffentlichen Bewußtsein Wurzeln schlugen. In diesem Sinne spielte und spielt weiterhin die berüchtigte „Tücke des Westens“ eine riesengroße Rolle im russischen politischen Leben und in Putins Rhetorik. Ich weiß nicht, ob Putin selbst in diese Theorie glaubt, aber fürs russische Establishment ist es beinahe ein Axiom. Es ist nicht so einfach, das Argument über die

[1] Mark Kramer. The Myth of a No-NATO-Enlargement Pledge to Russia, Washington Quarterly, April 2009, pp. 39-61.

Bedrohung seitens der Ukraine, die der NATO beiträte, zu widerlegen, wenn man sich im Bann der sowjetischen Mythologie befindet. Es reicht, sich die Landkarte anzusehen: Von Lugansk bis Wolgograd sind es gerade 381 Kilometer.

Eine andere Sache ist, dass die von Putin gewählte Lösungsart dieses Problems es von einem imaginären in ein reales Problem verwandelte. Die Ukraine wurde nicht zerschlagen, und jetzt scheint die Integration in die militärischen und politischen Strukturen des Westens – seien es die NATO oder das Militärbündnis mit den USA – beinahe die einzige Möglichkeit zu sein, die Sicherheit des Landes zu gewährleisten. In der politischen Elite wurde in dieser Hinsicht ein Konsens erreicht, aber – was viel wichtiger ist – die Idee über die Eingliederung der Ukraine in die Nordatlantische Allianz wird jetzt von den meisten Bürgern unterstützt. Wenn 2012 für den NATO-Beitritt lediglich 15% der Ukrainer abgestimmt hätten, so wären es im Juli 2015 64%[1].

Die fünfte Version läuft darauf hinaus, dass der Kreml in der Ukraine nach der ideologischen Legitimität, nach der Antwort auf die Frage suchte, wo eigentlich die Wurzeln des gegenwärtigen Russlands sind. Wenn die Ukraine mit Russland nichts mehr zu tun hat, wenn sich die Ukraine endgültig loslöste, was soll man denn mit einem der wichtigsten Ideologeme des Russischen Reichs machen, das seinen Stammbaum in der Kiewer Rus verwurzelt sieht und Kiew für die Mutter der russischen Städte und einen unabdingbaren Bestandteil der „russischen Welt" hält? Wenn Kiew ein selbständiges Zentrum der Entscheidungsfindung ist, wenn es einen Dialog mit Moskau wie gleich zu gleich führt, was bleibt ja von der Idee, auf der die ganze imperiale Historiografie errichtet wurde – von Karamsin und Solowjew bis zu Stalins Akademiemitgliedern?

---

[1] Befragung der Stiftung „Demokratische Initiativen" und des Rasumkow-Zentrums am 22. – 27. Juli 2015. Vgl. http://www.dif.org.ua/ua/publications/press-relizy/referenit-ukrainu-.htm.

Eine freie Ukraine ist der Ausgangspunkt für die Umdeutung der ganzen russischen kulturellen und historischen Tradition, doch im gegenwärtigen Russland, wie wir sehen, ist fast niemand bereit, diese Arbeit zu leisten. Meiner Meinung nach ist es für den Kreml ein sogar bedeutsamerer Faktor, als das Streben des ukrainischen Volkes nach der Demokratie. Für ein Flickenreich, das die Russische Föderation bleibt, stellt das von Putin vorgebrachte Konzept der „geistigen Klammern", die die Russen von den materialistischen Völkern des Westens und des Ostens unterscheiden, ein Mittel dar, die Lebensdauer des autoritären Regimes zu verlängern, die unumgänglichen Veränderungen aufzuschieben. Nach Putins Rankings zu urteilen, ist die überwiegende Mehrheit der Russen bereit, dieses Konzept zu akzeptieren.

Wenn wir uns über die Ursachen der russischen Aggression Gedanken machen, dürfen wir auch den Faktor der elementaren Kränkung, des Spielerhasards nicht vergessen – es ist die sechste Version. Wie ist es denn, könnte Putin urteilen, wir haben ja mit Janukowytsch ein Geschäft gemacht (im Tausch gegen die Loyalität und die Bereitschaft, die Teilnahme russischer Korporationen an der Privatisierung der ukrainischen Verteidigungsindustrie zu besprechen, gibt Russland ihm USD 15 Mrd., senkt die Erdgaspreise), und jemand, der keine legitime Partei dieser Abmachung war (die USA, die EU, die ukrainischen Nationalisten – das Nötige unterstreichen), ruinierte alles, ohne sich lange zu besinnen. Das Scheitern des Abkommens über die friedliche Einstellung der Konfrontation, das durch die Opposition und Janukowytsch mit der westlichen Vermittlung am 21. Februar 2014 abgeschlossen wurde, sollte diese Kränkung nur stärken. „Der Westen haute uns übers Ohr" – es ist eine beliebte Erklärung jeglicher Niederlagen und Mißerfolge der russischen Außenpolitik, die sich wie ein roter Faden durch die öffentlichen Reden Putins zieht, angefangen mit der berühmten Münchener Rede im Februar 2007.

Alle genannten Versionen können durchaus existieren – genauso wie die, die ich hier nicht behandelte. Für den wichtigsten Begleitfaktor des Konflikts halte ich die Tatsache, dass weder Putin, noch die russische Elite oder die sie unterstützende Bevölkerung die ganze Tiefe der Unterschiede zwischen unseren Ländern begreifen. Die Wörter wie „ein Volk“ und „Brüdervölker“, die die Ukrainer so ärgern, bringt nicht nur der russische Präsident ins Gerede, sondern auch seine politischen Opponenten. Für einen Ukrainer stellt das Mythologem des „einen Volkes“ einen Bestandteil der imperialen Ideologie dar, der das Recht Moskaus begründet, über das Schicksal der Ukraine zu entscheiden. Die durchschnittlichen Russen betrachten es als Ausdruck der Edelmut: Ukrainer wären Brüder, mögen sie auch Taugenichtse sein, aber in einer Familie kommt ja alles mogliche vor, es reicht, dass wir sie in Worten als uns Gleiche anerkennen.

Einer der negativen Helden der „Weißen Garde“ von Bulgakow nannte die ukrainische Staatlichkeit von 1918 „kleine Operette“. In den Momenten der höchsten Gereiztheit verbirgt auch Putin solch eine Haltung der Ukraine gegenüber nicht. Ich vermute, dass diese Phrase in seinem Kopf schwebte, als er im Februar 2014 den Beschluss über die Okkupation der Krim faßte.

***

Die Analyse der subjektiven Motive Putins bildet einen erforderlichen, aber, wie ich sehe, nicht den aussichtsreichsten Teil der Arbeit an der Erfassung der Herausforderungen für die ukrainische Unabhängigkeit. Es ist unmöglich, die Staatspolitik auf so einem wackligen Fundament aufzubauen. Man braucht eine objektive Analyse der Bedrohungen.

In diesem Sinne leistete der Patriarch des ukrainischen politischen Denkens, der 77-jährige Wolodymyr Horbulin eine wichtige Arbeit. Wolodymyr Pawlowytsch war einer der Schöpfer des nordatlantischen Vektors der ukrainischen Politik. Als Ingeneur der Verteidigungsindustrie war Horbulin Ende der 1970er und in den 1980er Jahren für die Weltraumraketen- und Luftfahrtprogramme im Apparat des ZK der KP der

Ukraine zuständig. Einem anderen könnte man den „Pumphosenkult" vorwerfen, aber ihm ganz bestimmt nicht.

Im Frühjahr 2015 schrieb Horbulin mit zwei Mitautoren das Buch „Die Ukraine und Russland: Stärkste Woge und Chinesische Mauer"[1]. Als Epigraph könnte man den lateinischen Spruch „Si vis pacem – para bellum" („Wenn du Frieden willst, bereite Krieg vor") wählen. Zur Grundlage der Analyse der ukrainisch-russischen Konfrontation nimmt Horbulin folgende These: „In den bewaffneten Konflikten soll man sich vor allem auf Waffen und Siege verlassen und nicht auf Diplomatie und Vereinbarungen".

Russlands Krieg mit den Nachbarn ums sowjetische Erbe ist der geopolitische Hintergrund, vor dem die Konfrontation Moskaus und Kiews erfolgt, der einzigen postsowjetiscchen Hauptstadt, die fähig ist, den Kreml herauszufordern. Horbulin führt fünf Hauptszenarios an, die die Entwicklung des russisch-ukrainischen Konflikts beschreiben.

Das erste davon (das am wenigsten wahrscheinliche Szenario eines Totalkriegs von den fünf) sieht die vollständige Militarisierung der ukrainischen Gesellschaft, die Mobilisierung aller vorhandenen Ressourcen – von den wirtschaftlichen bis zu den kulturellen und propagandistischen – zur Kriegsführung vor, das maximale Stützen auf eigene Kräfte, weil der Westen nicht bereit ist, den Krieg mit Russland bedingungslos zu unterstützen. Wie paradox es auch sein mag, ist Horbulin überzeugt: Die Ukraine könnte in einem Totalkrieg Chancen auf einen Sieg haben – Russlands Ressourcen sind begrenzt, die Armee ist „nicht vollständig mobilisiert", und der standhafte Widerstand der Ukraine wird ihr früh oder spät die Unterstützung der führenden Staaten der Welt zurückbringen und die Isolation Russlands verstärken. Solcher Totalkrieg wird nicht unbedingt von den Massenopfern begleitet:

---

[1] В. П. Горбулін, О. С. Власюк, С. В. Кононенко. Україна і Росія: Дев'ятий вал чи Китайська стіна. Київ, 2015.

Er hat einen reinen Verteidigungscharakter, und die Bereitschaft der Ukraine darauf wird den Aggressor zügelnd beeinflussen, ihm mit den bedeutsamen Verlusten und der Übertragung der Kriegshandlungen auf sein Territorium drohen.

Das Szenario der „abgeschnittenen Brotscheibe“ setzt den endgültigen Verzicht der Ukraine auf die besetzten Gebiete und einen vollständigen Abbruch damit voraus. Schließlich gibt es auf der Weltkarte nicht wenige Länder, die ihre Territorien zugunsten der stärkeren Nachbarn verloren hatten und trotzdem prosperieren. Deutschland, das nach dem Zweiten Weltkrieg eine Reihe von östlichen Gebieten verloren hatte, stellt wohl das beste Beispiel dar. „Es sei betont, dass falls dieses Szenario realisiert wird, es sich nicht um eine „zivilisierte Ehescheidung“ handelt, die für die lokale und gesamtukrainische kriminelle Gemeinschaft (Banditen, Schmuggler und Schmiergeldnehmer) vorteilhaft wäre“, schreiben die Autoren. „Es handelt sich um eine harte und kompromißlose „Amputation“, mit dem Abbruch aller Beziehungen und der Errichtung einer „Schutzmauer“ entlang der neugebildeten „Zone der gesellschaftlichen und politischen Entfremdung“.

Das Szenario des „Konflikteinfrierens“ nach dem Muster von Transnistrien, Abchasien, Südossetien wäre vielleicht für Russland und einen Teil der EU-Staaten am annehmbarsten. Nach Horbulin würde es für die Ukraine eine Verhinderung der Eurointegration und die Notwendigkeit bedeuten, die Unterhaltskosten der „geschädigten“ Regionen ohne endgültige Beseitigung der Spannungen in den Beziehungen sowohl zum Donbass als auch zu Russland zu tragen.

Das „Satellitenszenario“ bedeutet die Kapitulation vor allen Forderungen Moskaus: Den Verzicht auf die Souveränität über der Krim, die Anerkennung der Autonomie vom Donbass, den Bruch des Bündnisses mit dem Westen. Sein problematischer Charakter besteht nicht nur darin, dass es ein kaum realistisches Szenario ist (wenn keine Katastrophe ausbricht, werden die ukrainische Gesellschaft und politische Klasse einer

Kapitulation nie zustimmen), sondern auch darin, dass seine Verwirklichung die Ukraine zur Mittäterin neuer imperialer Abenteuer macht, sie zwingt, die Verluste aus der wissentlich aussichtslosen Konfrontation mit der Euroatlantischen Gemeinschaft zu tragen.

Das Szenario „weder Frieden, noch Krieg" (oder das Szenario „des beschränkten Kriegs und der permanenten Verhandlungen") scheint Horbulin für die Ukraine am wünschenswertesten zu sein: „Es ermöglicht die Erreichung eines maximalen Ergebnisses mit minimalen Opfern und Verlusten, obwohl es viel Zeit, Können und Geduld zu seiner Verwirklichung benötigt". Hier sind die wichtigsten Merkmale dieses Szenarios: Ein beschränkter Zügelungskrieg mit Russland und den Kollaborateuren mit dem Ziel, dem Gegner große entmotivierende Verluste beizubringen; der ständige Verhandlungsprozess ohne endgültige Fixierung seiner Ergebnisse; die Erhöhung des militärtechnologischen Potentials der Streitkräfte und der allmähliche Übergang von der passiven zur aktiven Verteidigung; die Intensitätsstärkung der internationalen Sanktionen und der Isolation Russlands; die konsequente und grundlegende Reformierung der ukrainischen Gesellschaft; die Annäherung an die NATO und die EU, die Bildung der Verteidigungsbündnisse mit einigen postsowjetischen und mitteleuropäischen Ländern.

Der Minsker Prozess ist das friedliche Äquivalent der militärischen „Zügelung Russlands und der Kollaborateure", von der Horbulin spricht, der übrigens zu einer der Verhandlungsgruppen gehört. In diesem Prozess geht die Ukraine nicht nur Kompromisse ein, sondern erringt auch Siege. Einer der letzten war die Verlegung der Wahlen, die die Separatisten für den 18. Oktober 2015 angesetzt hatten. Zusammen mit unseren westlichen Partnern bestanden wir darauf, dass die Wahlen ohne internationale Beobachter, ohne Beteiligung der gesamtnationalen Parteien, ohne Kontrolle seitens der ukrainischen Zentralen Wahlkommission, schließlich ohne ukrainische Fahne über den Wahllokalen eine Verletzung der Friedensvereinbarungen darstellen würden. Und natürlich sind keine Wahlen dort möglich, bevor ausländische Militärgruppierungen vom Territorim des Donbass abgezogen werden.

Wie Horbulin, meine ich, dass die Ukraine ihre Politik ausgehend von den pessimistischsten Hypothesen bezüglich des Verhaltens und der Motive der russischen Führung erarbeiten soll. Ich glaube, dass die „Partei des Friedens" und die „Partei des Kriegs" im Kreml relative Begriffe sind. Sie haben ein Ziel – die Kontrolle über die Ukraine zu übernehmen, die Politiker an die Macht in Kiew zu führen, die man von Moskau aus lenkt. Es ist einfach so, dass jemand im Kreml eine raffiniertere Taktik vorschlägt, mit einem geringeren Akzent auf die Gewalt, ohne überflüssiges Blutvergießen. Diese „Partei" bevorzugt es, einen besonderen Akzent auf die politischen und finanziellen Untergrabungsmethoden der ukrainischen Souveränität zu legen.

***

Das Hinabrutschen Russlands zur Autoritarismus kommt umso überraschender vor, dass es unter anderen postsowjetischen Republiken außer den Baltikum-Staaten quantitativ und qualitativ zur Modernisierung wohl am meisten bereit war. Das menschliche Kapital, das in der Mitte des Reichs akkumuliert wurde, die reichen Naturressourcen, die Traditionen der öffentlichen Verwaltung (die in den meisten anderen Republiken entweder überhaupt fehlten oder durch Moskau ausgerottet worden waren) – all das machte Russland zu einem willkommenen Klubmitglied der Industrieländer. Leider wählte die russische Elite in der zweiten Hälfte der 2000er Jahre statt der Modernisierung den Weg der Resowjetisierung.

Bald nach der Inauguration von Petro Poroschenko kam die Zeit, die Kontakte zu Moskau in Ordnung zu bringen. Mein erstes Gespräch mit dem Leiter des russischen Präsidialamtes, dem 61-jährigen Sergej Iwanow fand Ende Juni statt. Wir erörterten keine tiefgreifenden Probleme, wir lernten uns einfach kennen.

„Wenn nötig, bin ich immer zu erreichen", sagte ich damals. „Wollen wir alle Probleme friedlich lösen, es lohnt sich nicht, rechtswidrige bewaffnete Formationen auf dem Territorium der Ukraine zu unterstützen".

In einem der weiteren Gespräche sprach Iwanow das Thema Assoziierungsabkommen an:

„Das Abkommen wird der russischen Wirtschaft einen bedeutenden Schaden zufügen, deshalb bitten wir sie eindringlich, es nicht zu unterzeichnen".

„Könnten Sie den Schaden beziffern?" fragte ich nach.

Er nannte irgendeine exorbitante Zahl – etwa USD 10 Mrd. (etwas später, im August 2014 nannte Putin eine bescheidenere Zahl – unter USD 3 Mrd.). Im Gegenzug bat ich Iwanow unseren Experten genauere Berechnungen zur Verfügung zu stellen:

„Vielleicht sehen wir, dass einige Schätzungen unkorrekt sind oder wir finden irgendwelche Ausgleiche".

Detaillierte Entzifferungen – woher der Schaden entstehen sollte, von dem Iwanow sprach, – stellte uns niemand zur Verfügung. Nach den Schätzungen unserer Experten könnte Russland infolge der Unterzeichnung des Abkommens sogar gewinnen, denn der Zugang auf den ukrainischen Markt würde auch für seine Unternehmen erleichtert. Die Verluste könnten bei unseren Nachbarn nur in dem Fall entstehen, wenn sie die Sanktionen gegen ukrainische Produzenten eingeführt hätten.

Iwanows Position – trotzdem sollt ihr nichts unterzeichnen.

„Sie werden zu den europäischen technischen Standards übergehen".

„Wollen wir zusammen übergehen, für Russland wird es auch günstiger".

Diese Gespräche überzeugten mich, dass man in Russland die Auswirkungen einer tieferen wirtschaftlichen EU-Integration der Ukraine nicht ernsthaft analysiert hatte. Entweder pfuschten die Experten, deren Leistungen der Kreml in Anspruch nahm, oder wurde ihnen von Anfang an die Aufgabe gestellt, möglichst eindrucksvolle Zahlen zu nennen, um die irrationale Bestrebung sozusagen rational zu untermauern, die gegenseitige Annäherung der Ukraine und Europas nicht zuzulassen,

Das Jahr 2013 beendete Russland mit einem BIP von USD 2 Billionen 79 Mrd. Der IWF prognostiziert, dass sich nach den Ergebnissen des Jahres 2016 das Volumen der russichen Wirtschaft auf USD 1 Billion 179 Mrd. reduziert. 43% weniger im Vergleich zu 2013. Natürlich spielte auch der Rückgang der Erdölpreise seine Rolle, aber es wird keine Übertreibung, zu sagen, dass die Aggression in der Ukraine Moskau Dutzende, wenn nicht Hunderte Milliarden US-Dollar kostete.

Meine Kontakte zu Iwanow wurden im Herbst 2014 aktiver – nach der Tragödie von Ilowajsk und der Unterzeichnung der ersten Minsker Vereinbarung am 5. September 2014.

Der zerbrechliche Waffenstillstand führte zur Wiederaufnahme des Dialogs über die Wirtschaftsfragen. Moskau machte Sorgen, ob die Eisenbahnverbindung mit der Krim unterbrochen wird, uns beunruhigte das Schicksal von über UAH 4 Mrd., die im Depot der Nationalbank in Simferopol „hängen blieben“[1].

Das andere ständige Gesprächsthema waren die Verstöße gegen das Regime des Waffenstillstands.

„Ihre Leute schießen dort“, teilte ich Iwanow mit.

„Und ihre – da“, erwiderte er.

„Solche Informationen haben wir nicht“.

„Aber wir“.

Nach dem Austausch von solchen Angaben zogen wir die Vertreter der Generalstäbe zum Gespräch hinzu, die dann untereinander klärten,

---

[1] Im Januar 2015 wurde der Großteil dieser Mittel, UAH 3,7 Mrd. der Ukraine zurückgegeben.

„wo die Zäume längen". Die praktische Lösung der Wirtschaftsfragen wurde an die Regierungsbeamten übergeben.

Nach Minsk-2 distanzierte sich Iwanow von der ukrainischen Problematik. Der Dialog wurde im Sommer 2015 wiederaufgenommen, als es sich um einen stabileren Waffenstillstand handelte.

Was kann ich über meinen Gesprächspartner sagen? Sergej Iwanow war gewissenhaft und ordentlich, er meldete sich immer operativ – wenn er nicht irgendwohin weit von Moskau fuhr.

Mir scheint, dass sich jetzige Führungspersönlichkeiten Russlands durch die Auffassungen vom Staat leiten lassen, die vor dreißig oder vierzig Jahren üblich waren, als die UdSSR auf dem Gipfel der Macht gewesen war, wenigstens äußerlich. Daher stammen das Syndrom einer „belagerten Festung" und die Bestrebung, zu den Modellen zurückzukommen, die ihre Lebensfähigkeit während des „kalten Kriegs" gezeigt hatten.

Einige westliche Beobachter suchen auch in der jüngsten Vergangenheit nach der Antwort auf die gegenwärtigen Herausforderungen. Aber diejenigen, die für die „Finnlandisierung" als optimales Beziehungsmodell der Ukraine und Russlands werben, vergessen, dass wir in der Zeit der Informationsgesellschaft leben. Die Berufungen auf die Autorität von Zbigniew Brzezinski[1] und Henry Kissinger[2] haben damit nichts zu tun. Im Zeitalter des Internet, der Sozialnetze und von Wikileaks ist keine „Finnlandisierung" möglich (im Unterschied zur „Balkani-

---

[1] Zbigniew Brzezinski. Russia needs a «Finland option» for Ukriane, ft. com, February 23, 2014 http://www.ft.com/intl/cms/s/0/7f722496-9c86—11e3-b535-00144feab7de.html#axzz3tA11J56P.

[2] Henry Kissinger. To settle the Ukraine crisis, start at the end, Washigton Post, March 5, 2014 https://www.washingtonpost.com/opinions/henry-kissinger-to-settle-the-ukraine-crisis-start-at-the-end/2014/03/05/46dad868-a496—11e3-8466-d34c451760b9_story.html.

sierung" oder zur „Somalisierung"). Übrigens ist die „Finnlandisierung" für Brzezinski und Kissinger auch nur eine Metapher des freundschaftlichen Zusammenlebens der Länder mit unterschiedlichen politischen Systemen. Wenn wir die Situation aufmerksam betrachten, überzeugen wir uns ohne weiteres davon, dass solche Strategie in der Wirklichkeit unmöglich ist. Nach der rigirosesten Rechnung wurde die Ukraine bereits in der Zeit von Janukowytsch „finnlandisiert", und dieser Umstand wurde eben zu einer der Ursachen der Revolution der Würde.

Dank dem Internet und dem amerikanischen Gesetz über den freien Zugang zu den Informationen können wir dieses Phänomen ohne gefärbte Brille einschätzen. Vor mir liegt der CIA-Bericht „Finnlandisierung in Aktion: Helsinkis Erfahrungen mit Moskau" vom August 1972[1]. Es ist ein äußerst interessantes Dokument, in dem jedermann viele aufschlußreiche Detaills und Argumente zugunsten meiner Position findet.

Wie stellen sich die Altväter des westlichen geopolitischen Denkens die „Finnlandisierung" der Ukraine vor? Es sind ein blockfreier Status und die Zustimmung zur Souveränitätseinschränkung. Wenn wir den Bericht aufmerksam studieren, sehen wir, dass es unmöglich ist, unter den gegenwärtigen Bedingungen die „friedliche Koexistenz Finnlands und der UdSSR" zu wiedergeben.

Folgendes fällt vor allem auf.

Erstens erlitt Finnland eine Niederlage von der Sowjetunion (nur wenige errinern sich daran, aber es war Stalin, der am 25. Juni 1941 Finnland überfiel, und nicht umgekehrt). Die westlichen Verbündeten der UdSSR in der Antihitlerkoalition waren damit einverstanden, dass die ehemalige Provinz des Russischen Reichs in Moskaus Einflussbereich

---

[1] CIA, Directorate of Intelligence, Intelligence Report «Finlandization in Action: Helsinki's Experience with Moscow», August 1972, RSS No 0059/72 http://www.foia.cia.gov/sites/default/files/document_conversions/14/esau-55.pdf.

zurückkehrte. Finnland war lediglich ein Teil eines riesengroßen geopolitischen Geschäfts.

Die Ukraine verlor einen Krieg gegen Russland nicht. Wie kann man einem Gegner den Krieg verlieren, der so tut, als hätte er niemanden angegriffen und der Konflikt im Nachbarland wäre lediglich ein ziviler Konflikt? Ich bin sicher, dass der Westen unser Land bis ans Ende unterstützen wird. Der Ukraine die Unterstützung entziehen bedeutet, mit eigenen Händen die Weltordnung zu zerstören, die nach dem „kalten Krieg" entstand. Moskau wird in Bezug auf die Ukraine nie solche freie Hand haben, wie es in Bezug auf Finnland nach dem Zweiten Weltkrieg der Fall war.

Zweitens bedeutete die einschränkte Souveränität Finnlands, dass auch die Demokratie in diesem Land ebenfalls eingeschränkt war. Der sowjetisch- finnische Friedensvertrag von 1947 verbat den Finnen, auf ihrem Territorium das Bestehen jeder Organisation zuzulassen, die die antisowjetische Propaganda trieb, einfacher gesagt schränkte er die Meinungsfreiheit ein. Mit Hilfe der Energieembargos, der Handelssanktionen und der diplomatischen Demarchen (dieses Arsenal ist nicht nur der Ukraine, sondern auch vielen anderen Staaten auf dem Territorium der ehemaligen UdSSR sehr wohl bekannt) erreichte Moskau in den 1950er Jahren die zusätzlichen Einschränkungen der finnischen Souveränität. „1958 erhielt die Sowjetunion das Vetorecht in Bezug auf die Parteien, dic an der Regierungsbildung teilnahmen. Mit Hilfe der diplomatischen und Propagandakampagnen, die durch die Wirtschaftssanktionen bekräftigt wurden, erlangten die Sowjets den Rücktritt der unerwünschten Regierung…", schrieben vor 43 Jahren die CIA-Analysten. „Am unverschämtesten wurde dieser Grundsatz nach den Wahlen 1970 umgesetzt, als ungeachtet des Rechtsrucks der Wählerschaft die UdSSR zu verstehen gab, dass sie beliebige Veränderungen in der Regierungskoalition nicht unterstützen wird: Die Finnen fügten sich und bildeten eine Koalition aus den gleichen Parteien, die vor den Wahlen dazu gehört hatten“[1].

Jede Entscheidung, die der Ukraine von außen aufgezwingen wird, wird vom ukrainischen Volk nicht akzeptiert. Geschweige denn, wenn es sich um solche völkerrechtliche Archaik handelt, die die reale „Finnlandisierung“ der vierziger – achtziger Jahre des vergangenen Jahrhunderts darstellt.

„Wir Ukrainer sind ein störriges Volk“, schrieb Leonid Kutschma. „Wenn man uns zu etwas zwingt, handeln wir verkehrt“[2].

***

Bis zu einer richtigen Versöhnung mit Russland – solcher, die nach Hundert Jahren Krieg die Deutschen und die Franzosen erreichten, – haben wir es sehr weit. Selbst im Falle der Liberalisierung in Russland ist die Erwärmung der Beziehungen nicht garantiert. Letztendlich waren auch in den demokratischen 1990er Jahren unter den russischen Politikern imperiale Stimmungen sehr verbreitet. Wenn in Russland ein richtiger politischer Wettbewerb beginnt, werden die Verfechter des Reichs eine der führenden Rollen darin spielen. Mit hoher Wahrscheinlichkeit wird die politische Transformation in Russland durch eine tiefgreifende Wirtschaftskrise begleitet. Die Parole „Wollen wir Konstantinopel und

---

[1] CIA, op. cit.: «A de facto Soviet veto power over government participation was established in 1958, when the Soviets combined a press and diplomatic campaign with economic reprisals to bring about the collapse of a government they opposed... Indeed, the principle was applied most blatantly following the 1970 Finnish parliamentary election: in spite of a clear swing to the right by the electorate, the Soviets indicated that they would view any changes in the government coalition unfavorably: the Finns complied by forming a coalition of the same composition as its predecessor».

[2] Леонид Кучма. Украина не Россия. Москва, 2003, с. 427.

Meerengen erobern!" wird zu einem starken Anästhetikum für die Russen, die nach einem Jahrzehnt (wenn nicht Jahrzehnten) aggressiver Gehirnwäsche wieder zu sich kommen werden.

Es werden wohl mehrere Jahrzehnte vergehen, bis in Russland eine konsolidierte Demokratie entsteht, die die imperiale Denkweise ablehnt. Trotzdem müssen sich die verantwortungsvollen ukrainischen Politiker schon jetzt über die Plattformbildung für eine Versöhnung Gedanken machen.

Die Ukraine führt keinen Krieg gegen das russische Volk. Die Ukraine verteidigt sich vor der Aggression seitens eines Regimes, das die historischen Mythen ausbeutet und vor allem das eigene Volk der Zukunft beraubt.

Vom Territorium der Ukraine ging die Gefahr für die russische Sicherheit nie aus und wird auch nie ausgehen. Die Integration der Ukraine in die militärpolitischen Strukturen des Westens stellt eine objektive Notwendigkeit dar. Die Ukraine tut das nicht um des Angriffs, sondern um der Verteidigung willen. In absehbarer Zukunft wird sie es zum Schutz vor den aggressiven Gruppen im Kreml tun, die in der Außenexpansion ein Mittel sehen, das Volk von den Innenproblemen abzulenken, ihre eigene Macht hochzupreisen, sie zur Erbmacht zu verwandeln. Im Weiteren, wenn Russland ihre eigene Modernisierung durchmacht und zu einem Teil des Westens wird, wird es zum Schutz vor den Kräften erforderlich, die es versuchen, die gerechte Weltordnung zu zerrütteln.

Die Wiederherstellung der normalen Beziehungen ist unmöglich, solange unter dem russisch-ukrainischen Krieg 2014 ein Strich nicht gezogen, der Status-quo nicht wiederhergestellt wird, der vor dem Auftauchen der „grünen Männchen" auf der Krim bestand. Keine Regierung in Kiew wird die Annexion der Krim, die Besetzung eines Teils vom Donbass anerkennen. Es kommt nicht darauf an, dass keine Regierung so ein Mandat vom ukrainischen Volk bekommt. Sich mit den Aggressionsergebnissen abzufinden bedeutet, am Abbau der Weltrechtsordnung teizunehmen. Eine harte Position in Bezug auf die Annexion und Besetzung stellt einen Beitrag der Ukraine zur Aufrechterhaltung des Völkerrechts dar.

Der erste Schritt zur Regelung ist die Erfüllung der Minsker Vereinbarungen durch Russland. Den ukrainischen Donbass sollen russische Truppen und Söldner verlassen, die Ukraine soll die Kontrolle über die Grenze zu Russland wieder erlangen.

Zum nächsten Schritt wird die Zurückgabe der Krim.

Ein Sonderthema sind die Verhandlungen über den Schadenersatz. Die Ukraine braucht fremde Gebiete nicht, aber wir werden uns nie damit zufrieden geben, dass die Last des Wiederaufbaus vom Donbass und in der Perspektive der Krim aufs ukrainische Volk auferlegt wird. Man soll verstehen, dass es für die Ukraine eine Frage nicht nur der Außen-, sondern auch der Innenpolitik ist. Die russische Aggression zog den Tod von Tausenden Ukrainern mit sich, Dutzende Tausende wurden verwundet, Millionen verließen ihre Häuser oder verloren ihr Vermögen. Allein das ukrainische Staatseigentum, das durch Russland auf der Krim in Besitz genommen wurde, ist Dutzende Milliarden US-Dollar wert. Ohne Lösung der Frage über den Schadenersatz wird dieser Faktor die ukrainische Politik noch jahrelang vergiften.

Damit die Versöhnung dauerhaft ist, soll Russland nach der Regelung aller Streitfragen zuverlässige Garantien gewähren, dass das Recht der Ukrainerinnen und Ukrainer, ihr Schicksal in ihrem eigenen Land selber zu entscheiden, nie wieder gefährdet wird.

Und solange es nicht geschah, müssen wir die Armee und den Staat stärken.

WEG IN DIE ZUKUNFT, ODER ANSTELLE EINES NACHWORTS

Um Erfolge zu erreichen, soll die Ukraine die Demokratie konsolidieren und ihre Wirtschaft öffnen, vor allem für eigene Bürger. Es ist eine ungewöhnliche Aufgabe, denn wir haben solch einen starken institutionellen Anker nicht, den die Länder Mittel- und Südeuropas hatten. Die greifbare Perspektive eines EU-Beitritts half ihnen, zur Demokratie und Marktwirtschaft erfolgreich überzugehen.

Die Welt verändert sich rasch, wir müssen uns schon heute über die Rolle des Landes in der Globalentwicklung der Jahre 2020 – 2030 Gedanken machen.

Die Fließbandproduktion wird bald durch die „customisierte" Kleinserienproduktion abgelöst. Es bedeutet, dass sich die Länder aus der zweiten und dritten Reihe immer mehr Mühe geben müssen, um mit den führenden Ländern mit Hilfe des traditionellen Industriemodells Schritt zu halten.

Die IT-Revolution in der Bildung, im Gesundheitswesen und in der öffentlichen Verwaltung ergänzt die Transformationskrise dieser Bereiche, zwingt darüber nachzudenken, wie die Gewährungs- und Finanzierungsmodelle dieser Dienstleistungen ausgewechselt werden können.

In Januar 2016 wurde zu einem der Hauptthemen des Weltwirtschaftsforums in Davos „Die Vierte Industrierevolution". So beschreibt ihr Wesen der Forumsgründer Klaus Schwab[1]:

„Die Erste Industrierevolution hat die Wasser- und Dampfenergie zur Produktionsmechanisierung genutzt. Die Zweite – die Elektroenergie, um die Massenproduktion einzuführen. Die Dritte – die Elektronik und die Informationstechnologien zur Produktionsautomatisierung. Heute knüpft die Vierte Industrierevolution an die Dritte, die Digitalrevolution, die sich seit der Mitte des vergangenen Jahrhunderts entfaltete. Für sie ist eine Technologienvermischung charakteristisch, die die Grenzen zwischen dem physischen, digitalen und biologischen Bereich verwischt".

Technologische Innovationen, die die Vierte Industrierevolution begleiten, sind imstande, ein wahres Wirtschaftswunder zu erzeugen und dadurch eine langfristige Steigerung der Effizienz und Produktivität zu sichern. Wie wir aus den Erfahrungen der früheren Industrierevolutionen wissen, zieht es die Erhöhung des Einkommens und der Lebensqualität nach sich.

Jedoch hat diese Medaille auch ihre Kehrseite. Wie jede Revolution stellt sie die Menschheit vor den ernstzunehmenden Herausforderungen.

In einer Situation, wenn die Innovationen zum Wachstumsmotor werden, besteht das Risiko, dass die neue Wirtschaftsstruktur das Wachstum der Ungleicheit und die grundlegende Strukturveränderung der gegenwärtigen Gesellschaft zur Folge hat. Der amerikanische Vize-Präsident Joe Biden sprach in Davos darüber, dass die Digitalrevolution die Mittelklasse zu vernichten droht, aber ohne sie kann man sich eine fuktionierende Demokratie kaum vorstellen.

---

[1] Klaus Schwab. The Fourth Industrial Revolution: what it means, how to respond, 14.01.2016, http://www.weforum.org/agenda/2016/01/the-fourth-industrial-revolution-what-it-means-and-how-to-respond.

Angesichts eines technologischen Tsunamis, der das Antlitz des Planeten bis ins Unkenntliche verändern wird, mache ich mir Gedanken darüber, dass die Hauptaufgabe der jetzigen Reformwelle in der Ukraine darin besteht, eine möglichst hohe Flexibilität unserer Erwiderung auf globale Herausforderungen zu sichern. Die Welt wird sich verändern und zwar schnell. Das Tempo der „schöpferischen Zerstörung" wird ums zigfache wachsen. Gewohnte Vorstellungen von der Karriere, dem Lebenserfolg, der richtigen Wirtschaftspolitik werden in Frage gestellt.

Ein typisches Beispiel stellt Finnland dar. Anfang 2016 begann man über das Land, das jahrzehntelang als Effizienzmuster des „skandinavischen Modells" wahrgenommen wurde, als von einem neuen „kranken Menschen" Europas zu reden[1]. Ein Land, das in den 2000er Jahren den globalen Technologieführer Nokia auf die Bildfläche brachte, das die welthöchste Qualität der Vorschul- und Schulbildung aufweist und das höchste Kreditranking beibehält, balanciert seit fast fünf Jahren am Rande einer Stagnation und einer Flaute. Und einen Lichtstreifen merkt man zwischen den Wolken vorläufig nicht.

Flexible Antworten auf bedrohliche, aber schlecht zu prognostizierende Herausforderungen sind nur im Rahmen der wirtschaftlichen und politischen Freiheit möglich, wenn die Bürgerinnen und Bürger die Verantwortung für sich und ihre Kinder selbst übernehmen.

Das Ausmaß der Aufgaben, die vor uns stehen, ist atemberaubend. Hat die ukrainische politische Klasse die Zeit effektiv genutzt, die ihr nach dem Maidan-Sieg gewährt wurde?

Das wichtigste Ergebnis der beiden Jahre nach der Revolution der Würde besteht darin, dass wir das Land erhalten haben. Die Reform der

---

[1] Raine Tiessalo, Nicholas Rigillo. The New Sick Man of Europe Has an AAA Credit Rating, Bloomberg Business, 27.01.2016, http://www.bloomberg.com/news/articles/2016-01—26/the-new-sick-man-of-europe-has-an-aaa-credit-rating.

Streitkräfte wurde gestartet. Die Wirtschaftsreformen wurden eingeleitet, vielleicht nicht so entschlossen, wie wir es möchten. Wir infizierten das System mit neuen Menschen. Wir erreichten und hielten den Konsens der Weltgemeinschaft in Bezug auf die Ereignisse in der Ukraine aufrecht.

Wir bewahrten die Einheit der Macht, liessen eine interne Spaltung nicht zu, die während des Kriegs unannehmbar wäre.

Wir begannen mit dem Aufbau eines effizienten Systems der öffentlichen Verwaltung. Es handelt sich um normale Gehälter, um die Optimierung der bestehenden Strukturen und um die Reform der Staatsbetriebe. Wir leiteten die Reform der Rechtsschutzorgane und des Gerichtssystems ein, schlossen die Einrichtung der Infrastruktur zur Korruptionsbekämpfung beinahe ab.

Trotzdem rutschen wir auf dem Wege zur wirtschaftlichen und politischen Freiheit leider durch. Oft ist dabei jemandes böser Willen nicht im Spiel. Es fehlen Kenntnisse, es fehlen Profis, die es verstehen, wie und was zu verändern ist. Wenn der Reform ausnahmslos alle Staatsinstitute unterliegen, muss man sich überlegen, in welchen Bereichen knappe Ressourcen zu konzentrieren sind.

Ich kann die Gesellschaftskritik an die Rechtsschutzorgane wegen der zu langsamen Untersuchung der Maidan-Sachen gut nachvollziehen. Die Regierungsklasse bekommt keine Punkte auch dafür, dass viele Verbrechen des alten Regimes unbestraft bleiben.

Welche Lehren ziehe ich aus dieser Phase meiner Biographie? Was kann im „Zivilleben" nützlich sein, wenn ich meine jetzige Arbeit als „Grundwehrdienst" wahrnehme?

Am frustrierendesten ist in meiner Tätigkeit der Mangel am Endprodukt, das man den Menschen hätte vorlegen können. Der Infrastrukturminister kann zum Beispiel die Korporatisierung von Ukrsalisnytzja oder den Vertrag über den Offenen Himmel als Erfolge buchen, der Minister für Wirtschaftsentwicklung – die Reform der Staatsbetriebe.

Als Mensch, der aus der Wirtschaft kommt, vertraue ich instinktiv der Tätigkeit, die einen konkreten KPI[1] hat. Was kann man in meinem Fall als solcher KPI betrachten? Du rennst immer, ohne die Streckenlänge zu kennen oder ohne zu wissen, wie lange du noch zu rennen hast.

Früher musste ich nie so viele unterschiedliche Aufgaben gleichzeitig lösen. Die Situation ist so mit Stress geladen, dass du standfest wirst und fähig, viele Aufgaben zu lösen, auf verschiedene entstehende Herausforderungen zu reagieren. Sonst verbrennst du. Ich verbrannte nicht.

In der Zukunft möchte ich mich wieder den Privatinvestitionen zuwenden. Die Ukraine besitzt ein riesengroßes Potential. In vielen Bereichen – in der Landwirtschaft, der Medizin, dem Verkehrswesen, in den Informationstechnologien – bleibt viel Raum nicht nur für ein einfach schnelles, sondern für ein explosives Wachstum.

Die Hauptlehre, die ich im öffentlichen Dienst erhielt, besteht darin, dass der wichtigste Reichtum der Ukraine die Menschen darstellen. Wir müssen Bedingungen schaffen, unter denen sie ihr Potential am besten entfalten, den Komplex der „Zurückgebliebenen" loswerden können. Das Wirtschaftswachstum ist wichtig, jedoch bedeutet es im weiten nicht alles. Es ist erforderlich, in die Ausbildung der Profis mit richtigen Werten, in die Erziehung einer neuen nationalen Elite zu investieren.

Ich stelle mir viel besser als vor zwei Jahren die Hindernisse vor, die unseren Weg in die Zukunft sperren. Doch zusammen mit dem Wissen wuchs auch meine Zuversicht, dass die Ukraine unbedingt Erfolge erreicht.

Kiew, Januar 2016

---

[1] KPI (Key Performance Indicator – engl.) bzw. Leistungskennzahl. Es geht um die Kennzahlen der Unternehmenstätigkeit, anhand derer der Fortschritt oder der Erfüllungsgrad hinsichtlich wichtiger strategischer und taktischer Zielsetzungen innerhalb einer Organisation gemessen und/oder ermittelt werden kann.

УДК 821.112.2(477)'06-94:321(477+4)
ББК 84(4Укр=Нім)6-4
Л71

Ложкін Б. Є.

Четверта республіка: Чому Європі потрібна Україна, а Україні – Європа / Борис Ложкін; за участю В. Федоріна; – Київ: Новий друк, 2016. – 272 с.

ISBN 978-617-635-090-3

Vielleicht werden die Ereignisse, die die Ukraine 2014 – 2016 erlebte, zwanzig Jahre später nicht als eine Reihe von Prüfungen, sondern als Beginn eines neuen Zeitalters wahrgenommen. Einer der Schlüsselakteure dieser Periode, Leiter des Präsidialamts Boris Loshkin erzählt in diesem Buch darüber, wie der neue ukrainische Staat aufgebaut wurde, der vom Erbe der Sowjetmacht und von der Oligarchenherrschaft befreit ist. „Die Vierte Republik" stellt ein Buch über die Rückkehr der Ukraine in die europäische Völkerfamilie dar, darüber, was bereits getan wurde und was noch zu tun ist.

Можливо, через років 20 події, пережиті Україною у 2014–2016 роках, сприйматимуться не як низка випробувань, а як початок нової епохи. Один з ключових діячів цього періоду – глава Адміністрації Президента України Борис Ложкін розповідає у цій книжці про те, як будувалася нова українська держава, вільна від спадщини радянської влади і панування олігархів. «Четверта республіка» – книжка про повернення України до європейської сім'ї народів, про те, що вже зроблено, і про те, що доведеться ще зробити.

Громадсько-політичне видання

ЛОЖКІН
Борис Євгенович

ЧЕТВЕРТА РЕСПУБЛІКА
Чому Європі потрібна Україна,
а Україні — Європа

За участю В. Федоріна

Підписано до друку 5.07.2016. Формат 70x100/16
Умов.друк.арк. 20,15
Наклад 1000 прим.

ТОВ «Новий друк»
Сідоцтво про внесення суб»єкта видавничої справи
до Державного реєстру видавців, виготовників
і росповсюджувачів видавничої продукції
ДК №1447 від 28.07.2003 р.

Друк ТОВ «Новий друк»
02660, Київ, вул. Магнітогорська, 1
тел. (044) 536-15-26
E-mail: office@ndruk.kiev.ua.